최고의 순간 코칭 심리학
스포츠와 동기부여 강화면담

Coaching Athletes to Be Their Best: Motivational Interviewing in Sports

최고의 잠재력과 탁월한 성과를 이끌어내는 동기부여 기술

스티븐 롤닉
조나단 페이더
제프 브레콘
테레사 B. 모이어스

옮긴이 **이상수**

동기부여↑강화면담의 다양한 활용

스티븐 롤닉, 윌리엄 R. 밀러, 테레사 B. 모이어스, 시리즈 편집자

www.guilford.com/AMI

밀러와 롤닉의 고전적인 동기부여↑강화면담(Motivational Interviewing, MI, 동기면담)은 처음 출간된 후, 변화를 촉진하는 도구로 널리 사용되고 있습니다. 일반적인 동기면담 자료뿐만 아니라 특정 임상 상황과 문제, 그리고 특정 집단을 세밀하게 다루는 방법을 포함하고 있는 상당히 실용적인 동기면담 시리즈의 책들은 아래와 같습니다. 각 도서는 연구에 기반한 강력한 동기면담 전략을 소개하며, 구체적인 실행 방법을 흥미로운 사례와 함께 소개하고 있습니다.

의료 서비스에서의 동기부여↑강화면담: 환자의 행동 변화 돕기, 2판

스티븐 롤닉, 윌리엄 R. 밀러, 크리스토퍼 C. 버틀러

청소년 및 청년을 대상으로 한 동기부여↑강화면담, 2판

실비 나르와 마리안 수아레즈

사회복지 현장 실무에서의 동기부여↑강화면담

멜린다 호만

불안장애를 위한 동기강화상담

헤니 A. 웨스트라 /신성만, 이아람, 김준영 옮김, 시그마프레스, 2017

동기면담 - 변화와 성장을 돕는 사람들, 4판

윌리엄 R. 밀러, 스티븐 롤닉 /조성희 옮김, 시그마프레스, 2024

집단 동기강화상담

크리스토퍼 C. 와그너 및 카렌 S. 잉거솔 /신성만 옮김, 박학사, 2016

심리적 문제 치료를 위한 동기부여↑강화면담, 2판

할 아코위츠, 윌리엄 R. 밀러, 스티븐 롤닉, 편집자

당뇨병 관리와 동기면담

마크 P. 스타인버그와 윌리엄 R. 밀러 /임성철, 조성희, 유빈 옮김, 군자출판사, 2017

영양 및 피트니스에서의 동기부여↑강화면담

던 클리포드 및 로라 커티스

학교에서의 동기부여↑강화면담: 행동과 학습을 개선하기 위한 대화법, 2판

스티븐 롤닉, 세바스찬 G. 카플란, 리처드 루치만

범죄자와 수감자를 위한 동기부여↑강화면담: 참여, 재활, 사회복귀

질 D. 스틴슨, 마이클 D. 클라크

동기면담과 인지행동치료 - 치료효과 극대화를 위한 통합 전략

실비 나르와 스티븐 A. 사프렌 지음/신인수 옮김, 학지사, 2022

동기강화상담 기술훈련 실무자 워크북, 2판

데이비드 B. 로젠버그 지음/신성만, 김성재, 이동귀, 전영민, 김주은 옮김, 박학사, 2020

최고의 순간, 코칭 심리학: 스포츠와 동기부여↑강화면담:
최고의 잠재력과 탁월한 성과를 이끌어내는 동기부여 기술

스티븐 롤닉, 조나단 페이더, 제프 브레콘, 테레사 B. 모이어스/ 이상수 옮김, 군자출판사, 2024

*역자 주: 밑줄 표시가 된 책은 국내에 번역된 책이 있는 경우로, 한국어판 제목 그대로 인용했습니다.

이 책에 쏟아진 찬사들

"정보화 시대는 팀과 조직이 성공할 수 있는 무한한 가능성을 제공합니다. 하지만 우리는 여전히 사람으로서 연결하고 소통하며, 신뢰를 쌓아가면서 성공적인 팀워크를 다지는 문화의 중요성을 결코 잊어서는 안 됩니다. 이 책은 선수들이 최고가 될 수 있도록 돕는 코칭의 본질을 보여주며, 공동의 목표가 주는 동기부여에 대해 깊은 통찰을 제공합니다. 이러한 영감을 얻을 수 있어 감사한 마음을 전합니다."

- 조 토레, 뉴욕 양키스의 월드시리즈 4회 우승 감독이자 명예의 전당에 오른 MLB 최고 야구 책임자

"이 책은 코치와 현대 운동선수들이 깊이 공감할 수 있는 관계 코칭에 대한 탁월한 접근법을 제공합니다. 이를 통해 두 그룹 모두 성과와 경험의 질을 한층 더 높은 수준으로 끌어올릴 수 있을 것입니다."

- 캐시 델라니-스미스, 아이비리그 역대 최다 우승 기록을 보유한 하버드 대학교 여자 농구 팀 감독

"동기면담은 코치와 심리학자들이 일상 문제의 근본적인 해결책을 찾아낼 수 있도록 도와줍니다. 이 책을 강력히 추천합니다."

- 마이클 게르바이스, 스포츠 심리학 박사, Compete to Create 공동 창립자

"대학 축구 코치로서의 15년 경험을 되돌아보면, 만약 제가 동기면담을 알고 활용했더라면 어떤 코치가 되었을지 생각만 해도 가슴이 벅찹니다."

- 벤 프릭클리, MLB 토론토 블루제이스 멘탈 퍼포먼스 책임자

"선수들이 잠재력을 최대한 발휘할 수 있도록, 저는 그들의 성격을 파악하고, 무엇이 그들을 움직이게 하는지 살피며, 그들의 '동기'를 찾으려 노력합니다. 동기면담을 활용하면 이러한 과정이 확실히 수월해집니다. 훌륭한 코치가 되고 싶은 사람이라면 이 책을 반드시 읽어야 합니다."

- 매튜 메이너드, MBE, 영국 글래머건 카운티 크리켓 클럽, 수석 코치

"스포츠 분야에서 대화를 개선할 수 있을까요? 네, 가능합니다. 압박감이 높은 모든 직업 환경에서도 배려와 신뢰, 보다 숙련된 의사소통이 기반이 된다면 가능합니다. 이 책은 코치와 선수 간의 의사소통을 향상시키고 팀 문화에 긍정적인 영향을 미칠 수 있는 방법을 제시합니다."

- 임티아즈 아마드, 의사, 영국 EPL 퀸즈 파크 레인저스 축구 클럽, 의료 서비스 책임자

"이 책에서 제시하는 생각과 기술, 전략은 일상 생활에 매우 쉽게 적용할 수 있고, 그 변화의 효과는 종종 과소평가됩니다. 이 책은 대인관계 코칭 기술에 관한 보물창고와도 같습니다. 칭찬보다 인정을 강조하는 것이 사소해 보일지 몰라도 혁명적인 결과를 초래할 수 있습니다. 이 책은 스포츠 분야의 코치, 고위 리더, 최고 경영자가 반드시 읽어야 할 책입니다."

- 제임스 본, MPhil, 스웨덴, AIK 축구 클럽, 축구 및 코칭 심리학 책임자, 선수 개발 프로젝트 공동 설립자

"동기면담은 스포츠 및 운동 심리학 실무자들에게 필수적인 도구가 되어야 합니다."

- 이안 메이나드, 박사, CPsychol, FBPsS, 영국 에섹스 대학교 스포츠, 재활 및 운동 과학 학부

"이 책은 모든 스포츠의 코치들에게 '필독서'입니다. 코치로서 저는 선수들을 효과적으로 지도하고 싶지만, 그럴 수 없을 때는 좌절감을 느낍니다. 이 책은 선수들이 스스로 행동 방침을 결정하고 원하는 성과를 낼 수 있도록 동기면담을 사용하는 방법에 대한 통찰력과 지침을 제공합니다."

- 매트 룰, 베일러 대학교, 축구 감독

"동기부여와 행동 변화는 스포츠 및 퍼포먼스 관련 업계에 종사하는 많은 사람들이 매일 살아 숨쉬며 실천하는 핵심 요소입니다. 이 책은 운동선수들이 자신의 동기를 더 잘 이해하고 잠재력을 발휘할 수 있도록 도와주는 동기면담에 대한 훌륭한 안내서입니다."

- 앵거스 머그포드, CMPC 박사, MLB 토론토 블루제이스, 최고 성과향상 분야 책임 부사장

"이 책을 반복해서 읽고, 여백에 메모를 하면서 코치로서 최고가 되기 위한 위한 지침으로 활용하세요. 선수들도 이 책을 읽은 당신에게 고마워할 것입니다!"

- 스티브 레인볼트, 위치타 주립대학교 육상 및 크로스컨트리 감독

"동기면담은 15년 동안 제 스포츠 심리학 업무에서 중요한 역할을 해왔습니다. 마침내 동기면담을 스포츠에 특화하여 구체적으로 적용한 동기면담의 그야말로 올스타 작가들이 집필한 책이 나왔습니다. 코치들이 쉽게 적용할 수 있을 만큼 간결하면서도 상담 전문가에게도 유용한 이 책은 스포츠 심리 분야에 종사하는 모든 이들에게 기본서가 되리라 생각합니다."

-마크 아오야기, 박사, 덴버 대학교 스포츠 및 성과 심리학 교수 겸 디렉터

"어떤 종류의 코치든 이 책에서 알려주는 전략을 통해 선수들이 스스로를 돕도록 유도할 수 있습니다. 저와 함께 일하는 선수들에게 더 나은 서비스를 제공하기 위해 이 도구를 계속 참고할 것입니다."

- 저스틴 수아, MS, MLB 탬퍼베이 레이스 멘탈 기술 코치

"이 책은 코치가 선수와의 관계를 구축하고, 공감적으로 경청하며, 선수를 있는 그대로 수용하면서 어떻게 선수의 내면에 있는 변화의 불씨를 지필 수 있는지를 보여줍니다. 어떤 커뮤니케이션 전략이 효과적인지, 어떤 전략이 효과가 없는지, 그 이유는 무엇인지 충분한 예시를 들어 자세히 설명합니다."

- 데보라 로스 레들리, 박사, 펜실베이니아주 플리머스 미팅 앤 나버스의 개인 트레이너

"이 책은 읽기 쉽고, 운동선수들이 자신의 행동을 주도할 수 있도록 돕는 실용적인 제안을 생생한 사례와 함께 풍부하게 담고 있습니다. 운동선수들에게 긍정적인 영향을 미치고, 신뢰 관계를 발전시키며, 동기 부여를 높이고자 한다면 이 책을 꼭 읽어 보세요."

- 로버트 와인버그, 박사, 마이애미 대학교 운동과학 및 보건학과

최고의 순간 코칭 심리학
스포츠와 동기부여 강화면담

Coaching Athletes to Be Their Best:
Motivational Interviewing in Sports

최고의 잠재력과 탁월한 성과를 이끌어내는 동기부여 기술

최고의 순간, 코칭 심리학: 스포츠와 동기부여↑강화면담

-최고의 잠재력과 탁월한 성과를 이끌어내는 동기부여 기술

첫째판 1쇄 인쇄 | 2024년 11월 13일
첫째판 1쇄 발행 | 2024년 11월 20일

지 은 이 스티븐 롤닉, 조나단 페이더, 제프 브레콘, 테레사 B. 모이어스
옮 긴 이 이상수
발 행 인 장주연
출판기획 임경수
책임편집 박연주
편집디자인 조원배
표지디자인 군자출판사
제작담당 황인우
발 행 처 군자출판사(주)
등록 제4-139호(1991. 6. 24)
본사 (10881) **파주출판단지** 경기도 파주시 회동길 338(서패동 474-1)
전화 (031) 943-1888 팩스 (031) 955-9545
홈페이지 | www.koonja.co.kr

ISBN 979-11-7068-192-2 (93510)

정가 28,000원

톰 메이너드와 조지 필팟을 추모하며
- 스티븐 롤닉

늘 저를 이끌어주신 부모님과 원고를 꼼꼼히 봐주신
로사에게 감사드립니다!
- 조나단 페이더

부모님, 도프와 데이브, 그리고 아내 카론에게
스포츠에 대한 제 열정과 변화를 이루려는 노력은
이들로부터 큰 영감을 받았습니다.
- 제프 브레콘

내가 아는 최고의 운동선수, 주니를 위해
- 테레사 B. 모이어스

저자 소개

스티븐 롤닉 박사는 영국 웨일즈의 카디프 대학교 의과대학에서 명예 석좌 교수이자 대화를 통해 변화를 촉진하는 방법인 동기부여↑강화면담(MI, 동기면담)의 공동 창시자로, 임상 심리학회에서 변화대화를 개선하는 데 중점을 두고 연구하고 있다. 동기면담 훈련가 네트워크(MINT)의 창립자이며, 정신 건강, 당뇨병, 심장병, HIV/AIDS와 같은 만성 건강 질환 분야에서 특히 활발히 활동하며, 저명한 과학 저널에 다수의 논문을 게재하고, 행동 변화를 돕는 수많은 책을 발행했으며, 대표 저서는 동기면담(4판)이다. 전 세계를 여행하며 다양한 환경과 문화권의 실무자들을 교육하며, 현재는 건강 관리 및 스포츠 분야에서 트레이너와 컨설턴트로 활동하고 있다. 개인 웹사이트는 *www.stephenrollnick.com*이다.

조나단 페이더 박사는 뉴욕에 위치한 유니온 스퀘어 프랙티스의 임상 및 성과 심리학자이자 스포츠코칭 그룹인 스포츠스트라타의 공동 설립자이다. MINT의 회원으로 메이저리그 야구(MLB)와 NFL 미식축구리그에서 프로 선수들과 정기적으로 일하고 있으며, MLB 뉴욕 메츠와 NFL 뉴욕 자이언츠에서 총 11년 동안 선수 생활을 했다. 공연 예술가, 기업가, 기업, 학교, 의료 전문가, 응급 구조대원들과도 협력하며 동기부여, 성과 향상, 스트레스 관리, 의사소통 개선, 팀 빌딩 등을 주제로 다양한 그룹에서 강연자로 활동하고 있다. 개인 웹사이트는 *www.jonathanfader.com*이다.

제프 브레콘 박사는 공인 스포츠 및 운동 심리학자이자 MINT의 회원으로 영국 셰필드를 거점으로 영국, 유럽, 북미 전역의 다양한 조직에 동기부여↑강화면담 교육을 하고 있다. 스포츠 및 건강 분야에서 동기면담의 역할에 대해 전문적으로 연구하고 발표해 왔으며, 40편 이상의 피어 리뷰 논문을 발표한 바 있다. 1992년부터 스포츠 및 건강 분야 임상에서 활동해 오면서, 의사와 환자 간의 치료적 동맹을 구축하는 데 있어 동기면담의 역할에 중점을 두고 연구에 정진하고 있다. 인도와 남아프리카에서 크리켓 선수로, 그리고 영국과 미국에서는 배구 및 축구 선수와 코치로 활동한 이력이 있다.

테레사 B. 모이어스 박사는 뉴멕시코 대학교의 심리학 부교수이자 MINT회원으로, 중독행동치료법, 특히 동기부여↑강화면담에 중점을 두고 동기면담의 활성 요인을 파악하고 중독 환경에서 이를 효과적으로 보급하는 최적의 방법을 찾는 연구를 진행하고 있다. 35편 이상의 동료 검토 논문을 발표했으며, 16개국에서 동기면담 및 중독 치료에 관한 연구 결과를 발표한 경험이 있다. 학문적 활동 외에도 반려견의 민첩성 스포츠에 참여하여 자신의 보더콜리와 함께 훈련하고 대회에 출전하고 있다. 개인 웹사이트는 www.theresamoyers.com이다.

역자 서문

정신과 의사이자 아우슈비츠 생존자인 빅터 프랭클은 자신의 책 '죽음의 수용소에서'를 통해 인생에서 가장 중요한 것은 자신의 삶에 대한 의미를 찾는 것이고, '왜' 사는지를 아는 사람은 그 어떤 '어떻게'도 감내할 수 있게 된다고 밝혔다. 인간의 삶에서 중요한 것은 의미와 동기를 찾아주는 것이라고 본 것이다. 운동선수도 예외는 아닐 것이다. 스스로 어떤 선수가 되고 싶은지, 운동을 하는 의미와 훈련을 지속하는 동기를 부여한다면, 훗날 은퇴식에서 후회없이 경기를 즐겼다고 말할 수 있을 것이다. 하지만, 자신에게 가장 중요한 것이 무엇인지 알고, 또 무엇을 해야 하는지 알고 있더라도, 여전히 그것을 실행하는데에는 어려움이 있기 마련이다. 이를 해결하는 대화가 동기부여를 강화하는 면담, 즉 동기부여↑강화면담(motivational interviewing, MI, 동기면담)이라고 할 수 있다.

그러고 보면, 우리가 하는 행동에는 항상 이유 내지는 동기가 있다. 어쩌다가 정신과 의사로서 스포츠와 동기부여↑강화면담 책의 번역까지 이르게 됐는지 내면의 동기를 탐색하자면, 다음과 같이 말할 수 있을 것 같다. 2006년, 대학병원 전공의 시절에 캐나다 토론토에 열린 미국 정신과학회(American Psychiatric Association, APA)에 포스터 발표차 참가한 적이 있다. 당시 해외 학회는 처음이었던지라 교과서에 나오는 훌륭한 정신과 선생님들을 실물로 뵙고 강의를 듣는다는 설렘과 기대 속에 매순간을 놓치지 않겠다는 열정과 결의로 참석했었다. 딱 하루 MLB 메이저리그 토론토 블루제이스 홈경기를 보러 가기는 했지만 말이다. 당시 인상깊었던 모임은 APA 교육위원회에서 전공의와 의대생을 위해 마련한 round table expert meeting이었다. 작은 방에 각 분야의 대가들이 5개의 원탁에 한 분씩 앉아 계셨는데, 이름만 들어도 알만한 역동정신치료의 가바드(Glen O. Gabbard. M.D)선생님의 테이블은 이미 만석이어서, 빈자리가 있었던 중독정신의학 쪽 테이블에 상당한 용기를 내어 앉게 되었다. 내가 앉게 된 테이블에는 중년의 나이에 파란색 셔츠를 입고 있었던 열정적인 선생님이 앉아계셨다. 각자가 돌아가면서 간단히 자기소개 후, 선생님께 한 명씩 질문할 기회가 주어졌는데, 당시 나는 알코올 중독 환자들을 위한 집단프로그램에 참여하고 있었지만, 치료자가 투입하는 열정과 노력에 비해 자주 재입원하는 환자들을 보며, 중독 환자들이 낫지 않는다는 무력감을 느꼈던 때였기에 중독환자를 대하는 어려움에 어떻게 대처해야 하는지의 취지로 질문을 드렸는데, 그 때 처음으로 MI (motivational interviewing)란 개념을 접했다.

지금이야 중독을 하는 사람들에게 동기면담은 상식처럼 되었지만, 당시에 MI는 myocardial infarction (심근경색)을 떠올릴 만큼 무지했던 시절이라 이야기를 들으면서도 중독이 엄연히 생물학적 기반이 크다고 봤기 때문에, 환자들의 동기부여가 부족한 것으로 치부하는 것처럼 오해하며, 새로운 치료법에 대한 의구심을 가졌던 것 같다. 그러나 지금에서 되돌아보면 그분이 설명해주었던 동기면담의 과정은 꽉 막힌 문제의 본질을 찾아 파고들어가는 탐색적 질문으로 내면의 동기를 유발하는 상당히 신선했던 경험으로 다가왔다. 이곳저곳에서 많은 대화가 오고가는 산만한 분위기였지만, 그분은 나에게 중독에 대해서 정말 제대로 배우기 원한다면, 자신의 프로그램에 와보라는 말씀을 해주시면서, 자신도 유학생 출신이고, 본인의 희랍어 억양이 전혀 문제가 되지 않았다는 개인적인 이야기를 나눠주셨다. 나는 그 말을 듣고, 영어를 잘 못해서, 그럴 일은 절대 없을 것 같다고 나름 겸손하게 말한다는 것이 직설적인 화법으로 들렸던지 영어는 1년 안에 ESL 과정에도 충분히 할 수 있다고 말씀해 주시면서, 저항과 함께 구르기를 하며 내 안의 동기를 끌어내시는 개인 세션처럼 순간 된 것 같았다. 그리고 갑자기 프로그램 북이 있으면 달라고 하시면서 학회동안 자신이 주도하는 미디어 워크샵과 학회 장소를 일일이 표시를 해주고, 꼭 들어볼만한 자기 동료교수들의 강의들에 대해 친절하게 추천 가이드를 해주시면서, 직접 미국을 느껴보라고 하셨다. 변화에 저항하는 나에게 보여주였던 낯선 미국인의 친절함과 따뜻하고 진정성있게 차근차근히 변화를 이끌어내시는 그 모습은 시간이 지나도 여전히 특별한 순간으로 기억된다. 그때는 전혀 몰랐지만, 이 책에서 나오는 동기면담의 변화대화의 모습을 실제로 보여주시는 세션과도 같았다고 생각한다. 그 방을 나오면서 마지막 인사를 드릴 때, 당신을 만나기 전에 미국가는 것은 개인적으로 전혀 불가능하다고 생각했는데, 당신 덕분에 사실 미국에 다시 가볼 수도 있겠다는 생각이 든다는 일종의 변화대화 같은 자백을 하고야 말았다. 그분은 뉴욕에 자신이 근무하는 병원 내과에서도 한국인 전공의가 스마트하고, 성실하게 일을 잘하고 있다고 하시면서, 명함을 주시면서 뉴욕에 오면 연락을 하라는 말씀을 해주셨는데, 그분이 <정신건강 임상에서의 동기강화상담, motivational interviewing for clinical practice> 책을 쓰신 Dr. Petros Levounis다. 당시 St. Luke's-Roosevelt Hospital 정신과와 Addiction Institute of New York 디렉터였다가 현재는 럿거스 뉴저지 의대 정신의학과 학과장이며, APA President (2023-2024)를 하고 계시는 것으로 알고 있다. 유학생 신분으로 미국으로 오시고, 주류사회에서 APA 수장까지 지내시다니, 그분의 개인적인 삶의 이력을 볼 때 의미와 동기부여로 가득한 삶의 여정을 충실히 살아오셨다는 생각에 고개가 숙여진다. 아마도 내게 하셨던 것처럼 소외된 사람들을 위한 친절함을 베풀며 살아오셨을 것 같다.

아무튼 영어를 못하니까 미국은 절대로 안될 거라는 나의 인지왜곡을 치료받고, 기회가 있을 때마다 해외학회에 포스터를 제출하며, 전문의가 되고 나서도 굳이 미국 저널에 논문투고와 미국 연수에 대한 도전과 번역까지 이른 나의 기이한 인생여정을 돌아보면, 그분과의 대화가 내 삶의 변화에 적지 않게 영향을 미쳤다는 것을 뒤늦게 깨닫고 감사한 느낌이 든다. 나와 같은 초라한 이방인에게도 그런 친절을 베푸는 면모야말로 진정한 코치의 모습이 아닐까 싶다. 이렇게 역자서문을 쓰지 못했다면, 젊은 날부터 지금까지 이어지는 나의 무모해 보이는 힘든 도전의 몸무림에 대한 내면의 동기를 결코 스스로 이해해보는 시간을 가져보지는 못했을 것 같다.

동기부여↑강화면담은 상담 심리학에서 시작된 기법으로, 내담자가 스스로 변화를 원하고 실천할 수 있도록 돕는 대화 방식이다. 핵심은 내담자의 문제를 직접 해결해 주는 것이 아니라, 질문과 경청을 통해 그들이 스스로 내적 동기를 증진시켜 스스로 변화하도록 유도하는 것인데, 이것이 사실 쉽지가 않다. 이 책은 이러한 동기면담의 원리를 스포츠 코칭에 적용하여, 선수들이 자신의 목표를 명확히 설정하고 그 목표를 향해 나아가도록 내적 동기를 자극하는 방법을 친절한 대화의 예시로 소개하고 있으며, 시카고 컵스가 108년 만에 염소의 저주를 풀고 월드 시리즈에서 우승한 생생한 이야기와 같은 현장감있는 예시가 많이 실려있다.

스포츠 코칭은 단순히 기술과 전략을 가르치는 것이 아니다. 선수들이 잠재력을 발휘할 수 있도록 동기를 부여하고, 자신감을 심어주는 과정이다. 이 책은 코치들에게 혁신적인 접근법을 제시하며, 동기면담을 통해 선수들이 자발적으로 변화하고 성장할 수 있도록 돕는 강력한 방법론을 제공한다.

조선의 4번 타자로 불린 KBO 롯데 자이언츠의 이대호 선수가 은퇴식[1)]에서, 어린 시절 부모님이 안계시던 정말 어려운 여건에도 본인을 야구선수로 키워준 할머니를 떠올리며 "하늘에 계신 할머니! 늘 걱정하시던 손자 대호가 이렇게 많은 사람 앞에서 박수받으며 떠납니다. 오늘 가장 생각나고 보고 싶습니다."라는 소감을 말하며, 눈시울을 붉혔는데, 항상 자신을 위해 고생하시는 할머니가 고등학생 때 돌아가시자, 그는 야구를 할 이유를 잃어버렸다고 한다. 사실 야구를 잘하고 싶은 것이 그의 꿈이 아니었다고 하고, 오로지 할머니를 호강시키려고 야구를 한 것이었다고 했다. 그런 할머니가 프로선수로 지명되기도 전에 돌아가셨으니 자신의 꿈이 물거품이 된 것처럼 망연자실했다고 했다. 일주일간 야구하러 가지도 않고, 슬퍼하기만 했는데, 코치님이 자신의 집에 찾아오셔서 "대호야. 네가 야구를 하든 안하든 네 선택이지만, 여기서 포기했을 때와 야구선수로 성공했을 때, 어떨 때 사람들이 할머니가 너를 잘 키웠다고 얘기할까?" 말 한마디에 그는 할머니를 위해서 야구로 성공하고 싶었다는 마음이 들었고, 다시 야구를 할 수 있었다고 한다.[2)]

상담뿐만 아니라 코칭에서도 언어는 매우 중요한 역할을 한다. 코치의 한 마디는 선수의 생각과 행동에 큰 영향을 미칠 수 있다. 동기면담은 이러한 언어의 힘을 가장 효과적으로 활용할 수 있는 방법 중 하나다. 코칭 대화에서 사용되는 언어는 단순한 정보 전달 수단이 아니라, 선수의 내적 동기를 자극하고 변화를 이끌어내는 도구가 될 수 있다.

9회 말 투아웃의 상황에서, 흔들리고 있는 마무리 투수에게, 투수 코치가 마운드로 올라가 잠시 이야기한다면, 무슨 이야기를 해줄 수 있을까?

축구 경기 결승전 연장 승부차기 마지막 키커의 부담을 가진 선수에게 감독은 무슨 말을 해줄 수 있을까?

농구경기, 4쿼터 종료 1분을 남기고 한 점 차로 뒤져있는 마지막 타임아웃에서 감독은 선수들에게 승리하도록 어떻게 동기부여를 해 줄 수 있을까?

이 책에서 제시하는 원리와 기술들이 선수 중심의 코칭을 실천하는 데 실용적인 조언을 제공해 줄 수 있을 것이다. 스포츠에서도 동기면담이 가져올 새로운 변화를 기대하며, 이 책이 많은 코치와 선수들에게 동기면담의 가치를 전달할 수 있

1) 선수 이대호의 공식 은퇴식 "이대호여서 행복했고, 이대호여서 고마웠습니다" 동영상 Giants TV 채널 https://www.youtube.com/watch?v=LP-TvlKy66I&t=2523s

2) 이대호 선수의 할머니 사랑 오은영의 금쪽 상담소 107 회, 동영상 play 채널A. https://www.youtube.com/watch?v=HRb7nuycJ_s&t=338s

기를 기대한다.

Motivational Interviewing의 한글 용어를 어떻게 정할지에 대한 고민을 많이 했었다. 동기면담은 운동선수들에게 너무 낯선 용어인 반면에, 동기부여는 스포츠 선수들에게 일상적이면서도 너무 친숙하기 때문에 동기부여를 높이는 시각적이고 직관적인 화살표와 함께 동기부여↑강화면담으로 정했는데, 동기면담이란 번역이 자칫 이 책의 핵심독자층인 선수와 코치진을 배려하지 못해 꼭 필요한 책이 외면받을 것 같은 느낌이 들어서였다. 부연하자면, 동기부여↑강화면담의 ↑ 화살표는 단순히 외부에서 동기를 주입하는 것이 아닌, 내면에서 동기를 이끌어내는 인사이드아웃 과정임을 말한다. 또한, ↑화살표는 지속 가능한 내면의 동기와 역량(empowerment)을 끌어올리는↑ 과정이며, 동기가 가장 중요한 최상위↑계층의 목표와 가치에 다가가고, 의미의 원천과 연결되며 결국 변화와 성장을 돕는 행동으로 강화되고 증진↑되는 방향성을 포괄하는 의도로 사용하였다. 강화는 계층네트워크에서 가장 중요한 목표에 다가가는 행동을 언어적으로 구성하는 증진 augmenting 개념으로 이해하시면 좋겠다. 새로운 스포츠 심리학(2024, 군자출판사) 책에서 소개한 수용전념치료의 관계틀이론(relational frame theory, RFT) 관점에서 행동을 가장 중요한 목표와 행위의 속성을 가지는 계층 구조로 언어적으로 구성할 때, 지속적인 만족과 동기는 증가하고, 의미있는 행동은 강화될 것이기 때문이다.

이 책을 번역하는 동안 나 역시 코칭의 본질에 대해 다시 생각해볼 기회를 가질 수 있어서 좋았다. 코치의 어원은 원래 1610년대 헝가리의 코우치(Kocs)라는 마을에서 만들어진 당시로는 파격적으로 편안한 대형 사륜 마차에서 유래했으며, 사람을 목적지까지 안내한다는 의미로서 코우치의 마차가 독일,프랑스,영국 등 전유럽에서 사용되었다고 한다. 1849년 영국 옥스퍼드 대학에서 처음으로 낙제 위기의 몰린 학생들을 합격시키는 개인교사를 '코치'라고 부르기 시작했고, 본격적으로 1880년대 빅토리아 여왕 시대에 축구 선수들이 더 나은 성과를 내도록 돕는 지도자의 역할이 부각되면서 '코치'란 단어가 대중에게 필수적인 존재로 인식되며 점차 널리 쓰이게 되었다. 결과적으로 코칭은 스포츠에서 시작해 점차 확장된 개념으로 스포츠가 원조라는 점을 부인할 수 없다. 이러한 맥락에서, 선수들의 최고의 순간을 이끌어내는 코칭과 동기부여↑강화면담을 다룬 이 책은 스포츠 심리학의 성과와 수행 능력 향상이라는 큰 흐름 속에서 코칭을 재정의하는 동시에, 코칭 심리학에 대한 관심과 논의를 촉발할 수 있는 가뭄에 단비같은 의미심장한 책이라고 생각된다. 나 역시 통증 치료를 위해 병원에 내원하는 선수 내담자들에게 스포츠 코칭의 원리와 기법을 적용하면서 코칭은 단순한 기술 전수만이 아니라, 선수들이 자신을 믿고 그 믿음 속에서 성과를 이룰 수 있도록 돕는 과정임을 어렴풋이 느끼게 되었다.

우리 각자는 인생이라는 경기장에서 삶의 소중한 가치를 향해 나아가는 운동선수들이다. 나이키의 표어대로 If you have a body, you are an athlete. 몸이 있는 사람이라면, 누구나 운동선수라는 말에 전적으로 동의한다. 또한 우리 각자가 운동선수이자 또한 자신의 좋은 코치이기도 할 것이다. 그런 의미에서 오늘 나는 어떤 마음으로 나를 대할 것인가? 삶이라는 경기장에서 어떤 진정한 승부를 펼치며, 오늘 하루 경기를 마무리하고 싶은가? 그런 마음가짐으로 이 책을 차근차근히 읽어보면 좋을 것 같다.

마지막으로 지난번 '새로운 스포츠 심리학, 마음챙김과 수용전념' 책을 번역하고 나서, 이 책에 대한 번역에 대한 제안을 받았을 때, 바쁜 개원의 상황에서도 거절하지 못했던 이유는 책이 스포츠 심리학의 마지막 퍼즐을 끼워넣는 책같이 여겨졌기 때문이다. 그런 의미에서 마음챙김과 수용전념으로 시작해, 동기부여↑강화면담과 코칭심리학을 마침표로 스포츠 심리학에 새로운 활력을 불어넣는 긴 여정을 마칠 수 있도록 도와주고 기획해주신 군자출판사의 임경수 과장님과 고생스러운 편집 작업을 담당해준 박연주 편집자님께도 수고많으셨다고, 진심으로 감사의 말을 전하고 싶다. 우리 삶의 진정한 승리를 늘 응원한다.

2024년 파리올림픽처럼 뜨거웠던 가을의 어느날에

역자 이 상 수 드림

저자 서문

스포츠에서 관계는 중요하며, 우리는 대화를 통해 관계를 탐색하는 경향이 있습니다. 우리가 하는 모든 말은 긍정적이든 부정적이든, 영향을 미칩니다. 말의 힘은 그만큼 강력합니다. 이런 말의 힘을 활용하여 관계와 신뢰를 향상시키고 동기부여와 성과를 내는 것이 바로 동기부여↑강화면담(동기면담)의 목표입니다. 코치로서 침묵을 지키는 것 이상의 일을 하고자 결심했다면, 동기면담의 기술을 통해 말실수를 줄이고 불필요한 말로 시간을 허비하지 않을 수 있습니다.

이 책은 스포츠에서 동기면담을 다룬 최초의 책으로 의미가 큽니다. 이 책에서 코치라는 용어는 단순히 스포츠에서 선수들을 지도하는 사람을 넘어서, 음악감독, 지휘자, 심리치료사, 매니저, 의사, 영양사, 트레이너, 성과 전문가, 부모 등 선수의 성과와 성장을 지원하는 모든 관계자를 포괄하는 의미로 폭넓게 사용했습니다. 가장 먼저 필요한 것은 선수에게 하는 말과 선수의 반응에 호기심과 관심을 가지는 것이라고 볼 수 있습니다. 당신은 전술이나 사람 관리에 전문가일 수 있고, 남들보다 동기부여와 인간관계에 대한 관심이 클 수 있지만, 어떤 경우든 이 훌륭한 대화 기술을 당신이 갖고 있는 도구 상자에 추가할 수 있습니다. 이미 훌륭한 대화 기술을 갖추고 있더라도, 이 책을 통해 그 기술을 한층 더 발전시켜, 당신을 스포츠 코칭의 진정한 전문가로 만들어 드리고자 합니다. 스포츠를 예로 들었지만, 앞서 언급한 음악감독, 지휘자, 심리치료사, 매니저, 의사, 영양사, 트레이너, 성과 전문가, 부모, 교사, 멘토, 상담사, 팀 리더, HR 담당자 등 성과와 성장을 지원하는 사람이라면, 이 책을 통해 코칭 심리학을 더 깊이 이해할 수 있을 것입니다.

저자들은 수십 년 동안 스포츠와 상담 분야에서 스포츠 참여자 및 심리학자, 정신건강 상담사로 활동하며 스포츠와 상담의 세계를 병행하며 살아왔습니다. 우리는 사람들이 새로운 삶을 개척하도록 돕기 위해 동기면담을 공동으로 개발했고, 오늘날 이 접근 방식은 병원, 학교, 진료실, 교도소, 상담실, 심지어 길거리에서까지 전 세계 모든 종류의 실무자들이 유용하게 활용하고 있습니다.

상담 업무를 스포츠에 접목하는 것은 처음 생각했던 것보다 그리 어렵지는 않았습니다. 우리 모두는 스포츠에서 전략을 짜고, 기술개선, 부상 회복, 웰빙에 이르기까지 모든 것에 초점을 맞춰 개인과 팀에 자연스럽게 동기면담을 적용해 왔습니다. 상담 업무뿐 아니라 스포츠 분야에서도 사람들은 스스로 동기를 부여하고 주인의식을 갖고 계획을 세울 수 있도록 믿어주고 응원해주는 느낌을 받을 때 더 잘할 수 있다는 것을 금세 알게 되었습니다. 어떻게 하면 선수들을 정중하고 효율적이며 효과적으로 도울 수 있을지가 관건이었습니다.

그렇다면 동기부여↑강화면담(동기면담)이란 무엇일까요? 동기면담은 선수들로부터 지혜와 답을 끌어내는 기술이 담긴 의사소통 스타일입니다(Miller & Rollnick, 2013). 동기면담은 우선 좋은 관계가 중심이 되고, 학습자나 선수가 스스로 개선을 추구하며, 당신의 경험과 조언이 필요에 맞게 세밀하게 맞춤화된 양육이나 교육, 코칭의 잘 정립된 원칙에 기반하기 때문에 이미 하고 있는 일에서 이런 효과를 금방 느낄 수 있습니다. 선수의 내면에 있는 동기를 활용하고 스포츠 현장에서 까다로운 스포츠 대화를 더 잘 다루고 싶다면 이 책이 분명 도움이 되리라 기대합니다.

동기면담은 정말로 효과가 있을까요? 이에 대한 답은 명확합니다. 저희와 다른 연구자들이 다양한 환경에서 면담 방법을 평가하고, 말하는 내용, 말하는 방법, 노력과 결과 사이의 연관성을 면밀히 살펴본 수백 건의 과학적 연구논문이 그 효과성을 입증하고 있습니다. 이 질문에 대한 또 다른 답은 선수들이 느끼는 즉각적인 반응에서 찾을 수 있습니다. 그들이 여러분과의 대화에서 활력을 얻고 있다면, 이미 변화를 만들고 있다고 말할 수 있겠습니다. 동기면담은 딱딱한 지침서가 아니라 선수와 서로 연결되고 선수의 성공을 돕기 위한 스타일과 기술입니다. 선수들은 자신에게 가장 도움이 되는 것이 무엇인지 당신에게 솔직히 말해줄 겁니다.

이 책을 통해 배우게 될 동기부여↑강화면담(동기면담) 기술은 당신이 선수들과의 관계를 강화하고 그들의 내면적 동기를 이끌어내는 데 크게 기여할 것입니다. 동기면담을 통한 변화는 선수들이 자신의 잠재력을 최대한 발휘하도록 도울 뿐만 아니라, 당신 자신의 코칭 능력도 한 단계 향상시켜 줄 것입니다. 이 책의 지침을 따라 도전해 보세요. 동기면담 기술을 적용함으로써 당신과 선수들이 얼마나 변화할 수 있는지 직접 목격하고 체험해 보십시오. 당신의 코칭 경력에 있어 이보다 더 값진 투자는 없을 것입니다.

결국 실제로 시도해 보는 것은 여러분 자신에게 달려 있습니다. 독자 여러분의 개인적인 효율성과 웰빙을 향상시키는 것이 저자들이 이 책을 쓰게 된 동기라고 감히 말할 수 있습니다. 실제로 시도해보고, 그 효과를 당장 체험해 보는 행운이 함께하길, 독자 여러분의 변화와 성장을 응원하겠습니다.

감사 인사

유능한 편집자이자 이 책을 재미있게 만들어 준 길포드 출판사의 짐 나게오트 편집자에게 감사드립니다. 중요한 세부 사항을 놓치지 않고 초고를 계속 다시 읽어주는 수고를 한 메리 호도로비츠에게도 특별한 감사를 표합니다. 데이비드 로젠그렌, 스테판 롤닉, 제인 케이슬라가 각 장의 초고를 읽고 많은 부분을 퇴고하는데 도움을 주었습니다. MLB 시카고 컵스 야구팀의 멘탈 기술 프로그램 디렉터인 조쉬 리프락은 빌리 염소의 저주를 뚫고 시카고 컵스가 108년만에 월드시리즈에서 우승한 이야기를 현장감있게 들려주었습니다.

이 책이 나오게 된 계기는 엘리트 축구계인 프리미어리그에서 상당한 역할을 하는 임티아즈 아흐마드(Imtiaz Ahmad)라는 의사로부터 촉발되었습니다. 그에게 어떻게 해서 동기부여↑강화면담 워크숍에 오게 되었느냐고 물었을 때 그는 "더 잘 듣는 법을 배우고, 클럽의 문화를 바꾸고, 선수를 육성하는 데 있어 '적응하거나 아님 방출되거나'라는 접근 방식에서 벗어나고 싶었다."라고 답했습니다. 이어서 그는 코치들이 동기부여↑강화면담(동기면담) 기술을 배울 수 있도록 전폭적으로 도왔습니다.

저자를 위해 새로운 관점을 열어주고, 칭찬의 한계를 넘어 창의적으로 작업해준 제임스 본에게 감사드립니다. 웨스트 볼티모어시의 테니스 캠프, 에이스 프로젝트의 수잔 클럼프너는 젊은이들을 스포츠에 참여시키는 방법에 대한 영감과 비전을 제시해주었습니다. 엘리트 축구 코치인 에두 루비오는 함께 일할 수 있는 기회를 준 모든 이들에게 좋은 본보기가 되어준 절친한 친구입니다. 독일 베를린의 리차드 베일리와 스위스 로잔의 도미니크 고바트는 각자의 환경에서 효과적인 결과를 주는 동기요인이 무엇인지 유용한 대화와 의견을 자유롭게 나누어주었습니다.

크리켓의 린지 윌리엄스와 럭비의 이안 고프, 그리고 서로를 응원하는 스포츠 문화에 대해 조언해준 마크 윌리스에게도 감사의 인사를 전합니다. 심리학자 로리 맥은 동기면담이 어떤 모습인지, 코치와 선수들이 일상적인 연습과 시합에서 어떻게 도움이 될 수 있는지 예리한 시각으로 처음부터 함께해 주었습니다. 동료인 크리스 와그너는 사람들이 어떻게 변화하는지에 대한 우리의 생각에 많은 기여를 해주었고, 동기면담과 팀워크에 대한 그의 유용한 의견이 이 책에 반영되었습니다. 마지막으로, 가난한 지역사회에서 코칭하기란 주제로 글을 쓰는 모험을 감행했을 때, 상당히 많은 양의 지면과 시간을 할애해 준, 야구와 소프트볼 코치인 롭 마이트라의 헌신적인 도움 덕분에 순조롭게 글을 마칠 수 있었습니다. 그녀의 헌신에 감사의 말을 전합니다.

목차

제 4 부 동기면담 워크북

제 1 부

동기부여↑강화면담 (MI, 동기면담)

저는 1972년 뮌헨 올림픽 미국 대표팀의 높이뛰기 선수였고 '포스베리 플롭'이라는 기술을 초창기에 배운 선수 중 한 명이었습니다. '포스베리 플롭'기술은 전통적인 점프(앞구르며 다리 벌리기)와 달리 바에 다가가서 뒤로 물러서서 몸을 뒤로 젖혀 머리부터 뛰어넘는 배면뛰기 방식입니다. 선수 생활이 끝난 후 저는 방향을 바꾸어 동기부여↑강화면담(동기면담)을 배웠고, 병원에서 트라우마 병동의 입원환자와 외래환자들이 더 안전하고 건강한 삶을 살 수 있는 방법을 고민하도록 돕는 심리상담사로 오랫동안 일했습니다.

플롭과 동기면담은 많은 공통점이 있습니다. 먼저 플롭은 바를 거꾸로 뛰어넘는 당시에는 생소하고 무모하게 보였던 도전이라는 점에서, 동기면담은 사람들의 변화를 돕는 색다른 방법을 찾는다는 점에서 익숙한 문제에 대해 다른 접근 방식을 취하려는 노력에서 영감을 받아 폭발적인 인기를 끌었습니다. 그리고 이 둘 사이에는 보다 직접적인 연결고리가 있습니다: 그것은 바로 동기면담은 운동선수가 플롭을 배우는 데 도움을 줄 수 있다는 것입니다.

최근에 저는 제 오랜 친구이자 자신의 이름을 딴 플롭 기술의 창시자이며, 높이뛰기 종목의 올림픽 우승자인 딕 포스베리와 만났습니다. 요즘 그는 청소년들에게 플롭 기술을 가르치는 높이뛰기 캠프를 열고 있었습니다. 그는 아이들에게 코칭을 하면서, 아이들은 연습 점프를 마친 후, 무엇이 잘못되었는지, 다음 점프에서는 어떻게 고쳐야 하는지 조언을 기대하며 그를 찾아온다고 합니다. 하지만 딕은 대신 "방금 한 점프에서 어떤 점을 느꼈니?"라고 선수들에게 먼저 열린 질문으로 물어봅니다.

많은 코치들은 딕과 다르게 아이들에게 점프 커브가 너무 넓었다거나 마지막 스텝이 너무 길거나 느리다고 말하곤 합니다. 딕의 그런 호기심 어린 안내하기 질문은 제가 높이뛰기 기술을 다듬는 방법이었으며, 동기면담 훈련가의 매뉴

얼에서 볼 수 있는 질문 유형이기도 합니다. 재능 있는 코치와 동기면담 전문가가 하는 일은 바로 당사자가 자신의 길을 찾을 수 있도록 격려하는 것입니다. 선수의 실력 향상을 위해 어떻게 해야 하는지 단순히 지시하는 것은 어쩌면 쉬운 일입니다. 제 경험에 따르면 수년간 수천 명의 환자를 만나면서 항상 강조했던 것처럼 "지켜보고, 기다려주며, 선수가 스스로 변화를 이야기할 수 있도록 내버려 두세요."라고 말씀드리고 싶습니다. 플롭이나 동기면담을 하는 방법을 배우는 데는 연습이 필요하지만 그 효과는 확실합니다.

- 크리스 던, 전 올림픽 높이뛰기 선수 출신 동기면담 훈련가(개인 서신에서 발췌)

이 책에는 크리스 던이 앞서 언급한 로드맵, 즉 동기면담 실무자 매뉴얼이 담겨 있습니다. 딕 포스베리가 한 비슷한 질문만으로도 대화를 시작하는 데 유용할 수 있습니다. 그 다음에는 경청하기와 요약하기가 훨씬 더 강력한 효과를 발휘할 수 있습니다. 당신은 이미 대부분의 기술을 무의식적으로 사용하고 있을지도 모릅니다. 이 책의 첫 번째 부분은 이러한 기술의 작용 원리와 그것이 동기부여와 성과에 미치는 영향을 명확하게 이해하는 데 도움을 줄 것입니다.

1부와 이어지는 장에서는 삶을 변화시키고 스포츠에서 탁월함을 구축하는 대화의 힘을 확실하게 느낄 수 있도록 우선 스포츠 대화의 특징과 동기면담이 대화를 개선하는 데 어떻게 도움이 되는지 살펴봅니다(1장). 그런 다음 중요한 태도와 마음가짐(2장)을 다루며, 관련된 구체적 방법과 효과적인 기술(3장과 4장)을 살펴보며, 마지막으로 어려운 상황에서도 함께 일하는 선수들의 능력을 최대한 끌어낼 수 있도록 돕는 두 가지 특별한 주제인 인정하기(5장)와 저항과 함께 구르기(6장)를 차례로 다루도록 하겠습니다.

2부에서는 빠르게 연결하기(신속하게 효과적인 신뢰관계 맺기)부터 동기 부여, 목표 설정, 계획 세우기, 제대로 조언하기 등 다양한 동기면담 전략에 대해 살펴봅니다. 3부에서는 팀워크 구축, 웰빙과 생활 습관 개선, 가난하고 소외된 지역의 선수를 돕기, 팀 문화 개선에 동기면담을 활용하는 방법 등 보다 광범위한 도전과제를 깊이있게 다루도록 하겠습니다.

4부에서는 동기면담 기술을 배울 때 유용하게 참고하고 빠르게 적용할수 있는 핵심 주제를 워크시트 형태로 간략하게 요약정리해 놓았습니다. 각 장의 마지막에는 사고의 폭을 넓히고 역량을 향상하기 위해 교육훈련 과정에서 함께 고민해 볼 수 있는 몇 가지 '생각해볼 만한 질문'이 나열되어 있습니다. 다음 장으로 넘어가기 전에 배운 내용을 되짚어 보면서 자신의 업무환경에서 하나라도 내 것을 만들겠다는 절실한 마음으로 바로 적용을 해 보시길 바랍니다.

제 1 장

동기부여↑강화를 위한 색다른 접근의 면담

결국 스포츠는 사람에 관한 문제입니다. 기술과 전술은 그 다음 문제죠.

- 닉 레벳, 축구 코치

핵심내용

+ 선수들에게 동기를 부여하는 것은 모든 수준의 스포츠에서 정말 어려운 과제입니다.
+ 선수들의 문제를 고쳐주려고 밀어부치다가 종종 역효과를 낳습니다.
+ 코칭 도구 상자에 동기면담을 추가하여 운동선수가 스스로 동기를 부여하고 잠재력을 실현하도록 도울 수 있습니다.

누군가가 변화하고 발전하기를 바라는 것과 실제 그렇게 되도록 돕는 것은 전혀 다른 차원의 문제라고 봅니다. 스포츠에서는 선수를 코칭할 때, 선수가 스스로 동기를 찾도록 돕는 순간이 한 번쯤은 있었을 겁니다. 그렇다면 지금 당장 무엇을 어떻게 말해야 할까요? 17세기 프랑스의 철학자 블레즈 파스칼은 동기부여와 성장을 위한 면담(동기면담)의 기초를 엿볼 수 있는 한 가지 간단한 해답을 제시했습니다. 파스칼은 "사람들은 다른 사람의 마음속에 떠오르는 이유보다 스스로 발견한 이유에 더 잘 설득된다."라고 말했습니다(Pascal, 1670/1958). 동기면담은 스스로 변화와 성장에 대한 이유를 발견하고 실현하는 데 필요한 도구를 제공할 뿐입니다.

킥오프

당신과 주변 선수들이 어떤 압박을 받고 있든, 챔피언처럼 현명하게 대처하며, 효과적으로 경쟁에 임하며 유리한 위치를 만들어내는 상황을 가정해 보겠습니다. 때론 좌절이 찾아올 수도 있지만, 어려움을 함께 극복하고 서로를 진정으로 응원하는 모습을 상상해 봅니다. 팀 안팎에서 힘든 대화가 오가지만, 결코 서로를 파괴하는 비난의 공방에 빠지지 않습니다. 결국 문제는 해결되고, 관계는 견고하게 유지되며, 팀은 똘똘 뭉쳐 함께 웃음꽃을 피우며 전진합니다. 시간이 지남에 따라 성과는 점점 더 좋아집니다.

동기면담을 배우면 이러한 관계 개선, 동기부여 및 성과 향상에 도움이 되는 대화가 실제로 가능해집니다. 이 책의 첫 번째 부분에서는 관계 개선을 통해 정말 효과적인 대화를 이끌어내는 방법에 대한 로드맵을 소개하고자 합니다.

더 나은 대화가 더 나은 결과를 만들 수 있다면?

“저는 선수들이 의심 없이 서로를 신뢰하고, 최상의 컨디션과 집중력을 유지하며, 충분한 휴식을 취하면서 경기에 임했으면 좋겠습니다.” 바꿔 말하면, 선수들이 각자의 스포츠를 즐기고 개인뿐만 아니라 팀에서도 차이를 만드는 기술을 습득할 수 있도록 스스로 동기부여하는 것을 원한다는 뜻이기도 합니다.

이는 스포츠 밖에서도 사람들이 집중하고 변화를 위해 전념하도록 돕는 도전과제이며, 이러한 도전을 피할 수 없었던 1980년대 정신건강 분야의 한 구석에서 동기면담이 등장했습니다.

최전방에서 온 생생한 이야기

저의 첫 직장인 중독치료 센터에서 동기부여가 필요한 사람들로 가득 찬 면담일정을 보며, 카페에서 동료들과 정말 동기가 있는 소수의 환자와 그렇지 않은 대부분의 환자를 위해 무엇을 해야 할지에 대해 난상토론을 하느라 바빴던 시절의 일입니다. 환자들에게 마약을 끊는 것에 대한 동기를 부여하고, 모든 의심을 해소시키며, 자신의 방식이 어리석다는 것을 깨닫게 하며, 왜 그리고 어떻게 변화해야 하는지에 대한 통찰력을 제공하는 것이 치료자의 역할이라는 점은 명확했습니다. 하지만 환자들은 대체로 이러한 치료자의 노력에 저항했고, 그 잘못이 환자들 스스로의 동기부여 부족에 있다는 데는 의문의 여지가 없었기에 우리는 앉아서 서로를 비난하는 대화에 갇히고 말았습니다. 대화는 답답하고 심지어 전투적이기까지 했으며, 힘으로 맞서는 것 외에 다른 대안이 있다는 생각은 전혀 들지 않았습니다. 그렇게 저 스스로도 힘겹게 일하는 도중에 발생한 충격적인 사건이 저를 각성하도록 일깨웠습니다. 어느 날 늘 말이 없었던 청년이 집단치료 시간이 끝나고 집으로 돌아가 총으로 자신의 아내를 살해하고, 이후에 스스로 목숨을 끊었다는 소식을 들었습니다. 몇 년 후 윌리엄 R. 밀러가 다른 사람에게 동기부여하는 논리를 뒤집는 파격적인 논문을 발표하면서 동기부여↑강화면담(MI, 동기면담)이 탄생했고, 저는 그 논문을 읽고 치료센터에서 내담자에게 무엇이 잘못되었는지 설명하는 것 이외의 다른 면담방법이 있을 수 있다는 것을 알게 되었습니다. 그 이후로 그와 저는 오랜 친구이자 협력자가 되었고, 약 35년이 지난 지금 동기면담은 다양한 분야로 확산되어 수천 건 이상의 과학적 연구를 통해 그 효과성을 인정받고 있습니다. 동기면담의 핵심은 사람들의 강점을 조명하고 공감을 통해 사람들이 변화과정에 참여할 수 있도록 힘을 실어주는 것입니다. 우리 모두는 운동선수가 성공하도록 돕고 싶어하고, 이는 동기면담의 본질적인 목표와도 일치합니다. 그러므로 스포츠이야말로 동기면담을 꽃피울 수 있는 이상적인 터전이라 말할 수 있겠습니다.

–스티븐 롤닉

스포츠의 세계에서 우리가 흔히 볼 수 있는 선수들의 유형을 만나보겠습니다:

1. *'거친 원석 속 다이아몬드'*. 19살의 프로선수. 첫 대형 계약으로 한창 주가를 올리고 있지만 그의 식단은 엉망인 것 같습니다. 당신이 다이어트 얘기를 꺼내자 "아뇨, 전 괜찮아요. 요즘은 알아서 잘 먹어요."라고 쌀쌀맞게 대답합니다.
2. *사기가 저하된 팀의 선수들*. 비시즌에 전략적으로 중요한 선수들이 이적하자, 남은 선수들은 즐거운 시간을 보내지 못하고 침울한 상태로 사기가 저하되어 있습니다. 당신이 시도하는 모든 변화가 무시당하는 것 같습니다.
3. *신참 육상선수*. 출발 직후 이 선수의 보폭에서 문제가 있다고 판단한 코치는 망설이다가 심호흡을 하고 "정말 잘했지만 레이스 초반에 조금만 더 세게 밀었더라면 더 빨리 궤도에 올라 더 잘 할 수 있었을 거 같은데. 아쉽다. 다음에는 그 점을 명심해야 할 것 같아."라고 말했지만, 선수는 집중하지 않는 것 같습니다. 아무런 효과도 없습니다.

이제 어쩌죠? "그래도 내 말을 안들으면 후회할텐데.."라고 혼자 투덜거릴 수만은 없습니다. 변화를 주는 것이 선수에게 도움이 될 것 같지만, 과연 변화를 일으킬 수 있을까요? 선수에게 어떤 행동이나 말을 하면 진정한 변화를 가져올 수 있을까요? "아니요, 전 괜찮아요." 같은 말 대신, "조금은 해볼께요.... "라는 말부터 "네, 정말 하고 싶어요. 코치님."라는 말까지 이끌어낼 수 있는 그런 방법은 정말 없는 걸까요?

위의 세 가지 시나리오 속에서는 모두 탁월한 코칭의 핵심인 낙관적이고 열정적인 코칭을 보여주는 배려심 많은 코치가 등장합니다. 하지만 배려하는 것만으로는 동기부여를 강화하고, 진전을 이끌어 내기에는 어딘가 부족해 보입니다.

앞으로는 어떻게 말할까요?

코치가 선수들을 위해 동일한 전략으로 문제를 해결한다고 상상해 보세요.

1. *'거친 원석 속 다이아몬드'* "미안하지만 프로 선수는 프로답게 건강과 식단을 제대로 관리할 책임이 있어. 따로 영양사에게 신경을 써달라고 얘기해 두겠어."라고 말을 한다고 칩시다. "네, *하지만* 저는 어떻게 먹는지, 그리고 제 식단이 시합에서 어떤 영향을 미치는지 잘 알고 있어요. 누구처럼 경기 직전에 정크푸드로 배를 채우지는 않는데요." 라고 받아치는 대답이 돌아온다면 어떨까요? 반발이 일어나면 이 선수의 동기는 당연히 떨어질 수 있습니다. 그는 이래라 저래라 지시받는 것을 싫어합니다. 그가 당신을 얼마나 신뢰할 수 있을까요?
2. *사기가 저하된 팀의 선수들*. "지난 시즌 우리를 강하게 만들어준 동료들이 모두 그리울거야. 이제 정말 집중해서 긍정적으로 즐기면서 이번 시즌을 잘 해냈으면 좋겠어, 알았나?"라고 제안합니다. 팀 주장은 마지못해 그렇게라도 생각한다고 하더라도 그게 무슨 소용이 있을까요? 대부분의 팀원들은 고요한 침묵 속에 그라운드를 멍하니 바라보고 있습니다. 당신의 결정적인 슛팅은 아쉽지만 빗나갔습니다. 어쩌면 팀원들이 앞으로 나아가지 못하게 방해하는 다른 무언가가 있을지도 모릅니다. 선수들이 코치와 팀원들을 신뢰하고 있는 게 맞을까요?
3. *신참 육상선수*. 경기 주자에게 "무슨 말인지 알겠지? 시작이 좋으면 끝이 좋다고, 내 말 이해했지?"라고 말할 수 있습니다. 선수는 "네. *하지만* 솔직히 말해서 저는 레이스 중반부에 치고 나갈 생각에 집중하고 있었어요. 그때야말로 정말 집중해야 하고, 최선을 다해야 할 때거든요."라고 대답할 수 있습니다. 코치는 코치대로, 선수는 선수대로 다른 방식으로 경기를 바라보고 있습니다. 과연 코치의 말로 동기부여의 불씨가 살아난게 맞을까요?

여기서 사용된 전략은 선수들을 더 열심히 설득하고, 최선의 방법을 '보여주고', 선수들에게 '열정을 불어넣으려는' 좋은 의도로 기획된 말이었습니다. 그러나 과연 효과가 있었을까요?

선수를 밀어붙이면 역효과가 날 수 있습니다.

위의 세 가지 전형적인 예시에서 선수들이 '하지만(but)'이라고 공통적으로 말한 것을 눈치채셨나요? 선수를 설득하고, 지도하고, 문제를 해결하는 것은 유용한 도구이며, 다음 장에서 그 이유와 방법에 대해 자세히 다루도록 하겠습니다. 그러나 이런 문제해결 도구가 유일한 방법이라면, 그리고 이를 모든 도전 과제에 획일적으로 사용한다면 코치는 지치고, 말 안듣는 선수들에게 심술이 나서 동기부여가 안되어 있는 선수를 비난할 수 있습니다. 이때 선수는 코치와 논쟁하는 말투, 멍한 표정, 삐친 표정을 보이거나 더 나쁜 경우인("네, 조언은 감사한데.") 겉으로는 순응하는 척하면서 내적으로는 수동 공격적인 태도로 대응할 수 있습니다. 우리는 코치로서 문제를 발견했을 때 나타나는 반응을 설명하기 위해 '교정반사(righting reflex; 반사적으로 바로잡기)'라는 용어를 사용합니다. 선수가 잘못하고 있을 때, 아무 생각 없이 반사적으로 문제를 '교정하며 바로잡는 것'이 우리의 일이라고 생각하고, 바로 개입하여 문제를 고쳐주려고 합니다. 문제를 해결해야 한다는 급한 마음에 서두를 때 실수를 저지르는 경우가 많습니다. 위의 예처럼 선수에게 무엇을 해야 하는지 설득하는 데 초점을 맞추면 양쪽 모두 설득의 함정에 빠지게 됩니다. 이 함정에 빠졌다는 신호 중 하나는 바로 '하지만'이라는 단어가 들린다는 것입니다. "왜… 하지 않아?"라는 질문에서 "네, 하지만 그건 이래서 안 될 거예요..." 또는 다른 수동적이고 심지어 회피적인 응답이 돌아옵니다. 이런 종류의 주고받는 대화가 함정이 되는 이유는 '하지만'을 사용하여 원하는 방향에서 벗어날 때마다 내면의 동기부여의 불씨가 점점 꺼지기 때문입니다.

> "네, 하지만…"이라고 선수가 말했다면, 그것은 전략을 바꾸라는 신호입니다.

도구 상자에 있는 다른 도구를 사용하면 운동선수들이 스스로 동기부여의 불을 지필 수 있도록 도울 수 있습니다. 이는 축구 선수이자 코치인 호머 라이스가 "두려움으로 동기를 부여할 수도 있고 보상으로 동기를 부여할 수도 있다."라고 말한 것처럼 스포츠계에서 널리 알려진 관점을 실현할 수 있는 실용적인 방법입니다. 하지만 두려움과 보상이란 두 가지 방법은 모두 일시적인 효과만 있을 뿐입니다. 유일하게 지속되는 것은 스스로 동기를 부여하는 것입니다.

동기면담: 다른 종류의 대화

조언, 강요, 설득이 아닌 다른 방법으로 운동선수에게 동기를 부여한다면 어떨까요? 먼저 다음의 대화를 살펴보고 어떤 일이 일어나는지 살펴보세요. 코치는 부상선수가 재활해서 다시 달리도록 돕고 싶은데, 선수가 너무 조심스러운 것 같다고 느끼는 상황입니다.

코치: 지금 발목은 좀 어때?

선수: 의료지원팀에선 많이 회복이 되어 뛸 수 있다고 하는데, 전 잘 모르겠어요.

코치: 실제 경기 복귀 준비는 어느 정도 된 것 같아?

선수: 네, 준비는 어느 정도 된 것 같긴 한데, 너무 무리하는 것 아닌가 싶어요 (약간 의심스러운 표정을 드러냄).

코치: 잘 모르겠다는 거네.

선수: 아니요, 제 말은 괜찮을지도 모르죠. 제가 어떻게 알겠어요?

코치: 경기를 할 때 발목에 가해지는 충격을 제대로 견딜 수 있을지 걱정하고 있구나.

선수: 네, 그래요. 그래도 제 자신을 믿어야겠죠.

코치: 어떻게 하면 좀 더 자신감을 가질 수 있을까?

선수: 일단 해보고 싶어요. 30분 정도만 부담감을 느끼더라도 해보려고 합니다.

코치: 30분이라. 그게 딱 맞는 다음 목표인 것 같은데.

선수: 그래야죠. 확실히 그럴 준비가 되어 있어요.

코치는 선수가 스스로 발전할 수 있는 길을 찾도록 도움을 주고 있습니다. 코치는 선수에게 어떤 생각과 동기를 심어주려고 하는 대신 선수에게서 이런 점을 이끌어냈습니다. 그것이 바로 동기면담이 추구하는 방향입니다. 더 효율적으로 던지고, 잡고, 달리는 기술과 마찬가지로 동기면담은 강력하고 효과적으로 대화할 수 있는 방법을 제시합니다. 위의 대화가 그저 평범한 대화처럼 들린다면, 우연이 아니며, 바로 이것이 동기면담을 사용할 때 목표로 하는 것이기 때문에 다시 주목해 볼 필요가 있습니다. 모든 운동선수들이 새로운 플레이나 적절한 적응 방안을 배우는 것이 항상 쉬운 것은 아닙니다. 오래된 습관에서 벗어나 새로운 방식으로 작업하려면 처음에는 의식적인 노력이 필요하고, 숙달하려면 수많은 연습이 필요합니다. 동기면담과 관련하여, 우리는 손가락으로 바로 지적할 수는 없겠지만 그 선수만이 가진 강점과 자원이 있다고 기꺼이 상상할 수 있어야 합니다. 사람이라는 단어를 주목해보세요. 선수를 먼저 사람으로 보고, 그 다음에 선수로 보는 것이 전제되어야 정상적이며 바람직한 대화가 가능해집니다. 이제 코치가 사용했던 기술 중 하나인 경청진술(listening statement)에 주목해 봅시다. 이는 공감을 표현하기 위한 기술적 요소로, 동기면담의 기초가 됩니다.

동기부여하게 만드는 공감

공감이 가진 힘에 대해 들어보셨을 것입니다. 지금부터 보여드리겠지만, 공감을 통해 운동선수들이 더 잘할 수 있도록 동기를 부여하는 것이 가능합니다. 위의 육상선수와의 대화에서 봤듯이 공감은 '다른 사람의 입장에 서서' 상대방의 경험을 상상하는 것을 의미하며, 동정이나 안타까움을 느끼는 것과는 다릅니다. 선수들은 이를 느끼고 고마워하는데, 공감은 관계를 개선하고 선수가 발전하도록 돕는 성공적인 코칭의 필수 요소이며, 실제로도 공감이 주는 효과들이 현장에서 나타나고 있습니다.

> 동기면담에서 공감은 행동 변화를 촉진하는 데 사용됩니다.

동기면담에서 공감은 관계를 구축할 뿐만 아니라 행동 변화를 촉진하는 데에도 사용됩니다. 이는 경청진술이라고 부르는 기술, 즉 상대방에게 전하는 말을 통해 달성할 수 있습니다. 위의 대화를 되돌아보면 경청진술이 세 번이나 나왔는데, 물음표가 있는 질문 아닌 평서문의 진술이 사용된 것을 보면, 이 기법이 사용되었음을 알 수 있습니다.

공감이 동기부여하며 작동하는 방식은 이렇습니다. 먼저 '선수의 입장에 서보는 것'이 선수에게는 어떤 느낌일지 상상해보는 것부터 시작합니다. 그 다음 중요한 단계는 위의 코치처럼 "경기를 할 때 발목에 가해지는 충격을 제대로 견딜 수 있을지 걱정하고 있구나."라고 말하는 식으로 이를 선수에게 진술의 형태로 전달하는 것입니다. 선수는 코치의 공감, 호기심, 이해하고자 하는 열망을 감지하고 대화의 주도권을 이어받아 대화에 같이 참여합니다. 그녀는 그 말에 "네, 그래요. 그래도 제 자신을 믿어야겠죠."라고 대답합니다. 바로 거기에서 그녀는 다음 단계로 나아가기 위한 더 큰 전념을 표현하고 있으며, 그렇게 스스로 변화를 말하면서 동기부여가 향상되고 있습니다. 이것이 바로 동기면담의 단순한 기술입니다. 결국 그녀는 코치에게 의존하지 않고 스스로 변화하도록 이야기하고 있습니다. 연구원들이 대화를 분석하여 밝혀낸 것은 사람들이 이런 말을 많이 할수록 자신의 조언에 따라 행동할 가능성이 높아진다고 합니다.

의구심이 드는 것이 정상입니다.

동기면담의 다음 측면은 의외의 모습으로 다가올 수 있습니다: 다시 말해 의구심과 낮은 동기는 문제가 아니라 발전을 위한 열쇠라는 시각입니다. 이는 이 책의 여러 곳에서 다룰 주제인 '양가감정(ambivalence)'이라고 부르는 갈등을 어떻게 처리하느냐의 문제와 관련이 있습니다(3장 참조).

운동선수들은 낙관주의와 의구심 사이의 싸움에서 늘 이기는 것처럼 보이지만, 때로는 의구심에 휩싸일 때, 집중력, 자신감 및 성과에 영향을 미치는 것을 볼 수 있습니다. 이 장의 초반에 나온 세 명의 선수들의 예에서도 이를 확인할 수 있습니다: "다이어트를 해야 할까?"(거친 원석 속 다이아몬드), "우리 팀이 지금보다 더 단합할 수도 있고 아닐 수도 있어."(사기가 저하된 팀의 선수), "레이스 초반에 집중할 수도 있지만 잘 모르겠어."(신참 선수). 사람들은 '이대로 있는 것'과 '가치 있는 변화를 시도하는 것' 사이에서 시소처럼 왔다 갔다 합니다. 위의 선수들이 정말 의심하고 있는 즉 부정적인 측면이 전부라고 생각하고 있었을까요? 그럴 리 없습니다. '거친 원석 속 다이아몬드'선수는 자신의 식단에 대해 아무 문제없다는 태도로 부정했지만, 적어도 조금은 걱정하고 있었을 것입니다. 사기가 저하된 팀의 선수들은 기운이 빠져 낙담해 있는 것 같지만, 그래도 더 잘하고 싶다는 의욕도 있었을 것입니다. 그리고 신참 육상선수는 레이스 초반에 더 강하게 밀어붙이고 싶은 마음도 있었을 것입니다. 그러나 의심이 이 마음을 압도했을 뿐입니다. 선수가 이러한 의구심을 느끼고 있을 때, 코치가 직접적인 접근 방식을 사용하여 밀어붙인다면 역효과가 나는 경우가 많습니다.

> 선수가 의구심을 느낄 때 직접적인 접근 방식은 역효과를 낳습니다.

변화의 필요성을 스스로 말하도록 해주세요.

당신이 변화의 필요성을 주장하는 대신 선수가 변화를 주장한다면 대화가 어떻게 진행될지 상상해 보세요. 위에서 설명한 설득의 함정('교정반사')을 떠올려 보세요. 변화가 좋은 생각인 이유를 선수에게 모두 나열하듯이 말한다면, 선수는 마치 마음속의 스위치를 켜고 변화가 그리 좋지 않은 이유를 말하며 응수하는 것과 같은 상황이 벌어집니다. 이 상황에서 선수들은 자신이 하는 그런 좋지 않은 말을 들으면서 변화를 하지 말아야 한다는 확신을 더욱 굳히게 됩니다. 선수들의 동기는 높아지기보다 낮아지기 시작합니다. 운동선수만 그런 것은 아닙니다. 대부분의 사람들은 스스로 결정을 내리는 것을 좋아합니다. 동기면담은 동기를 낮추는 것이 아닌 선수들이 의구심을 해소하고, 동기를 끌어올릴 수 있는 목소리를 낼 수 있도록 돕는 것입니다. 위의 세 선수를 예로 들면 어떻게 할 수 있을까요? 가장 좋은 방법은 잠시 한 발짝 물러서서 잠시 숨을 고른 다음, 경기에서 고개를 들어 패스할 곳을 찾는 것처럼 선수들이 변화를 주장할 수 있는 방법을 찾는 것입니다. 선수에게 질문을 던지는 것은 변화를 맞이하도록 초대하는 것과 같이 시작하기에 좋은 방법입니다. 선수에게 질문이란 공을 던져주고 그 공을 받아 스스로 답을 찾고 앞으로 나아가도록 유도하는 것입니다.

- 시나리오 1: '거친 원석 속 다이아몬드'에게 코치는 "어떻게 하면 식단을 좀 더 개선할 수 있을까?"라고 질문해볼 수 있습니다.
- 시나리오 2: 사기가 저하된 팀의 선수에게 "이번 시즌 우리가 나아지려면 어떻게 첫걸음을 내디딜 수 있을까? 다들 어떻게 생각해? 훈련할 때 어떤 것을 더 즐길 수 있을까?"라고 질문해볼 수 있습니다.
- 시나리오 3: 신참 육상선수에게 "어떻게 하면 레이스 초반에 더 좋은 성적을 낼 수 있을까?"라고 질문할 수 있습니다.

이 질문의 공통점은 선수가 스스로 답을 찾도록 하기 위한 탐색적이고 미래지향적인 성격을 띠고 있다는 점입니다. 코치가 "내가 모든 답을 알고 있다."는 자세에서 "어떻게 생각해? 함께 살펴보자."라는 협력적인 자세로 전환할 수 있게 합니다. 선수는 그제서야 변화에 대해, 변화하는데 어떤 어려움이 있는지, 어떻게 그리고 왜 변화가 필요한지에 대해 이야기하기 시작할 것입니다. 변화에 대해 긍정적으로 말하는 것을 '변화대화(change talk)'라고 합니다. 변화대화는 선수가 스스로 변화를 통해 얻을 수 있는 이점과 변화를 실현하기 위한 방법에 대해 생각해보도록 유도합니다.

당신의 전문성은 어떤가요?

이쯤 되면 '*잠깐만요, 우리의 원래 임무는 무엇이 필요한지 알아차리고 지시사항을 전달하는 것 아닌가요? 이 선수는 자신에게 무엇이 필요한지 알지 못합니다. 어떻게 이런 선수에게 주도권을 넘겨줄 수 있나요?* 라며 생각할 시간을 달라고 요청할 수 있습니다. 선수의 관점을 파악하는 데 더 많은 노력을 기울일수록, 선수는 코치의 관점에 더 관심을 갖게 될 것입니다. 그러면 주도권을 되찾아 조언을 제공할 때, 선수들이 이를 듣고 행동에 옮길 가능성이 높아집니다. 선수들과의 대화에서 힘겨루는 레슬링을 하지 않고 춤을 추듯 접근하면, 눈앞에서 배움의 기회가 생깁니다.

최전방에서 온 생생한 이야기

일부 팀에서 코치들이 사용하는 격언이 있습니다: "더 나아지기 위해 꼭 아파할 필요는 없다." 이 말은 어떤 사람들은 너무 쉽게 포기하지만 어떤 사람들은 눈에 띄게 발전하는지를 연구한 심리학자 캐롤 드웩의 선수의 성장에 대한 태도를 강조하는 말입니다(Dweck, 2017). 그녀는 스포츠 코치들에게 선수들이 '성장 마인드셋'를 키워 좌절을 배움의 기회로 삼을 수 있도록 도와야 한다고 조언합니다."나는 타고난 재능만 있으면 발전할 수 있다."는 고정된 마음가짐을 가지면, 실수를 문제로 보고 피해야 할 잘못이나 기분을 상하게 하는 일로 여겨, 잠재력을 발휘하지 못할 위험이 있습니다. 이런 마음가짐을 가진 선수는 스스로 성장하지 못하고 너무 쉽게 포기하는 경향이 있습니다. 성장 마인드셋을 가진 선수는 실수를 자신을 확장하고 즐길 수 있는 기회로 여기기 때문에 더 나은 선수가 되기 위해 더 어려운 과제에 기꺼이 도전할 수 있습니다. 이들은 결과뿐만 아니라 배움 자체에도 집중합니다.

동기면담은 이러한 성장 마인드셋을 촉진하는 실용적인 방법입니다. 매번 잘못을 지적하고 교정반사를 사용하는 것만으로는 부족합니다. 선수들이 판단에 대한 두려움 없이 위험을 감수하고 운동에 몰입하도록 운동 과정에 집중하게 지원해야 동기부여가 높아지고 최적의 성과를 낼 수 있습니다. 이 책은 대화를 통해 이러한 접근법을 실현하는 데 중점을 둡니다.

동기면담이 주는 혜택

동기면담은 선수들의 기량 향상을 돕는 한 가지 방법일 뿐이며, 모든 코치와 선수에게 유일한 해결책은 아닙니다. "한 번이 아니라 여러 번 시도해 보세요." 선수에게 대화가 얼마나 도움이 되었는지, 무엇이 개선될 수 있는지 물어보는 것이 좋습니다. 동기면담이 과연 효과가 있는지 궁금할 수 있습니다. 다양한 분야에서 동기면담의 효과성을 입증한 수많은 논문이 있으며, 경청의 힘과 대화 상대방의 지혜를 소중히 여기는 것의 중요성을 언급합니다. 그러나 스포츠에서만큼은 동기면담은 아직은 생소한 개념이라 할 수 있습니다. 하지만 바로 눈앞에서 더 즉각적인 증거를 쉽게 확인할 수 있습니다: 선수가 변화의 가능성에 대해 긍정적으로 말하는 것을 듣고 본다면, 당신이 올바른 방향으로 나아가고 있다는 신호이므로 계속 진행하시면 됩니다. 반대로 부정적인 반응이 들린다면, 경로를 변경하라는 신호입니다. 경기장 밖에서도 팬들의 반응을 통해 경기의 진행 상황을 알 수 있는 것처럼, 코칭 대화에 대한 선수들의 반응을 주의 깊게 관찰하면 대화의 효과를 즉각 평가할 수 있습니다. 이러한 방식으로 선수들은 실시간으로 피드백을 주고받으며 사실상 코치에게 동기면담을 알려주는 코치의 스승이 됩니다. 코치들과 함께 일하면서 관찰한 동기면담이 주는 몇 가지 혜택과 이점을 정리하면 다음과 같습니다:

관계 개선

코치로서 우리는 모두 팀원들과 좋은 관계를 맺는 것이 중요하다는 점을 강조합니다. 관계 구축에 더 많은 노력을 기울일수록 더 좋은 결과를 얻을 수 있습니다. 하지만 코치가 선수 개개인 및 팀 전체와의 관계를 개선하는 방법을 찾아내는 것은 어려울 수 있습니다. 동기면담은 신뢰와 상호 존중의 토대를 쌓을 것을 강조하며, 이를 달성하기 위해 매일 연습할 수 있는 기술을 제공합니다(4장).

성과 및 웰빙 향상

모든 팀은 다음 단계로 발전하기 위해 부단히 노력하고 있습니다. 선수들의 내면에 동기부여의 불을 지피운다면 경기력이 향상될 수 있습니다. 동기부여는 결국 선수들의 웰빙도 향상시킬 것입니다. 동기면담은 선수가 이전과 다르게 행동할 수 있도록 돕는 철학과 기술입니다. 건강 관리와 같은 다른 분야에서도 동기면담은 다양한 측면에서 행동을 효과적으로 개선하는 것으로 인정받고 있습니다.

빠른 정보 교환

스포츠에서는 시간에 쫓기는 경우가 많습니다. 동기면담은 경기장 안팎에서 아주 짧은 대화에서도 창의적인 의사 결정을 내리는데 효과적으로 활용되고, 시간이 지남에 따라 연결된 대화의 실타래를 하나로 묶는데 유용합니다. 실제로 대화에 능숙할수록 효과적인 대화를 나누는 데 걸리는 시간이 단축됩니다.

대인관계 갈등 및 팀 내 갈등이 있을 때 유용

코치로서 우리는 팀 내 갈등이 있을 때 심판의 역할을 하기도 합니다. 동기면담은 갈등이 많은 환경에서 생겨났으며, 갈등을 완화하고 최소화하며 심지어 해소하기 위해 고안되었습니다. 우리는 동기면담의 기술이 의심을 해소하고 동기를 부여하는 데 사용될 수 있을 뿐만 아니라 문제가 발생하거나, 선수와의 관계가 어렵거나, 문제 행동이 있거나, 그룹이나 팀 성적이 떨어지고 있을 때와 같은 다양하고 복잡한 상황에서 활용할 수 있다는 사실을 확인했습니다.

스포츠에 대한 애정을 고취하는 문화 조성

대부분의 코치들은 팀을 위한 강력하고 긍정적인 문화를 구축하기 위해 노력하고 있습니다. 스포츠는 좋은 문화, 즐거움, 관계 개선에 대한 슬로건과 사명 선언문으로 가득하지만, 이러한 좋은 의도는 이익에 대한 집착, 무조건적인 결과 중시, 성공하지 못한 선수들에 대한 초라한 대우로 인해 배제되거나 옆으로 밀려나기도 합니다. 이 책에서 설명하는 실용적인 기술을 사용하여 더 나은 관계를 구축하면 결과 자체뿐 아니라 과정에서 이루어지는 거의 모든 노력에서 더 나은 성과를 얻을 수 있습니다. 선수들이 자신을 표현하고, 생각하고 느끼는 것을 말하고, 변화에 대해 이야기하도록 도울 때 우리의 관계는 개선되고 팀의 문화도 조금씩 바뀌게 됩니다. 가장 존경받는 코치들은 선수를 단순히 선수로만 대하지 않고 선수의 자존감과 인생 여정을 관심을 갖고, 예리하게 주시하며, 경기장 밖에서 선수를 지원하기 위해 구체적인 조치를 취한 특성이 있음을 알 수 있습니다. 동기면담은 이것을 실현하기 위한 로드맵을 제공합니다.

당신에게 어떻게 도움이 될까요?

운동선수를 지원하고자 하는 열망이 이 책을 집어 들게 된 동기가 되었을 것입니다. 코치로서 많은 것을 지켜봐야 하는 것은 쉬운 일이 아니고, 코치라고해서 실수를 하지 않는 것도 아닙니다. 선수들이 꿈을 향해 나아갈 수 있도록 돕기 위해서는 당신의 건강과 웰빙이 우선시되어야 합니다. 불필요한 논쟁으로 에너지를 낭비하지 않고 에너지를 아껴 동기 부여와 성과 창출을 위한 효율적인 노력으로 대화를 전환하는 것은 의사소통 기술을 향상시키는 데 도움이 됩니다.

선수의 잠재력에 대해 진정으로 낙관적으로 생각하고 '나 자신이 될 수 있다.'라고 느낄수록, 동기면담을 사용하고 대화를 즐기는 것이 더 쉬워집니다. 이 간단하면서도 강력한 방법으로 의사소통을 개선하는 작업은 당신의 성공을 높이고, 이를 측정할 수 있는 새로운 돌파구를 제공합니다. 결과만이 중요한 것은 아닙니다. 이 책을 통해 승패 기록에만 연연하지 않고, 결과가 어떻든지 최고가 될 수 있게 만드는 리더로서의 새로운 코칭의 세계가 펼쳐질 것입니다.

이 책 사용법

이 책은 여러 가지 방법으로 활용할 수 있습니다. 목차의 제목 목록은 가장 관련성이 높은 주제를 찾는 데 도움이 될 것입니다. 예를 들어, '저항'이 무엇을 의미하는지 궁금하다면 6장을 펼쳐서 바로 읽으시기 바랍니다. 어려운 상황에서 동기면담이 어떻게 도움이 될 수 있는지 감을 잡을 수 있을 것입니다. 팀워크에 관심이 있다면 11장과 12장을 읽어보세요. 11장과 12장에서는 어려운 팀 회의나 하프타임 대화에서도 팀의 사기와 단결력을 높이기 위해 동기면담으로 할 수 있는 실질적인 방법을 다룹니다. 둘 중 어느 쪽을 택하든 이 책이 전반적으로 새로운 스포츠 코칭에 대한 기본적인 마음가짐의 전환에 대해 다루기에 2장을 먼저 읽고 관련있는 장으로 넘어가는 것이 가장 좋습니다. 2장을 읽으면 동기면담을 명령하는 것이 아니라, 당신이 안내하는 익숙한 코칭 스타일의 확장이라는 점을 보다 명확하게 이해할 수 있을 것입니다. 이런 동기면담의 플랫폼을 이해한 후, 3장과 4장에서 원칙과 기술에 대해 읽게 되면 보다 효율적으로 동기면담을 이해할 수 있습니다.

탁월한 선택, 동기면담

일반적인 접근 방식이 효과가 없을 때 무엇을 해야 할까요? 우리 모두는 선수와의 대화에서 무언가 잘못되었다는 잔소리가 들리는 순간을 알고 있습니다. 또한, 그 문제를 정말 해결하고 싶을 때 어떤 기분이 드는지도 잘 알고 있습니다. 전 세계에서 가장 성공적인 코치들과 함께 일한 저자들의 경험을 종합하자면, 유연성이 가장 중요한 핵심이라고 말할 수 있습니다. 성공적인 코치들은 어떤 선수에게는 효과가 있는 방법이 다른 선수에게는 효과가 없을 수도 있기 때문에 무엇이 차이를 만들 수 있을지 고민하고 접근 방식을 바꿉니다.

동기를 부여하는 단 하나의 방법은 분명 존재하지 않으므로 코칭 도구 상자를 구축해 필요한 것을 꺼내쓰는 전략이 필요합니다. 유명한 심리학자 에이브러햄 매슬로우는 "망치만 있으면 모든 문제를 못으로 보는 경향이 있다."라고 말했는데, 모든 문제를 해결하기 위해 망치만 손에 들고 있을 수는 없습니다. 선수들에게 영감을 주고, 부드럽게 격려하고, 엄격한 사랑을 용인하며, 농담을 하면서 다가가거나, 때로는 아무 말도 하지 않고 그저 관찰하거나 실수로부터 배우게 하는 다른 도구들도 역시 중요합니다. 복도, 라커룸, 경기장 등에서 선수들을 만나며 동기를 부여할 수 있는 수많은 기회를 활용할 수 있도록 동기면담이란 혁신적인 도구를 당신의 도구 상자에 추가하시길 바랍니다.

생각해볼 만한 질문

- 당신이 스포츠 분야에서 일하게 된 계기는 무엇인가요?
- 스포츠 인생에서 가장 중요했던 대화를 꼽는다면 무엇이었나요? 그 대화는 왜 그렇게 중요했나요?
- 선수를 좋아하는지 여부에 따라 선수를 대하는 태도가 달라지나요?
- 스포츠에서 좋은 관계가 중요하다면, 교육과 훈련에서는 왜 이에 대한 관심이 적었을까요?

제 2 장

중요한 마음가짐

채찍보다 친절한 말로 선수들에게 동기를 부여하는 것이 더 효과적입니다.
- 부드 윌킨슨, 운동선수 겸 코치

핵심내용

+ 고쳐주기(fixing), 안내하기(guiding), 따라가기(following)라는 세 가지 코칭 스타일로 마음가짐을 전환하는 데 더 예리해지세요. 안내하기 스타일이야말로 동기면담의 기본입니다.
+ 교정반사를 길들이는 방법: (1) 예열하기, (2) 심호흡하기, (3) 넘어졌을 때 회복하기
+ 능숙하게 안내하는 방법: (1) 먼저 연결하기, (2) 앞으로 나아갈 방법에 대해 문의하기, (3) 선택권을 제공하며 조언하기, (4) 행동 계획을 함께 세우기, (5) 다음번을 위해 대화 내용을 기억하기

킥오프

스포츠에서 어떤 역할을 맡고 있든 일이 바빠지면 세부 사항에 너무 얽매여 큰 그림을 놓칠 수 있습니다. 그 균형을 찾는 것은 마치 독수리(큰 그림)의 장점과 생쥐(세부 사항)의 장점을 동시에 취하려고 노력하는 것과 비슷합니다. 운동선수들이 잘 알고 있듯이 세부 사항에 너무 빠져들면 곤경에 처하기도 하는데, 이런 상황에서는 어떻게 대처하는 것이 좋을까요?

최전방에서 온 생생한 이야기

두 명의 젊은 선수가 언성을 높이며, 얼굴은 벌겋게 분노로 달아오른 채 싸우려고 합니다. 한 명이 이성을 잃고 다른 선수를 넘어뜨리며 "이건 장난이었다."라고 말했습니다. 이제 두 선수는 머리를 맞대고 서로 노려보는 일촉즉발의 상황입니다. 이제 어떻게 될까요? 더 이상의 몸싸움이나 부상을 방지하고 일단 싸움을 말리려는 데 중점을 두겠지만, 이 상황을 이들에게 배움의 기회로 삼을 수 있는 방법이 있을까요? 이들에게 다가가서 정확히 무슨 말을 하며, 어떤 이유를 제시해 줘야 할까요?

이런 대화에서는 무엇보다 마음가짐이 중요합니다. 대화의 지평을 열며, 접근 방식(독수리)을 명확히 하고, 대화 내용이나 순간순간 발생할 가능성이 높은 비난(생쥐)을 처리하는 데 능숙해야 합니다. 그러기 위해 대화의 '내부(세부 사항)'와 '외부(큰 그림)'를 동시에 고려하고 싶겠지만, 항상 그렇게 쉬운 일은 아닙니다.

이 상황에서 고쳐주기("내가 이 문제를 해결해줄게.") 스타일을 선택할 수 있습니다: 상대방을 제쳐두고 모든 관계자에게 덜 방해가 되는 더 나은 처리 방법을 빨리 찾아야 한다는 점을 분명히 하는 것입니다. 당신의 마음가짐, 사용하는 단어, 바디랭귀지가 모두 중요합니다. 단순히 반응하는 것이 아니라 적절하게 대응하며 문제 해결에 도움이 되고 있는지 확인합니다. 이와 같은 맥락에서 반응해야 고쳐주기 스타일이 합리적으로 작동합니다. 침착하고 신뢰할 수 있는 태도를 유지한다면, 이런 상황 속 고조된 열기를 가라앉힐 수 있습니다. 난투극이 벌어지는 당장의 문제는 해결했을지 모르지만 여전히 의문이 남아있을 것입니다: 감정을 좀 더 잘 조절하는 방법에 대해 실제로 선수들이 무엇을 배웠을까요? 당신의 시야가 좁아지지는 않았나요? 당신 안의 독수리는 어느 방향을 향하고 있었나요?

이와 같은 대치 상황에서는 색다른 접근 방식도 가능합니다. 가장 좋은 방법은 음식에 향신료를 추가하는 것처럼 절제하면서 어떤 요리를 만들려고 하는지, 선수의 학습에 도움이 되는 다른 재료의 가치를 인식하면서 다른 해결 방식을 고려해 보는 것입니다. 선수들이 새로운 도전에 대처하는 방법을 배우도록 돕는 안내하기 스타일로 넘어가기 전에, 잠시 경고 신호를 알아차리고 한 발 물러서서 다른 지평을 고려할 수 있는 동기부여를 위해 고쳐주기 스타일의 단점을 살펴보겠습니다.

고쳐주기의 단점

1장에서 누군가를 변화시키려고 설득할 때 종종 저항에 부딪치며 반발이 초래되는 경우를 설명했습니다. 문제는 해결 방식 자체에 있는 것이 아니라, 고쳐주기를 유일한 코칭의 스타일로 과도하게 사용하는 것, 즉 교정반사로 사용하는 데 있습니다. 문제가 많다는 말을 들을 때 운동선수들은 너무 자주 스위치를 아예 꺼버리는 경향이 있습니다. 고치는 것이 요리의 양념이 아닌 유일한 재료가 되고, 선수의 강점을 살리는 것이 더 나을 수 있는데도 코치가 이런저런 선수의 잘못된 점을 꼬치꼬치 찾아내는 '결점 추적자(deficit detective)'가 되어버립니다. 간단히 말해, 덜 고쳐주려할수록 더 큰 효과를 발휘합니다. 다음의 익숙한 코칭 순간을 생각해 보세요:

최전방에서 온 생생한 이야기

큰 경기입니다. 코치로서 당신은 이 모든 것의 무게를 어깨에 느끼고 있습니다. 팀을 이끌고 기대에 부응해야 한다는 압박감이 짓누릅니다. 긍정적인 팀 분위기가 조성될 수 있는 이상적인 환경을 만들고 싶을 것입니다. 길을 잃은 선수들을 지도하고, 잘하고 있는 선수들이 계속 잘할 수 있도록 해야 한다는 책임감을 느끼며, 선수들에게 자신의 임무와 팀의 목표를 상기시키면서 집중한 상태로 라커룸에 들어갑니다('고쳐주기 스타일'이 가동됩니다). 라커룸에 좋은 기운이 감도는 것을 느끼며 팀원들과 함께 경기장으로 나갑니다. 경기가 시작되자마자 자신감이 온데간데없이 사라지고 선수들은 코치가 말한 모든 것을 망각한 듯합니다. 심지어 주장 선수는 당신이 지시했던 전술과 거의 정반대로 팀을 이끄는 것처럼 보입니다. 결국 경기에서 큰 점수차로 패배했습니다. 경기가 끝나고 중요한 순간이 찾아옵니다. 당신은 무엇이 잘못되었는지 명확히 가르쳐 주기 위해 주장에게 다가갑니다. 당신은 단호하게 사실을 전달하며 명확하게 다음경기에는 어떻게 승리할 수 있을지 이야기합니다. 질문이나 어떤 생각이 있는지 물어봐도 그는 연신 입을 다물고 조용히 있습니다. 얼마 후 경기장 시설을 빠져나오면서 그가 라커룸 앞에 쪼그려 앉아있는 모습을 보게 됩니다. 당신은 그 순간 뭔가 놓친 것 같은 느낌, 즉 소통하거나 가르칠 수 있는 기회를 놓친 것 같아 아차 싶은 느낌이 들었지만, 그에게 다가갈 수 있는 길이 명확히 보이지 않습니다.

당신에게 이런 일이 생긴다면 어떨까요? 고쳐주기 스타일이 유일한 방법일까요? 일이 잘못되고 감정이 격해지면 교정반사를 억제하기가 더 어려워지며, 이때는 고쳐주기 스타일이 효과적이라 할 수 없겠습니다. 팀의 선수들이 잘못하는 것을 보고 골치가 아파 직접 나서서 바로잡으려 했던 경험은 누구나 있을 것입니다. 코치로서 이러한 마음가짐으로 문제를 당장 바로잡고 싶어하는 마음은 이해할 수 있습니다. 학부모, 동료 코치, 구단 운영진, 팬, 심지어 선수 자신까지 모든 분야에서 실수와 잘못을 고쳐주어야 한다는 요구가 팽배합니다. 이러한 요구에 부응하다보니 코칭 교육, 라커룸, 경기장에서 고쳐주려는 문화가 널리 만연해 있어 스포츠계에서 고쳐주기가 과연 효과적인지, 다시 한번 따져볼 필요가 있겠습니다.

고쳐주기는 가급적 적게 할수록 더 효과적입니다.

최전방에서 온 생생한 이야기

다리 난간에 앉아 뛰어내려 자살하겠다고 위협하는 사람을 돕는 가장 좋은 방법은 무엇일까요? 인질범이 마음을 바꾸도록 하는 가장 좋은 방법은 무엇일까요? 저는 응급 구조대원 및 인질 협상가들과 함께 일하면서 사람을 붙잡고 강제로 끌어내려고 하거나 교정반사를 사용하는 것은 가장 효과적인 방법이 아니라는 것을 몸소 깨닫게 되었습니다. 용감하면서도 고도로 훈련된 이 사람들은 전혀 다른 마음가짐을 이야기합니다. 이들 현장의 전문가들에 따르면, 가장 좋은 접근 방식은 사람들을 '있는 그대로' 참여시켜 관계를 형성하고, 그리고 나서 문제에 대한 그들의 관점을 말하는 것이라고 합니다. 개인이 진정할 수 있을 때까지 이 상태를 유지한 다음에 전술적으로 그들을 끌어내거나 개인의 자유 의지로 자발적으로 나오도록 유도하는 것이 합리적이라고 합니다.

-조나단 페이더

선수의 동기 부여와 관련된 연결고리는 다음과 같습니다. 선수는 의욕이 없거나, 갈등 중이거나, 화가 나 있거나, 코치의 지시나 조언을 받아들이지 못하는 등 비생산적인 상태에 있는 것처럼 보일 수 있습니다. 하지만 선수의 처지가 말그대로 벼랑 끝에 서 있어서, 우리에게 내려와 말을 걸어야 할지, 다리난간에 기대어 뛰어내려야 할지 망설이고 있을 때, 고도로 훈련된 응급 구조대원들이 사용하는 접근 방식을 취하면 더 효과적으로 도울 수 있습니다. 우리는 선수들에게 다가가 그들이 상황을 보다 잘 인식할 수 있도록 돕고, 선수들이 우리의 관점을 참조하면서 자신의 행동이나 스포츠에 대한 접근 방식을 바꾸는 것을 고려할 수 있는 연결고리를 만들 수 있습니다.

선수가 어려운 상황에 처했을 때 우리도 스트레스, 좌절감, 걱정 등 생리적 각성 상태에 놓일 수 있습니다. 심장이 두근거리거나 긴장감이 느껴질 수 있습니다.

우리는 이런 상태에서 벗어나고자 문제를 신속하고 직접적으로 해결하고 싶은 유혹을 받을 가능성이 상당히 높습니다. 하지만 바로 이때가 동기면담의 기술과 스타일이 가장 필요한 순간이라 할 수 있습니다. 유연하게 대응하기 위한 첫 번째 단계는 일단 침착함을 유지하는 것입니다.

교정반사 길들이기

침착함을 유지한 채로 교정반사를 '길들여야' 경청하기가 쉬워집니다. 이를 위해 다음과 같은 실용적인 단계를 권장합니다:

1. 스스로 예열하기. 긴장감이 느껴질 수 있는 대화를 시작하기 전에 대화의 목적을 떠올리며 예열을 합니다(예: "앞으로 몇 분 동안 이 선수의 이야기를 그저 듣는 것으로 시작하고 싶다."). 선수에게 자신의 의도를 설명하는 것도 도움이 될 수 있습니다(예: "지미, 너의 입장과 생각을 이해하기 위해 몇 분만 시간 내줄 수 있을까?"). 자신과 선수에 대한 이러한 선언은 집중력을 유지하고 교정반사를 억제하는 데 상당한 도움이 됩니다.
2. 심호흡을 몇 번 합니다. 천천히 호흡하여 심박수를 조절하는 것이 스포츠 및 경쟁적인 스트레스 환경에서 침착성을 유지하는 데 도움이 된다는 연구 결과가 많습니다. 중요한 대화를 하기 전에 몇 번 심호흡을 하면 속도를 늦추는 데 도움이 됩니다.
3. 다시 고쳐주려고 하는 일시적 실수를 범할 수 있습니다. 대화 도중 좌절감과 긴장감을 느낄 수 있지만, 주기적으로 "상황을 되돌리기에 너무 늦지 않았다."라고 스스로에게 상기하세요. 대화 중 언제든 선수에게 사과하고, 선수에게 정말 도움이 될 수 있는 방법을 찾고자 하는 희망을 선수와 자신에게 상기시키기만 해도 괜찮습니다(예:"잠깐만, 마리아. 미안해, 내가 좀 흥분했어. 난 그저 최선을 다할 수 있도록 돕고 싶어서 의욕이 지나쳤던 것 같아. 여기에 대해 어떻게 생각하시는지 의견을 듣고 싶어."

> 평온한 마음과 맑은 정신을 목표로 삼으세요.

그저 돕고 싶다는 마음과 자신과 선수에게 가장 도움이 되는 마음가짐을 갖는 것은 엄연히 다릅니다. 마음은 함께하되 조급해하지 않고, 이런저런 의견이나 계획, 피드백에 얽매이지 않도록 자유로워야 합니다.

원하는 스타일 선택하기

코치들에게 마음가짐에 대해 물어보면 "무엇을 해야 하는지 알려주거나[고쳐주기], 아니면 스스로 결정하도록 내버려두거나[따라가기]"와 같은 말을 자주 합니다:

"저는 약간 옛날 방식으로, 엄격한 업무 처리방식을 고수하는 반면, 다른 동료 코치들은 모든 것을 다 하게 하면서도 선수들을 느슨하게 대하는 편입니다."
"너무 많은 선수들이 불필요하게 과잉 코칭을 받습니다. 저는 선수들이 자유롭고 창의적으로 활동할 수 있도록 하는 것을 선호합니다."
"코치는 선수들을 가르칠 수 있는 기술을 가진 전문가입니다. 선수들의 역할은 코치의 말을 잘 듣고 연습하는 것입니다."
"때로는 선수들에게 무엇을 해야 할지 지시하고, 때로는 스스로 할 수 있도록 내버려 둡니다."
"저는 '선수의 코치'일 뿐입니다."

우리는 교육, 스포츠, 육아, 건강 관리의 여정에서 고쳐주기 또는 따라가기라는 두 가지 선택의 중간에 위치한 제 3의 스타일이 있음을 발견했고, 이를 안내하기 스타일이라고 불렀습니다. 이는 정말 재능 있는 코치나 교사의 업무 스타일에 볼 수 있는 마음가짐으로, 자신의 전문성을 활용하여 선수의 능력을 최대한 끌어내고, 새로운 학습이 전개될 때 선수가 숙달하고 즐거워하는 모습을 지지하고 인정함으로써 선수를 격려하는 것입니다(그림 2.1 참조).

그림 2.1 세가지 코칭 스타일

고쳐주기

고쳐주기는 리더가 주도적으로 선수에게 왜, 무엇을, 어떻게 해야 하는지 알려주는 것입니다. 간단하고 명백한 문제를 해결하거나 상대가 조언을 구해올 때, 개인이나 그룹을 위한 활동을 조직할 때 유용합니다. 이 마음가짐에서는 상황 변화에 대한 선수의 생각이나 관점을 이해하려고 노력하기보다 리더가 요점을 전달하는 데만 집중할 수 있습니다.

따라가기

따라가기는 선수가 기분이 상하거나 화가 났을 때, 또는 메시지를 전달하기 전에 관찰해야 할 때, 또는 대화 중에 선수가 주도권을 가질 수 있도록 경청하는 순간에 필요합니다. 경청하는 것은 우리가 상상하는 것 이상으로 선수에게 도움이 될 수 있습니다. 또한 경청은 코치에게 가장 큰 도전이 될 수 있는데, 진정으로 경청하는 잠시 동안은 주도권을 선수에게 넘겨주었기에 코치 자신이 통제할 수 없다는 느낌이 들기 때문입니다.

안내하기

안내하기는 새로운 기술을 배우고 더 복잡한 문제를 해결하는 데 가장 적합합니다. 여기에는 신뢰와 협력, 그리고 변화와 개선에 대해 이야기하며 각자가 주도적인 역할을 하는 것이 포함됩니다. 코치는 대화를 올바른 방향으로 이끌고 선수 스스로 동기를 부여하고 해결책을 제시할 수 있는 기회를 만들어 줍니다. 또 앞으로 나서서 이런저런 조언을 제공하고 선수들이 가장 적합한 대안을 선택할 수 있도록 도와줍니다. 안내하기 스타일은 "나는 안내하고, 선수는 결정한다[1)]"는 말처럼 밝은 에너지, 긍정적인 생각, 변화에 대한 동기가 선수에게서 나오기 때문에 동기면담의 기초라 할 수 있습니다. 그렇다면 언제 어떤 스타일을 사용해야 할지를 어떻게 구분해서 알 수 있을까요? 위의 그림 2.1에 제시된 모델에 대한 한 야구 코치의 설명보다 이것을 더 명확하게 설명한 것은 없는 것 같습니다: "저는 두 발을 가운데에 단단히 디디고 평소에는 안내하기 스타일로 서 있고 나서, 선수들

1) 이 말을 해준 릭 레예스에게 감사의 마음을 전합니다.

과 일할 때 필요에 따라 고쳐주거나 따라가기 위해 어느 한쪽으로 움직일 수 있다는 것으로 이해했습니다." 이 코치는 어떤 접근 방식을 사용해야 하는지가 아니라 언제 어떤 접근 방식을 사용해야 하는지가 중요하다는 점을 지적하고 있습니다! 대부분의 코치입장에선 때때로 선수들을 고쳐줘야 할 필요가 있지만, 따라가고 안내하기 후에 고쳐주기가 될 때 그 효과가 더 강력하고 오래 지속됩니다.

안내하기: 코치와 선수 두 전문가 간의 돈독한 관계

선수와 함께 일한다는 개념은 관계가 중심이 되고 양쪽 모두 중요한 관점을 제공한다는 점에서 안내하기의 핵심적인 두 가지 특징을 담고 있습니다. 이는 단순히 친해지는 것을 넘어서는 것입니다. 종종 친근함과는 무관한 경우가 많아, 두 사람 사이의 케미에만 의존하지 않습니다. 이 과정은 노력과 기술이 필요하며, 현재 선수들과 소통하고 이해와 지지를 받는다는 느낌을 주는 것이 중요합니다.

저자들은 스포츠 분야에서 안내하기(sporting guiding)의 마음가짐에 필요한 네 가지 핵심 요소를 확인했으며, 예시를 통해 구체적으로 설명하겠습니다.

다가가서 연결하기

숙련된 안내하기의 첫 번째 요소는 모든 코치의 핸드북에 황금률로 자리잡고 있습니다: "효과적인 관계를 형성하세요." 하지만 선수에게 다가가고 선수와 소통하는 방법에는 여러 가지가 있습니다. 다음과 같은 일반적인 예시를 생각해 보세요:

> **평소와 같은 코칭**
> "여기 처음 왔다고 들었어. 먼저 우리가 일하는 방식을 전달하고, 몇 가지 기본 규칙을 알려줄 테니 잘 들어. 진행하면서 궁금한 점이 있으면 알려줘."

소개 인사로서는 충분히 그럴듯해 보이지만, "내가 이 구역의 결정권자이니 내 말을 잘 들어야 한다."라는 메시지를 강력하게 전달하는 코치의 방식은 과연 좋은 것일까요? 그저 인사말처럼 반복해서 하는 말이었을 뿐인가요? 아니면 이 코치가 정말 선수에게 관심이 있는 걸로 충분히 전달되었을까요? 처음부터 좀 더 깊이 있게 소통할 수 있는 방법은 없었을까요?

동기면담을 제대로 사용하는 마음가짐으로 대화한다면, 다음과 같이 표현할

수 있겠습니다:

안내하기를 통한 코칭

"이곳에 처음 와서 여기 운영 방식에 대해 궁금한 점이 많을 것 같아. 먼저 너에 대해 더 자세히 알아보고 싶어. 우리와 함께 일하면서 여기서 가장 얻고 싶은 것이 무엇인지 말해 줄 수 있을까?"

이렇게 개인적으로 다가가는 편이 신뢰 관계 구축에 더 효과적입니다. 유능한 안내자는 함께 훈련하는 선수에 대해 알고 싶어 하며, 선수의 시각에선 코치의 첫인상을 중요하게 생각합니다. 이를 투자라고 생각하면 더 많이 투자할수록 나중에 더 많은 보상을 얻을 수 있습니다. 하지만 투자금이 쌓이기 전에 과도하게 지출하려 하면 빚을 지게 되고, 그 빚이 오래 지속되면 당연히 관계가 파탄나게 됩니다. 운동선수와 빠르게 연결하기 위한 기술은 7장에서 자세히 설명하도록 하겠습니다.

선수만이 아닌 한 사람으로 대하기

안내하기의 두 번째 요소는 선수를 먼저 한 사람으로 대하고 그 다음에 선수로 대하는 것입니다. 코치가 선수에게 집중력을 높이기 위해 일상적으로 하는 다음의 요청을 어떻게 받아들일 수 있을까요?

기존의 코칭

"패트릭, 무슨 일인지 모르겠지만 지금 네 정신이 나가 있다고. 그러니까 그게 무엇이듯 빨리 해결해."

이 코치는 직설적이고 명확한 표현을 사용했지만, 애초에 개인적인 문제로 주의가 산만해질 가능성이 상당히 높은 상황에서 문제로 고통받고 있는 사람을 보지 않고 선수의 문제만 보려는 이러한 개입은 얼마나 도움이 될까요? 안내하기 스타일을 사용하는 코치는 전혀 다르게 말할 수 있습니다:

안내하기를 통한 코칭

"패트릭, 뭔가 마음에 걸리는 게 있는 것 같은데, 어떻게 하면 좀 더 안정감을 느낄 수 있을까?"

해당 선수뿐만 아니라 한 사람과 인간적인 인간적인 대화를 나눌 때, 그 사람이 생각하고 느끼는 것에 대해 존중과 관심을 표현하는 효과가 있습니다. 이를 통해 더 깊은 지식과 유대감을 쌓으면 선수로서의 성과나 팀에서의 역할에 대해 더 성공적으로 소통할 수 있다는 이점이 있습니다.

안내하기 스타일로 소통할 수 있는 기회는 무수히 많은 상황에서 발생하며, 당신이 진정성만 있다면 선수들은 이를 고마워하며 높이 평가할 것입니다. 스포츠를 둘러싼 우리가 갖고 있는 막연한 환상 중 하나는 운동선수가 감정, 공격성, 경쟁심을 제한한 기계나 군인, 또는 성과 로봇처럼 행동해야 한다는 것입니다. 유능한 코치는 함께 훈련하는 선수가 가진 훨씬 더 넓은 범위의 감정과 반응도 포용할 수 있습니다. 실제로 성공한 선수들의 회고록에는 주변 사람들로부터 받은 배려와 지원이 얼마나 소중한지 보여주는 사례들이 가득합니다. 가장 성공한 코치들의 공통점은 함께 일하는 사람들을 소중히 여긴다는 점입니다. 이러한 인간적인 요소를 무시하면 동기면담은 시작조차 할 수 없습니다.

강점을 가진 사람

선수를 안내하기 위해 흔히 무시되는 세 번째 요소, 즉 선수의 강점을 인식하고 활용해야 합니다. 약점이나 결점을 주로 볼 수 있는 안경과 강점을 볼 수 있는 안경이 두 쌍 있다고 상상해 보세요. 강점 렌즈를 착용한다는 것은 약점이나 문제를 무시하는 것이 아니라 선수의 강점을 발견하고 이를 바탕으로 문제를 해결하는 것을 의미합니다(칭찬과 더불어 인정하는 방법에 대해서는 5장 참조). 같은 선수에 대한 두 가지 대조적인 진술을 고려해 보세요:

코치 A

"그녀의 경기 스타일은 정말 놀랍습니다. 그녀는 항상 자기만의 세계에 갇혀 주변 사람들을 의식하지 않는 것 같았어요. 그래서 절대 패스하지 않아요. 고개를 들고 전혀 쳐다보지 않죠. 그걸 바로잡아야 해요. 제가 얘기해볼게요."

이 코치는 '결점 추적자'의 역할을 맡아 결점 렌즈를 통해 선수를 먼저 보고, 그다음에 사람을 보는 입장입니다.

코치 B

"그녀는 확실히 힘이 있고, 앞으로 치고 나갈 때 정말 훌륭한 성과를 냅니다.

고개를 자주 숙이고 있는데, 함께 달려오는 다른 선수들을 의식하지 못하는 건 아닌지 궁금해요. 오늘은 자신감이 좀 떨어진 걸까요? 그녀와 대화를 나누면서 그녀가 어떻게 개선할 수 있다고 생각하는지 살펴본 다음, 대화에서 좋은 기회가 생기면 제 생각도 말씀드리겠습니다."

이 코치는 문제점을 알아차리면서도 강점 렌즈를 끼고 선수뿐만 아니라 그 사람을 바라봅니다.

선택의 자유

그리고 안내하기의 또 다른 요소는 선택에 대한 존중입니다.

기존의 코칭

"잘 들어, 크리스. 더 나아지고 싶다면 고개를 들고 시선을 아래로 향하는 연습을 해야 해. 그렇지 않다면 내가 나서서 변화를 주는 방법을 찾아야 할 거야."

우리는 이것을 자율성 또는 독립심이라고 생각하지만, 행동 과학에서 사람들이 자신의 삶을 변화시키는 데 있어 스스로 결정하기를 좋아한다는 관찰보다 더 중요한 진리는 거의 없습니다. 제대로 안내하는 코치는 선택지를 제공하여 사람들이 자신에게 맞는 것을 탐색하고, 고려하도록 하고, 선택할 수 있도록 조언을 제공합니다. 선수가 변화의 이유와 방법을 스스로 표현하면, 동기면담의 핵심인 동기 부여가 강화됩니다. 동기면담의 마음가짐으로 가능한 한 많은 선택권을 제공하기 위해 노력합니다. 이것이 바로 10장에서 다룰 주제이기도 한데, 정보와 조언을 제공하는 것이 예술의 형태로 변모할 수 있습니다. 그 결과 더 많은 것을 배우고 싶어 하는 선수가 탄생합니다.

안내하기를 통한 코칭

"크리스, 경기장에서 뭔가 느낀 점이 있는데, 잠시 시간 좀 내줄래? [크리스가 고개를 끄덕일 때까지 기다립니다.] 공이 가까이 오면 고개를 떨구기 시작하던데. 자네가 혹시 무엇을 관찰했는지 궁금해. 말해 줄 수 있어?"

최전방에서 온 생생한 이야기

교육과 스포츠 분야에서 널리 사용되는 행동 변화 모델이 있는데, 이는 동기면담과 안내자 스타일에 매우 잘 맞습니다. 이 모델은 자기 결정 이론(Ryan & Deci, 2000)에서 유래한 것으로, 핵심 지침 중 하나가 바로 자율성(선택의 자유), 관계성(지지적인 관계), 유능성(새로운 기술을 개발하고 익히는 것)에 대한 인간의 기본적인 욕구를 충족시킬 때 사람들은 가장 잘 학습한다는 것입니다. 동기면담의 많은 기술과 전략은 이러한 욕구를 충족하고 내적 동기 부여를 통해 발전을 도모할 수 있도록 설계되었습니다.

안내하기: 실천하기

원칙을 배웠으니 실전으로 넘어가서, 제대로 실천하기 위한 몇 가지 핵심 사항을 소개합니다:

- 선수와 먼저 연결되세요. 연결된다는 것은 효과적으로 신뢰 관계를 맺는 것입니다. 우선 다음과 같은 스타일을 최대한 활용하세요. 선수의 경험에 귀 기울이고 공감하세요. 경청에 능숙할수록 시간이 단축됩니다: 타이밍을 잘 맞춘 몇 마디의 말이 많은 조언이나 장시간의 강의보다 더 가치 있는 경우가 많습니다. 관련 기술을 다룬 4장과 빠른 연결 작업을 다룬 7장을 참조하세요.
- 최선의 방법에 대해 물어보세요. 궁금함을 놓치지 않는 호기심이 출발점입니다. 가장 강력한 질문은 선수들의 경험에 대해 우리도 모르는 것을 질문하는 것입니다. 개선해야 할 부분에 대한 선수 본인의 관점은 무엇인가요? 선수의 판단을 신뢰하여 문제를 찾아내고 실제로 해결책의 씨앗을 뿌리도록 하세요. 코치로서 우리는 특정 종목의 전문가일 수 있지만, 모든 선수는 자신에 대한 전문가이며, 자신이 변화할 수 있는 방법과 이유에 대한 전문가라는 것이 동기면담의 관점입니다. 선수 스스로 변화에 대해 이야기하는 것을 들으면 선수의 동기 부여가 향상될 것입니다. 3장에서 자세히 설명하겠습니다.

> 호기심은 좋은 출발점입니다.

- 조언할 때 선택권도 같이 제공하세요. 허락을 구하는 것도 도움이 됩니다("같은 처지의 다른 선수들에게 도움이 되었던 제가 발견한 노하우를 조금 배워보지 않겠습니까?"). 가능한 한 선택지의 형태로 조언을 제공하면 선수가 전문가의 관점을 더 개방적으로 받아들이면서 자신에게 가장 적합한 선택을 할 수 있도록 이끌 수 있습니다. 숙련된 조언을 하려면 10장을 참조하세요.
- 실행 계획을 세웁니다. 선수들의 준비 상태와 계획에 대한 관심과 전념 정도

를 파악하기 위해 질문합니다. 진행 상황에 따라 조정할 수 있는 유연한 계획을 공동으로 작성합니다. 9장을 참조하세요.

- 집중력을 유지하며, 인내심을 갖고 주의를 기울이세요. 적절한 타이밍에 다시 참조할 수 있도록 대화 내용을 기억해 두세요. 두 전문가가 시간이 지남에 따라 대화를 쌓아갈수록 관계는 더욱 돈독해집니다.

지켜보는 훈련

한 발 물러서서 관찰하는 능력은 연습과 노력을 통해 향상시킬 수 있으며, 성공적인 코치, 교사, 그리고 선수를 지원하기 위해 노력하는 모든 전문가들의 업무에서 발견할 수 있습니다. 숙련된 안내자는 주의 깊게 관찰하며, 성공으로 가는 가장 유용한 경로를 제공하기 위해 최선을 다합니다. 스포츠 대화에 숙련된 동기면담을 잘 익힌 리더는 관계와 대화에서 일어나는 일을 지켜보는 것에 집중합니다.

대화에서 예상치 못한 상황에 개방적이고 상대방이 어떻게 반응하는지 관찰하는 동시에 그 안에서 진정성있게 임하는 태도를 유지하는 것은 충분히 연습하면서 터득할 수 있는 기술입니다.

최전방에서 온 생생한 이야기

알렉스 퍼거슨은 가장 성공적인 감독이자 코치 중 한 명입니다. 그의 스포츠는 축구였습니다. 2012년 하버드 비즈니스 스쿨에서는 퍼거슨의 성공비결에 대한 연구를 수행했습니다. 퍼거슨과의 많은 인터뷰 중 하나에서 그의 성장 과정에서 중요한 이정표를 보여주는 다음과 같은 성찰이 나왔습니다(Elberse, 2013): "거품에서 벗어나고 나니 다양한 세부 사항을 더 잘 알게 되었고 성과 수준이 놀라울 정도로 뛰어올랐습니다. 선수의 습관이 바뀌거나 열정이 갑자기 식는 것을 관찰하면서 선수와 함께 더 나아갈 수 있었습니다: 가족 문제인가? 경제적으로 어려움을 겪고 있나? 피곤한 건가? 기분이 어떤가? 심지어는 괜찮다고 생각했던 선수가 부상을 입었다는 것을 알 수 있을 때도 있었습니다."

관찰의 가치를 제대로 이해하는 사람은 많지 않은 것 같아요. 저는 관찰이 제 관리 능력의 중요한 부분이라고 생각하게 되었어요. 사물을 보는 능력, 더 구체적으로는 남들이 예상하지 못한 것을 보는 능력이 가장 중요합니다.

불을 계속 지피세요

추운 밤에 홀로 캠핑을 하고 있다고 상상해 보세요. 해는 거의 지고 마른 나무를 이용해 힘겹게 불을 피우려고 애쓰고 있습니다. 지치고 피곤하며 추운 상황에서는 에너지가 절실히 필요합니다. 선수들의 배움에 대한 동기와 열망은 내면의 불과 같습니다. 미숙한 코칭 메시지로 이 불씨를 꺼뜨리지 않도록 올바른 마음가짐으로 이 열망을 활용해야 합니다. 선수를 각자의 강점과 최선의 방법에 대한 지혜를 가진 사람으로 바라보면 선수의 정신과 추진력을 활용할 수 있습니다. 처음에는 당신의 지혜를 공유하는 것을 미루고, 대신 선수의 관점에 대해 물어보는 데 집중하면 관계가 강화되고 실질적인 기술을 사용하여 내면의 불씨에 생명력을 불어넣을 수 있습니다. 그러면 자신의 전문 지식을 공유할 적절한 순간을 찾기가 더 쉬워지고 그 영향력을 극대화할 수 있을 것입니다. 캠핑 중에 침착하게 불에 필요한 부싯돌, 공기, 불쏘시개만 적절히 제공한다면 불은 이내 곧 추운 밤을 따뜻하게 데우는 불꽃으로 변할 것입니다. 다음 장에서는 동기부여란 무엇이며, 동기면담을 활용하여 동기부여를 활용하는 방법에 대해 설명합니다.

생각해볼 만한 질문

- 운전을 배울 때 여러 가지 일을 동시에 처리하려고 신경쓰다 보면 가끔 당황했던 적이 있었을 것입니다. 결국 새로운 루틴이 생기고, 거기에 익숙해지면서 운전대를 잡는 것이 쉬워졌을 것입니다. 선수들과의 의사소통을 조율하는 것에도 마찬가지일 수 있습니다. 이 부분에서 진전을 이루기 위한 가장 좋은 방법은 무엇일까요?
- 왜 어떤 선수는 지시를 받기를 좋아하는 반면, 어떤 선수는 스스로 해결하기를 원할까요?
- 일상적인 업무 방식에 안내하기는 어떻게 적용할 수 있을까요?

제 3 장

구체적인 방법

많은 사람들이 성공한 선수를 알아차리지만, 그들이 성공하기까지
무엇이 필요한지는 잘 알지 못합니다.
- 다윈 스탈리, 농구 코치

핵심내용

+ '외부에서' 동기를 부여하려는 노력은 오히려 역효과를 낼 수 있습니다.
+ 선수들은 공감과 동기면담의 도구를 통해 스스로 동기를 부여할 수 있도록 안내받아야 합니다.
+ 동기면담의 핵심은 '변화대화'를 알아차리고 더 많은 것을 탐색하는 것입니다.

"최고의 기량을 발휘하기 위해 필요한 것은 무엇인가요?" 한 선수가 일주일 후 다시 찾아와 이 질문이 자신에게 강력한 영향을 미쳤다고 말한 적이 있습니다. 그것은 바로 안내자의 마음가짐, 즉 선수 자신의 내면에 답이 있다는 믿음 때문이었습니다. 이제 선수는 그 질문에 대해 답을 하고 싶었고, 그 다음 단계는 그 답을 찾는 데 걸림돌이 없도록 하는 것이었습니다. 바로 그 지점에서 동기면담이 시작되었습니다.

킥오프

동기면담은 누군가에게 하는 것이 아니라 누군가와 함께 나누는 대화입니다.

동기면담 사용을 설명하기 위해 '존재 방식'과 같은 표현을 사용하는 것이 다소 이상하게 들릴 수도 있지만, 2장에서 응급 구조대원이 자살시도자를 다리 난간에서 끌어내려야 한다고 설명한 것을 잠

시 떠올려 보세요. '존재 방식'은 바로 코치 자신의 마음가짐을 설명하는 데 사용할 문구입니다. 동기면담은 동기 부여와 동기 부여의 언어에 대한 새로운 접근 방식에서 시작하며, 그 느낌도 상당히 다릅니다. 동기부여는 어느 누군가를 위하거나 누군가에게 하는 것이 아니라 그 사람을 위해, 그 사람과 함께 나누는 대화입니다. 돈독한 관계를 형성하며, 선수에 대한 깊은 호기심을 갖고, 능숙하게 안내하기를 통해 동기를 발견하고 향상시킬 수 있습니다. 이러한 깊은 호기심이야말로 치료자들이 갖춰야 하는 다른 사람의 입장에 서는 능력, 즉 공감 능력이라고 부르는 것입니다.

최전방에서 온 생생한 이야기

축구계에서 리버풀 축구 클럽보다 더 뛰어난 성과를 거둔 팀은 거의 없다고 봅니다. 마이클 빌 前 감독 은 과거를 회상하며 이렇게 말했습니다: "리버풀에서 근무하는 동안 깨달은 것이 하나 있습니다. 저는 훌륭한 코치의 반열에 올랐지만, 그것은 사실 코칭 기술과는 거의 상관이 없었습니다. 그것은 제가 선수들을 관리하는 방식과 더 관련이 있었습니다. 선수들이 제 메시지를 받아들일지 여부, 내가 그들에게 얼마나 동기를 부여할 수 있는지가 더 중요했습니다(Beale, 2018)."

동기부여

동기부여는 어디에서 오는 걸까요?

운동선수들이 동기를 효과적으로 활용하고 개발할 수 있도록 지원하려면 먼저 동기가 무엇이고 어디에서 오는지 이해하는 것이 중요합니다. 동기 부여의 원천은 선수마다 다르며, 선수의 경력 단계와 함께 시간이 흐르면서 변화하는 경우가 많습니다. 처음에는 내적 요인(재미, 도전, 숙달)이 동기를 부여하는 경우가 많지만 나중에는 외적 요인(운동 이후의 삶, 재정적 안정; Wylleman & Lavallee, 2004)이 동기를 부여할 수 있습니다. 어떤 사람들은 다른 이들이 큰 역경을 딛고 노력하여 성공하는 모습을 보며 영감을 얻기도 합니다. 어떤 선수는 자신이 겪은 역경을 통해, 어떤 선수는 가족을 생각하며, 어떤 선수는 최고가 되고자 하는 불타는 열망인 야망에 의해 동기를 부여받습니다. 한 선수에게 동기를 부여하는 것이 다른 선수에게는 완전히 실패할 수도 있습니다. 동기가 어디서 오는지는 지극히 개인적이고 고유한 것으로 밝혀졌습니다.

무엇이 동기를 부여하나요?

이제 코치들이 동기 부여를 높이기 위해 가장 일반적으로 하는 작업 목록을 상상해 봅시다. 대부분 동기 부여를 높이는 방법이라고 하면 선수들을 위한 도구 목록이나 코칭 전술을 떠올리게 됩니다. 그 목록에는 영감과 관련된 방법이 포함될 가능성이 높습니다. 이는 일반적으로 선수들이 더 깊이 몰입하도록 더 많은 노력을 해야 한다는 확신을 심어주는 사례를 들려주며, 독려하는 것을 의미합니다.

코치들의 목록에서 동기를 부여하는 또 다른 접근 방식은 '엄격한 사랑' 접근 방식입니다. 이는 지치거나 낙담한 선수를 측은히 여기거나 동정을 표하지 않고 거칠게 다루면서 발생합니다. 예를 들어 코치가 "버터컵, 더 나빠지기 전에 지금 당장 힘을 내는 게 좋을 거야. 안그러면 훨씬 더 비참해질테니까."라고 말하는 것이 이에 해당합니다. 이러한 접근 방식은 때때로 운동선수들로 하여금 너무 빨리 포기하고 있다는 사실을 깨닫게 하고, 자신의 여정을 위해 속도를 조절해야 한다는 것을 각성시키도록 합니다.

또 다른 종류의 동기 부여는 격려나 동정일 수 있습니다. 이 접근법을 사용하는 코치는 "아프다는 건 알겠는데 한 번만 더 전력 질주해 볼 수 있겠어? 한 번만 더 하면 그만할 수 있어. 딱 한 번만 해보자." 와 같은 말을 할 수 있습니다. 코치가 기대치를 낮추고 휴식을 권유하는 것도 동기 부여를 강화하는 또 다른 예입니다. "동기 부여가 떨어지고 있으니 하루 정도 쉬어야 할 때가 온 것 같아. 우리는 무리하게 훈련시키고 싶지 않아." 마지막으로 유머를 사용하는 것도 동기부여를 강화하는 방식이 될 수 있습니다. 한 전설적인 투수 코치는 마운드에서 고군분투하는 투수에게 낮 시간대 텔레비전에서는 검열을 받아야 할 농담을 하면서 다가가곤 했습니다! 이러한 접근 방식을 사용하는 코치들은 종종 재미있는 이야기나 농담을 통해 선수들의 적극적인 참여를 유도하고 현재에 집중하도록 준비시킵니다. 이외에 저희가 생각하지 못한 또 다른 동기부여 방법이 있을까요?

어떤 접근법이 가장 효과적일까요?

동기 부여를 높이는 이런 다양한 방식의 흥미로운 점은 때때로 효과가 있지만 모두 비용이 든다는 점입니다. 위에서 언급한 각 접근 방식에 따라 발생할 수 있는 비용을 생각해 봅시다:

- *영감:* 선수들은 영감을 주는 이야기 속 인물만큼 자신은 결코 좋은 선수가 될 수 없다고 느낄 수 있습니다. 또한 영감은 특정 선수에게 개인적인 것이 아니기 때문에 시간이 지나면서 사라질 수 있습니다.
- *엄격한 사랑:* 선수는 방어적이거나 분노를 느낄 수 있습니다.
- *격려 또는 동정:* 이는 선수가 동기 부여를 남의 승인에 의존하게 만들 수 있습니다.
- *유머:* 이는 자칫 비판이나 조롱으로 역효과를 낼 수 있습니다. 선수는 자신의 의심이나 우려가 진지하게 다뤄지지 않거나 무시당한다고 느낄 수 있습니다.
- *휴식/회피:* 실제로 더 많은 노력이 필요할 때 포기하는 태도를 익히게 될 수 있습니다.

동기부여↑강화면담

동기 부여를 높이는 것이 왜 그렇게 복잡한 주제인지 쉽게 알 수 있습니다. 동기를 부여하는 방식에는 성공과 실패가 동시에 일어날 수 있는 방법이 너무나 많기 때문입니다. 동기면담이 어떻게 동기 부여를 높이는 데 조금 다르게 작용할 수 있는지 잠시 살펴보겠습니다.

동기면담은 지금 하고 있는 것과 어떻게 다른가요?

2장에서 설명한 호기심 어린 안내자의 마음가짐으로 시작하는 것이 좋겠습니다. 그런 다음 동기면담의 다음과 같은 핵심 특징을 고려해 보세요:

- 동기면담은 대화입니다. 대개는 두 사람만, 때로는 그룹 단위로 서로 얼굴을 맞대고 이야기하는 것입니다.
- 동기면담은 모든 종류의 변화에 대한 미래 지향적인 대화이며, 보통은 행동에 관한 것을 다룹니다.
- 동기면담에서는 위에서 언급한 방법과 달리 코치는 선수가 성공에 필요한 모든 동기를 이미 내면에 가지고 있지만 무언가가 이를 가로막고 있다고 가정합니다. 그 무언가는 보통 선수들이 자신이 무엇을 하고 있는지 확신하지 못하는 것입니다. 왜 그럴까요? 독이 되는 생각, 성공에 대한 두려움, 경기장 밖의 문제, 훈련과 시합의 목표를 기억하지 못함, 실패에 대한 두려움 등 거의 무한정한 이유가 있을 수 있습니다.

- 동기면담의 해답은 이러한 이유에 관해 직접적으로 맞서는 것이 아니라 선수들이 이를 극복할 방법을 찾도록 격려하는 것입니다. 이를 위해 선수 고유의 언어를 사용합니다.
- 선수에게 무엇을 하라거나 생각하라고 지시하기보다는 선수로부터 동기를 끌어내는 것입니다(기억하세요: 동기는 이미 선수들 안에 있는 것이므로 우리가 굳이 부여할 필요가 없습니다). 그럼 어떻게 끌어낼까요?

코치와 선수 크리스틴의 대화를 통해 실마리를 찾아보도록 하겠습니다:

코치: 최근 전력 질주 기록에 문제가 있다고 들었어.
크리스틴: 누구나 한 번쯤은 힘든 시기를 겪는 것 같아요.
코치: 일시적인 것 같다고 느끼는구나.
크리스틴: 네, 그러길 바라요.
코치: 계속 노력하고 싶은 마음이네.
크리스틴: 60미터 기록을 깨고 싶지만 그러려면 아침 운동을 추가해야 할 것 같아요. 하루에 두 번은 견딜 수 있을지 모르겠어요.
코치: 그럴만한 가치가 있는지 확신이 들지 않는 것 같은데. 하지만 마음 한구석에서 60미터 기록에 진심으로 집중하고 있잖아.
크리스틴: 맞아요.
코치: 그 60미터 기록의 어떤 점이 이렇게 너를 앞으로 나아가게 하지?
크리스틴: 지금보다 더 빨라지는 것은 결코 쉽지 않을 것이기 때문이죠. 저는 지금 최고의 컨디션을 유지하고 있고, 육체적으로도 하루 이틀은 견딜 수 있어요. 저는 다른 아이들처럼 방과 후 수업이 없기 때문에 체력 단련에 전념할 수 있어요. 만약 제가 할 거라면 지금이 적기라고 생각해요. 나중에 그 기회가 닫힐 수도 있지만 지금 도전하면 기회가 열릴 거예요.
코치: 마치 숫을 할 수 있는 기회가 주어진 거와 같네.
크리스틴: 네.
코치: 그럼 다음에 할 일은 무엇일까?
크리스틴: 사실, 좀 더 일찍 침대에서 일어나기만 하면 돼요. 아침 운동은 그렇게 나쁘지 않고 영영 지속되는 것도 아니니까요. 1월에 열리는 큰 대회까지는 견딜 수 있을 것 같아요.
코치: 결승선을 통과하고 그 대회에서 개인 최고 기록을 경신하면 이 아침 운동의 모든 것이 보람차게 느껴질 수 있을 것 같은데.

크리스틴: 네. 분명히 그럴거예요.

동기면담은 어떻게 작동하나요?

의심할 여지없이 이 선수는 의심과 양가감정으로 가득 차 있었습니다. 선수와 코치가 서로를 신뢰하는 것처럼 보였던 것도 분명합니다. 이제 이 코치가 어떻게 선수의 언어를 사용하여 변화해야 하는 이유를 스스로 개발하고 표현하도록 도왔는지 살펴봅시다. 코치는 크리스틴이 목표에 대한 동기를 이미 내면에 가지고 있으며, 코치가 이를 제공하지 않아도 된다는 생각을 가지고 대화를 진행했습니다. 코치는 격려나 영감을 주는 대신 크리스틴의 성공에 대한 열망을 표현하는 '변화대화', 즉 크리스틴 자신의 말을 찾았습니다. 이에 대해서는 곧 자세히 설명하겠습니다. 변화대화는 크리스틴이 "60미터 기록을 깨고 싶어요."라고 말하면서 등장했습니다. 물론 그녀는 곧바로 "하지만 그러려면 아침 운동을 추가해야 할 것 같습니다."라고 덧붙였는데, 이것이 바로 1장에서 설명한 양가감정입니다. 코치는 더 열심히 노력하지 않는 이유(침대에서 일어나기)에 초점을 맞추지 않고 그녀의 변화 이야기("60미터 기록을 깨고 싶어요.")에 집중했습니다. 건강한 젊은 여성인 크리스틴에게 침대에서 일어나는 것은 그리 큰 문제가 아니라고 말하고 싶은 충동을 느꼈을 수도 있지만(교정반사, 2장 참조), 그녀를 고치려는 충동을 잘 무시할 수 있었습니다. 대신, 코치는 "그럴만한 가치가 있는지 확신이 들지 않는 것 같은데. 하지만 마음 한구석에서 60미터 기록에 진심으로 집중하고 있잖아."라며 변화대화에 기반한 경청진술을 사용했습니다.

> 중요한 것은 선수 자신의 입에서 나오는 변화대화입니다.

크리스틴은 이 말을 듣고 자신이 알고 있는 것을 사실로 인정했고, 코치가 자신의 연습에 대한 어려움과 최고가 되고자 하는 열망을 모두 이해한다는 말을 들었기 때문에 반박할 필요성을 느끼지 못했습니다. 코치의 말은 정확했고 크리스틴은 이를 코치에게 알렸습니다. 코치는 "계속 노력하고 싶은 마음이네."라고 말했습니다. 이 말은 크리스틴에게 동기 부여의 금광을 캐도록 해주었습니다. 중요한 것은 코치의 입에서 나오는 변화대화가 아니라 선수 자신의 입에서 나오는 변화대화(긍정적이면서 개인적인 동기 부여)입니다.

최전방에서 온 생생한 이야기

운동선수들이 표현하는 변화대화는, 특히 그 뒤에 진심이 담긴 변화대화는 강력한 동기 부여가 됩니다. 동기면담을 연구하는 과학자들은 대화 내용을 오디오로 녹음하여 언어가 실제 행동 변화에 미치는 영향을 분석했습니다. 그 결과 도움을 주는 이의 행동에 있어서는 "말이 적을수록 행동에는 더 좋다"는 사실을 발견했습니다. 문제를 해결하고 변화를 위한 주장을 하는 것을 최대한 보류하며, 특히 직면적인 언어를 피하고 상대방이 변화에 대해 스스로 말하도록 허용하는 경우 행동 변화에 영향을 미칩니다. 변화대화가 강할수록 변화를 더 잘 예측할 수 있습니다. 운동선수와의 대화에서 올바른 어조를 설정하고 그들이 스스로에게 말하기를 원하는 언어를 부드럽게 전략화할 때 우리는 변화대화를 촉진할 수 있습니다. 동기면담은 요령이 아닙니다. 동기면담을 더 많이 연습할수록 더 잘할 수 있고, 가장 어려운 상황에서도 선수를 도울 수 있는 능력을 키울 수 있습니다. 이는 스포츠 연습과 비슷합니다. 하지만 선수들이 이미 더 열심히 훈련하지 않기로, 훈련시간을 굳이 지키려 하지 않거나, 팀원들과 협력하지 않기로 결심했다면 반드시 효과가 있다고 기대할 수는 없습니다. 동기면담은 선수들의 내면에 욕구가 있지만 경쟁적인 욕구에 가려져 있을 때 가장 효과적입니다.

양가감정과 의심은 변화의 기회입니다.

스포츠계에서는 동기면담이 비교적 새로운 접근법이지만, 공중 보건, 상담, 법 집행, 의학계에서는 이미 30년 동안 사용되어 왔으며, 강력한 성과를 거두고 있다고 앞서 언급했습니다. 건강 문제, 중독, 위험한 행동에 직면한 사람들은 거의 항상 자신의 상황에 대해 양가감정, 즉 양면적 갈등을 느끼기 때문입니다. 나쁜 습관으로 인해 자신에게 해를 끼치는 것에 대해 전혀 신경 쓰지 않는 사람은 드물지만, 실제로는 존재합니다. 훨씬 더 일반적으로 사람들은 자신의 딜레마에 대해 두 가지 감정을 느낍니다. 즉, 변화하고 싶지만 변화의 도전에 직면하고 싶지 않다는 것입니다. 이미 알다시피, 이는 인간이라면 누구나 겪는 정상적인 현상입니다. 우리 모두는 긍정적인 방향으로 변화하고 싶지만, 그에 수반되는 도전을 두려워하고 피합니다. 하지만 우리 안에는 먼지 쌓인 다락방에 감추어진 보물처럼 두려움과 회피에 대처할 수 있는 자원이 있는 경우도 많습니다. 어떤 일에 대해 두 가지 감정을 느끼는 이러한 양가감정은 오랫동안 매우 성공적인 경력을 쌓은 후에도 발생할 수 있습니다. 예를 들어 농구계의 전설적인 존재였던 마이클 조던이 은퇴하면서 아쉬움과 함께 동시에 얼마나 큰 기쁨을 느꼈을 지도 떠올려 볼 수 있습니다.

저항에 부딪혔을 때

스프린트 기록에 어려움을 겪고 있는 크리스틴에게 코치가 "매일 더 일찍 일어나서 연습을 더 하는 게 좋겠어."고 말했다면 어떤 반응이 돌아올지를 상상해 보세요. 그녀는 반박하면서 별거 아닌 일처럼 스스로에게 말했을 것입니다. 그런 상황에서 그녀가 변화할 동기가 부여되지는 않을 것이며, 오히려 그 반대로 동기가 꺾였을 것입니다. 동기면담을 사용하면, 방어적인 답변이 나올 수 있는 대화에서 이러한 종류의 대립을 피할 수 있는 이점이 있습니다. 동기면담에는 변화에 대한 대화의 기술이 있습니다. 사람들이 변화의 동기에 대해 더 자유롭게 이야기하도록 어떻게 도울 수 있을까요? 첫 번째 단계는 상황을 악화시키지 않는 것입니다. 어떤 사람들은 "가만히 있지 말고 뭐라도 해봐."라는 말을 자주 사용합니다. 크리스틴처럼 의심으로 힘들어하는 운동선수와 대화할 때는 스스로에게 "그냥 앉아있지 말고 뭐라도 해봐."라고 말하는 것이 더 도움이 될 수 있습니다.

우리는 "저는 괜찮아요. 제가 알아서 할거니까 신경쓰지 마세요."와 같이 방어적인 말에 반박하거나 맞서지 않기 위해 '저항과 함께 구르기'라는 기법을 개발했습니다. 이것은 속임수나 영리한 전략이 아니라 단순히 상대방의 감정을 인정하는 것입니다. 6장에서 저항과 함께 구르기, 선수와의 관계에서 갈등에 건설적으로 대처하기라는 주제에 대해 자세히 다루도록 하겠습니다.

안내자의 마음가짐 기억하기

앞서 크리스틴과의 대화에서 선수에게 압박감을 주지 않고, 의도적이고 호기심을 자극하며 위협적이지 않은 질문으로 선수가 동기에 대해 이야기할 수 있도록 도왔다는 것을 알 수 있습니다. 그것이 변화의 문을 두드리는 것과 같았다면, 이제 당신은 집 안에 들어와 있는 셈입니다. 운동선수들은 탁월해지고자 하는 욕구와 다른 욕구 및 삶의 요구 사이에서 균형을 잡으며 혼란스러운 지형을 헤쳐나갑니다. 선수들에게 동기면담을 사용하려면 안내자의 마음가짐과 스타일을 기꺼이 받아들여야 한다는 점을 기억해야 합니다.

선수들이 사용하는 언어

언어에 주의를 기울이는 것은 새롭거나 특별히 전문적인 것이 아니라 다른 사람의 말에 정확히 '동조'하는 자연스러운 능력입니다. 우리 안에는 이러한 능력이 있으며, 선수들에게 변화에 대해 어떻게 느끼는지 자신의 말로 표현하도록 요청하는 데 익숙해지면, 이 능력이 눈에 띄게 되고 함께 일하기가 더 쉬워집니다. 변화대화는 변화에 대한 동기를 높이는 반면(예: "하고 싶어요."), 다른 종류의 언어(예: "성공할 수 있을지 확신이 서지 않아요.")는 변화대화와 반대로 동기를 낮추는 역할을 합니다. 이를 '역변화 대화' 또는 '갇힌 대화'라고 부를 수도 있습니다. 당신은 변화대화와 역변화대화를 자의 양쪽 끝에 포인터가 앞뒤로 미끄러져 있는 자를 생각할 수도 있습니다. 한쪽 끝의 포인터는 자의 가장 높은 값에 위치하는데, 바로 이 지점이 변화대화의 최대치입니다. 우리는 선수들의 이야기를 들을 때 그들의 말에 귀를 기울여, 진행되는 대화에서 포인터가 자의 어느 쪽에 있는지 알 수 있도록 합니다. 이는 변화대화와 보다 부정적인 '갇힌 대화' 모두에 대응해야 하는 방법에 특별히 초점을 맞춰야 하기 때문입니다.

특히 코치가 '경청하기' 연습을 하지 않은 경우 변화대화는 처음에는 듣기 어려울 수 있습니다. 변화대화는 포인터가 자의 더 높은 쪽으로 이동하고 있다는 것을 알려주는 언어입니다. 선수가 "나도 다른 사람들처럼 팀 연습에 제시간에 도착해야 한다는 걸 알아요."라고 말하는 것은 매우 강력한 변화대화입니다. 집중해서 듣고 있는데 척도점수가 위로 올라가는 것을 느낀다면 변화대화가 점점 더 강해지고 있는 것입니다. 변화대화를 듣는 것은 인간의 타고난 능력이며, 연습을 통해 조율하다 보면 변화대화를 알아차리는 데 상당한 요령이 있다는 것을 알게 될 것입니다.

또한 당신은 부정적인 '갇힌 대화', 즉 기운을 꺾는 말("내가 할 수 있을지 모르겠어."), 선수의 내면의 열정을 부정하거나("애초에 이 수준에서 경쟁하고 싶지도 않아."), 노력에 반대하는 논리를 제공하거나("다른 팀만큼 잘할 수 없을 거야."), 노력의 가치를 평가절하하는 언급("어차피 바보 같은 트랙 대회에 누가 신경이나 써?") 쉬운 길로 회피하는("주 5일이나 일찍 일어나는 건 가치가 없어.") 말을 듣게 될 수 있습니다. 물론 이 모든 것이 선수들의 경험에 비추어보면 사실처럼 느껴질 수 있습니다. 선수가 훈련과 대회 출전을 원치 않는 진지하고 사려 깊은 결정을 내리면 대부분의 코치는 실망할 수도 있지만 결국 선수의 결정을 받아들일 수 있습니다. 하지만 선수가 양쪽의 감정을 모두 느낄 때는 어떨까요? 아마도 다음과 같이 말할 것입니다:

"우승하고 싶지만 우승하지 못한다고 해서 세상이 끝나는 것은 아니잖아요."
"새벽 5시에 침대에서 일어나는 것이 싫지만, 동료들이 함께 있으면 그렇게 나쁘지는 않아요."
"이 육상 대회는 대학 스카우트들이 오기 때문에 중요하지만 결국에는 별로 신경 쓰이지는 않네요."
"저는 이 정도 수준이면 충분히 잘할 수 있는데, 제 실력이 아닌 것 같아요."

이 말이 익숙하게 들리나요? 이것은 중요한 일에 대해 두 가지 생각이 들 때 느끼는 의심의 감옥이나 불확실성의 감옥입니다. 이는 정상적인 마음 상태이자 불편한 마음 상태이며, 노력하는 과정의 일부이며 중요한 목표를 달성하는 거의 모든 사람에게 일어나는 현상입니다. 이러한 불확실성은 정상적이지만, 선수들은 이러한 불확실성을 경험할 때 최고의 기량을 발휘할 수 없기 때문에 선수들을 갇히게 할 수 있습니다. 마치 움직이지 못하는 것처럼, 앞으로 나아가는 것이 아니라 딜레마 속에서 왔다 갔다 하는 데 에너지를 쏟게 됩니다. 동기면담은 선수들이 이런 종류의 불확실성에 갇혀 있을 때 특히 유용합니다. 왜냐하면 변화대화 언어는 그들이 딜레마의 한쪽으로 이동하도록 돕고 그 딜레마에서 벗어나는 데 필요한 에너지를 확보할 수 있게 해주기 때문입니다.

> 변화대화를 반영하는 것은 선수들이 의심에서 벗어나는 데 도움을 줄 수 있습니다.

부정적인 측면을 듣는 것의 중요성

동기 부여를 높이는 것이 목표일 때 변화대화로 이끄는 것이 코치의 주된 목표이겠지만, 선수들은 체념, 반대, 의지가 없는 느낌과 같은 부정적인 생각도 마치 "나는 이대로 안주하고 싶다."라고 말하는 것처럼 전달한다는 점을 기억하는 것이 중요합니다. 아시다시피, 스포츠에서는 탁월성을 포함하여 모든 것을 위해 노력하는 것에 대한 근본적인 불확실성이 존재하기 때문에 이러한 부정적인 언어는 그럴 수 있습니다. 이런 말에 반발하거나 반박하고 싶은 마음이 드는 것은 당연한 일이며, 이럴 때 조심해야 하는 것이 바로 교정반사입니다. 그러나 코치가 안내자의 마음가짐을 가지면, 다른 접근 방식을 허용할 수 있습니다. 선수의 관점을 반영하여 선수의 말을 경청하는 진술로 대응하면, 선수는 최소한 이해받고 있다고 느끼고 부정적인 에너지가 어느 정도 가라앉습니다. 변화대화, 갇힌 대화, 그리고 다음 장에서 다룰 코치가 사용하는 기술을 표시한 대화를 살펴보겠습니다.

코치: 대니, 잠깐 얘기 좀 할 수 있을까? 이번 주에만 두 번이나 연습에 늦게 왔는데. 매번 시작 훈련을 놓치게 되네.

대니: 뭐, 누구나 가끔은 늦을 때가 있죠. [갇힌 대화]

코치: 제시간에 맞추기가 쉽지 않지. [경청진술]

대니: 수학 수업에서 곧 낙제할 것 같아요. 저기 있는 모든 아이들이 저보다 똑똑해요. 걔네들은 시험을 잘 보는데 저는 제시간에 과제를 끝낼 수가 없어요. [갇힌 대화]

코치: 지금 수학에 너무 많은 에너지를 쏟고 있어서 다른 일에 집중하기가 힘든가보네 [경청진술]

대니: 네, 너무 힘들어요. 다른 애들처럼 수포자를 위해 특별 과외를 받을까 생각 중이에요.

코치: 수학에 너무 스트레스가 심해서 지금은 제시간에 연습하러 오는 것도 힘들겠어. [경청진술]

대니: 네! 하지만 저도 다른 사람들처럼 제시간에 와야 한다는 걸 알아요. [변화대화]

코치: 이런 상황에도 불구하고 팀원들과 똑같이 훈련에 참여하고 싶구나. [경청진술]

대니: 네, 그렇게 할게요. [변화대화] 제가 여기서 힘을 내야 한다는 걸 알아요. [변화대화] 수학에 더 많은 시간을 투자해야 하더라도... 수영 팀에서 제외되고 싶지는 않아요. [변화대화] 고마워요, 코치님.

'갇힌 대화'가 나왔을 때는 두 개의 경청진술에 반응하여 조용해졌다가, 변화대화가 나왔을 때는 경청 진술에 반응하여 더 강해지는 것을 주목해 봅시다. 이 세상 그 어떤 것도 인간의 친절과 배려의 가치를 대신할 수 없으며, 때로는 부정적인 말을 인내심을 가지고 경청하고, 선수에게 이해했음을 알려주는 것이 필요합니다. 그러면 부정적인 에너지가 가라앉을 것입니다. 동기면담은 운동선수에 대한 연민을 스스로 느낄 수 있을 때 가장 효과적입니다.

동기면담을 시작하는 방법

동기면담을 시작하는 방법은 다음과 같습니다. 변화대화를 이끌어낼 수 있는 질문을 던지기만 하면 됩니다. 일반적으로 다음과 같이 열린 질문으로 시작합니다:

"어떻게 달라졌으면 좋겠어요?"
"어떤 변화를 고려하고 계신가요?"
"가장 좋은 결과는 무엇이라고 생각하시나요?"
"이미 생각해 보신 것은 무엇인가요?"
"이 상황에서 가장 필요한 것은 무엇인가요?"

물론 이러한 질문은 구체적인 코칭 상황에 맞는 세부 사항이 주어질 때 더 효과적일 수 있지만, 일반적으로 다른 것, 긍정적인 변화를 상상하게 하는 질문은 선수가 어떤 것에 대해 두 가지로 생각할 때 좀 더 변화대화로 이끌어낼 가능성이 높습니다. 이제, 연습 시간 준수에 관한 대니와의 대화로 잠시 돌아가 보겠습니다:

대니: 학업 때문에 스트레스를 받고 있어요. 수업에 낙제해서 팀에서 함께 할 기회를 잃고 싶지 않아요. 그렇다고 공부에만 시간을 쏟을 수도 없고, 그러면 제 시간에 연습할 수 없으니까요.

코치: 흠.. 두 가지가 매우 중요하네. 균형을 맞추기 위해 어떤 방법을 생각해 봤니? [열린 질문]

대니: 과외 선생님이 있는 친구들이 있어서 캠퍼스에서 과외를 받을 수 있을지 알아볼 생각도 해봤어요. [변화대화]

다음은 다른 운동선수인 마커스와의 대화의 예시입니다:

마커스: 코치님이 말씀하신 대로 계속 노력하고 있지만 자유형에서 기록을 향상시킬 수 없어요.

코치: 가장 이상적인 결과는 무엇일까? 무엇을 목표로 하고 있어? [열린 질문]

이러한 질문으로 변화대화를 시작하면 경청진술과 같은 다른 기법을 사용하여 대화를 계속 이어지게 할 수 있습니다. 질문과 경청진술의 상호 작용의 효과는 이 책 전체에 걸쳐 자세히 나와 있습니다.

불확실성을 넘어서기

불확실성이나 의심은 선수들의 마음속에서 무시하거나 제거하거나 지워버려야 할 문제가 아니라, 건설적인 해결책을 찾기 위해 인정하고 대처해야 할 문제임이 분명합니다. 배우 젠슨 애클스는 "예전에는 불확실성이 두려웠지만 지금은 불확실성에서 쾌감을 느낀다."고 말한 적이 있습니다. 물론 우리는 불필요하게 두려움을 조성하고 싶지 않고 선수들이 의심 없이 집중하길 바라지만, 불확실한 순간에 잠깐의 성찰을 통해 탄탄한 실행 계획이 떠오르는 경우도 많습니다. 동기면담은 의심을 창의적으로 해결할 수 있는 공간을 제공합니다.

동기면담과 변화대화에 대한 모든 세부 사항을 제외하면, 이 대화는 일반적인 대화처럼 보이고, 들리고, 느껴집니다. 선수 스스로 변화해야 하는 선수 자신의 좋은 이유를 활용할 때, 코치는 그 성과를 자신의 공로로 돌리지 않도록 주의해야 합니다. 그러면 더 나은 경기력과 같은 성과가 나타날 가능성이 높습니다. 이 책의 2부에서는 이를 실현하기 위한 기술에 대해 자세히 설명하겠습니다.

대화를 즐기세요

동기면담을 사용하는 것은 진지하고 탐구적인 자세가 필요한 무거운 작업이라는 인상을 받을 수 있습니다. 하지만 그렇다고 해서 대화가 반드시 진지하고 '무거워야' 한다는 의미는 아닙니다. 실제로 개선과 변화에 대한 대화를 더 많이 즐길수록 선수는 더 많이 하려고 할 수 있습니다. 그 때 진정한 발전이 눈앞에서 펼쳐지는 경우가 많습니다.

생각해볼 만한 질문

- 선수들에게 동기를 부여하기 위해 어떤 방법을 사용하나요?
- 자신의 동기를 끌어올리기 위해 무엇을 할 수 있나요?
- 정말 바쁠 때 받는 스트레스가 선수들과의 대화에 어떤 영향을 주고 있나요?

제 4 장

효과적인 기술
질문하기, 경청하기, 요약하기

배움의 원천인 경청하기를 절대 포기하지 마세요. 경청하려는 결심이 가장 중요합니다.
- 리치 베나우드, 크리켓 선수 겸 해설자

핵심내용

- 질문하기: 간결하게 질문하고, 사람들이 생각하고 느끼는 것을 말하도록 격려하며, 변화에 대해 이야기할 수 있는 문을 열어 두세요.
- 경청하기: 선수의 말에 귀를 기울이고 경청진술(공감)로 응답합니다.
- 요약하기: 요약할 때는 특히 긍정적인 요점을 정리해서 전달하고 상대방이 이해했는지 확인합니다.
- 마음가짐: 편안하지만 진정으로 관심을 가지고 호기심을 가지고 접근합니다.

킥오프

팀이나 선수와 1분 동안 대화할 시간이 주어진다면 어떤 대화 기술을 활용하는 것이 최선일까요? 어려움을 겪고 있는 선수와 이보다 더 길게 대화를 나눈다면 어떨까요? 그런 의미에서 한나랑 어떻게 대화할지 생각해 보세요. 한나는 경기력 향상을 위해 열정적으로 훈련에 매진하는 헌신적인 운동선수입니다. 한나에게 요즘 어떻게 지내는지 안부를 물으면 이런 대답을 들을 수 있습니다: "괜찮아요, 고마워요, 하지만 오늘 연습에서 보여준 모습은 마음에 들지 않았어요. 어떤 사람들은 태도를 바로잡기 위해 노력해야 해요. 제 표정을 보셨어야 해요. 누가 그런 표정으로 연습에 들어오고 싶겠어요?"

이제 어떻게 할까요? 코치로서 그녀와 유대감을 맺고, 좀 더 안정감을 주며, 이런 좌절감을 극복하도록 돕고 싶다고 가정해 봅시다. 이때 어떤 대화 기술을 활용하시겠습니까? 한나에게 5-6개의 예, 아니오로 답하도록 하는 닫힌 질문을 연달아 던질 건가요? 그렇지 않겠죠. 잘 되는 대화를 떠올려 보세요. 분명 이와는 다른 특별한 기술을 사용하고 싶을 겁니다. 어떤 효과적인 기술이 있을까요?

한나는 혼자가 아니라는 점을 일깨워야겠죠. 최근 부진한 성적을 극복하지 못하는 선수나 동기부여가 필요한 선수에게 어떻게든 도움을 주고 싶은 상황은 매일 무수히 많습니다. 이러한 과정을 돕기 위해 이 장에서는 세 가지 핵심 기술을 검토해 보겠습니다:

1. *질문하기*
2. *경청하기*
3. *요약하기*

핵심 기술에 대해 두 가지 용도를 차례로 살펴보겠습니다:

a. *기본 용도*: 일반적인 의사소통 향상을 위한 목적입니다.
b. *동기면담에서 사용할 경우*: 변화와 성장에 대해 이야기하는 목적으로 사용할 수 있습니다.

현실적인 예시로 돌아가기 위해, 이따금씩 한나와의 대화에 초점을 맞추겠습니다.

강점 렌즈를 끼고 있나요?

위에서 한나를 '헌신적'이고 '열정적'인 선수로 묘사했을 때 우리는 '강점 렌즈'를 끼고 있었습니다. 즉, 한나를 단순히 문제가 있는 운동선수가 아니라 강점을 가진 사람으로 보았습니다(2장 참조). 동기면담을 사용하여 누군가의 동기를 끌어올리려면, 강점 렌즈를 끼고 보는 것이 중요합니다. 선수를 해결해야 할 문제와 수정해야 할 결점 덩어리로 보는 칙칙하고 회색빛의 세상을 상상해 보세요. 코치 자신은 물론 선수의 동기 부여도 저하될 것입니다. 일단 낙관적인 태도를 유지하세요. 선수의 강점에 집중한다면 동기 부여의 불을 지필 수 있는 훌륭한 발판이 될 수 있습니다. 무엇보다 코칭에 있어서 즐거움이 중요합니다.

속도 조절하기

이 장을 읽고 나서 몇 가지 기술을 시도해 보겠다는 결심을 했다고 상상해 보세요. 어려운 도전이 아니라 어떤 선수를 만나든 차분하고 격의 없이 몇 분간 대화할 수 있는 기회를 갖는 순간을 갖는다고 가정해 보세요. 단거리 선수처럼 빠른 속도로 대화를 시작하면 아무리 뛰어난 의사소통 기술이라도 무용지물입니다. 어떤 사람들은 동기면담 접근법의 장점에 너무 매료되어 대화에서 너무 많은 것을 해보려 서두르기도 합니다. '천천히 그리고 꾸준히' 시작하는 것이 현명한 접근 방식인 이유는 평소 대화 루틴에 적응할 수 있는 시간을 주기 때문입니다. 대화에 앞서 심호흡을 몇 번 하면 대화에 임하는 마음가짐을 명확하고 유연하게 유지할 수 있습니다. 2장에서 평온한 마음과 정돈된 정신을 유지할 것에 대해 언급했는데, 이 속도 조절하기 지침이 도움이 되리라 봅니다.

기술 1: 질문하기

어떤 질문은 큰 영향을 주지만, 어떤 질문은 그냥 공중으로 날아가는 수증기처럼 사라지는 경우가 있습니다. 그렇다면 그 차이는 무엇일까요? 애초에 순수한 호기심를 갖고 질문했는지가 중요합니다. 대화할 때 다른 일에 정신이 팔려 있거나 자신의 전문성이나 지식의 우월함을 과시하려고 어려운 질문을 하면, 질문의 의도가 제대로 전달되지 않을 수 있습니다.

동기면담에서 질문하기 방식은 세 가지 핵심 요건을 기반으로 합니다.

1. 간결하게 질문하는 것이 좋으며, 경청진술이나 요약과 같은 다른 기술을 같이 사용해야 합니다.
2. 상대방이 어떻게 생각하고 느끼는지 표현할 수 있어야 합니다.
3. 변화와 성장에 대해 이야기하고 동기를 부여하기 위해 동기면담을 사용할 수 있도록 문을 활짝 열어두어야 합니다.

좋은 질문으로 시작하는 것은 누군가의 마음의 문을 똑똑 두드리는 것과 같습니다. 처음 노크는 정중하면서도 명확해야 하며, 너무 거슬리지 않아야 하고, 상대방과 기꺼이 연결되려는 의도가 뒷받침되어야 합니다. 그러기 위해 닫힌 질문보다는 열린 질문이 효과적이며, 가급적 짧고 명료하게 질문하는 것이 바람직합니다. '나'에 초점을 맞추기보다는 '상대방'에 초점을 맞추는 것이 좋습니다. 문을 두드릴 때 "저기요, 여기 좀 봐 주세요!" 하고 긴 말을 늘어놓으며 소리치는 경우는 거의 없죠. 질문이 흥미롭고 상대방과 관련이 있다면 상대방이 당신을 대화의 신세계로 초대할 수도 있습니다!

기본 사항

열린 질문과 닫힌 질문

닫힌 질문은 일반적으로 "예" 또는 "아니오"라는 제한된 짧은 대답을 유도하지만, 열린 질문은 선수가 자세히 설명하고 표현할 수 있게 합니다. 일반적으로 열린 질문은 "무엇인가요", "어떻게", "왜"와 같은 단어를 사용하는 반면, 닫힌 질문은 "했나요?" "안했나요?"와 같은 단어를 사용하며 예/아니오 로 답변하거나, 있다/없다 식의 특정정보를 명확하게 확인합니다. 열린 질문을 더 효과적으로 많이 사용하려면, 기술적 숙련도를 높이는 것이 필요합니다. 선수의 견해를 깊이 탐구하고 싶다면 분명 닫힌 질문보다는 열린 질문이 더 효과적입니다. 열린 질문은 선수의 관점에 관심이 있는 코치임을 인증하는 일종의 신호처럼, 더 깊이 탐색할 수 있는 기회를 열어 줍니다.

"내가 하라고 한 운동은 했니?"라는 질문은 "이 질문에 대한 답을 예/아니오로 빨리 듣고 싶다."라고 재촉하는 것과 같습니다.

"내가 하라고 한 운동은 요즘 어떻게 하고 있나?"라고 묻는다면 "나는 당신의 진행 상황에 관심이 있고 내 전략에 대한 당신의 생각을 듣고 싶다."라는 뜻을 전달하는 것과 같습니다.

아래 질문을 살펴보고 어떤 질문이 열린 질문이고, 닫힌 질문인지 답을 해 보세요. 자신이 이러한 질문을 받는 선수라고 상상해 보면 자신의 연습을 되돌아보는 데 도움이 될 것입니다. 두 가지 질문에 어떻게 답할 수 있을지도 생각해 보세요.

연습 4.1. 다음 질문 중에서 열린 질문을 찾아보세요.

1. 오늘 최선을 다했다고 생각하시나요?
2. 경기 방식이 마음에 들었던 점은 무엇인가요?
3. 현재 팀의 사기는 어떻습니까?
4. 지금 우리 팀에는 자기 자신만 아는 선수가 있습니까?
5. 심판이 당신에게 파울을 불렀나요?
6. 이번 주말에 연습할 계획이 있나요?
7. 이번 주말에 어떤 연습을 하려고 하나요?
8. 지금부터 다음 연습 사이에 전력질주를 할 예정인가요?
9. 현재 연습을 끝내고 다음 연습에 들어가기 전에 전력질주를 개선하기 위해서 어떻게 해야 할까요?

열린 질문은
2번, 3번, 7번, 9번입니다.

질문은 짧을수록 좋다

"제 표정을 보셨어야 해요. 누가 그런 표정으로 연습에 들어오고 싶겠어요?"로 끝나는 한나의 짜증섞인 말에 어떻게 대답할지 생각해 보세요. 이 상황에서는 "무슨 일이 있었어?"라는 세 단어만으로 열린 질문을 할 수 있습니다. 흔히 능숙하다는 것은 단순함을 의미합니다. 다음과 같이 질문에 불필요한 '드리블'이나 추가 질문을 더하면, 한나에게 어떤 영향을 줄지 생각해 보세요: "내가 정말 궁금해서 그러는데, 어떻게 이런 일이 생겼는지 물어봐도 될까, 아니면 지금은 나와 이야기하고 싶지 않은 건가?" 이 질문은 단순한 한 가지 질문이 아니라, 두 가지 질문에 불필요한 자기 언급까지 더해진, 너무 긴 질문입니다. 한나가 대답을 망설이게 된다면, 그건 그녀의 잘못이 아닙니다. 많은 상황이 있어도 질문은 짧을수록 더 효과적입니다.

질문의 한계

스포츠 코칭에는 질문을 핵심 기술로 반복해서 사용하는 전통이 있습니다. 그런데 질문에만 의존하면 어떤 일이 벌어지는지 잠시 느껴 보세요. 코치는 부상에서 막 복귀한 선수와 대화를 나누고 있습니다:

코치: 오늘은 좀 어때?
선수: 좋아요. 전 괜찮아요. 아직 뛸 준비가 안 됐지만요.
코치: 어떤 연습을 해왔지?
선수: 평소대로요.
코치: 점심 먹고 어디로 갈 거야?
선수: 잠시 이 근처에서 있을건데요.
코치: 이번 주 훈련은 누구랑 함께 했지?
선수: 대부분 저 혼자서요, 뭘 해야 할지 아는데요. 이번 주에도 똑같이 질문하시던데.
코치: 다시 대회에 참가할 준비가 된 것 같아?

이 대화는 결코 움직이지 않는 춤처럼 느껴집니다. 질문 자체는 크게 잘못된 것이 없지만 코치는 선수를 이리 끌고 저리 끌고 다니며 깊이 있게 대답할 시간을 주지 않습니다. 선수는 마치 조사받는 것처럼 느끼며, 질문을 수동적으로 받기만 할 뿐 어떤 경우에도 답변을 통해 지혜를 제공할 수 있는 존재라고 여겨지지 않습니다. 이는 양쪽 모두에게 힘든 일입니다. 코치는 계속해서 다음 질문을 찾아야 한다는 부담을 안게 되고, 결국 선수가 못하는 것이나 잘못된 것을 찾아내 바로잡으려는 결점 추적자의 역할에 내몰리게 됩니다. 이런 대화가 시간을 효율적으로 사용하는 것일까요? 아마도 아닐 겁니다. 무엇이 필요할까요? 우선 코치가 '경청'하고 있다는 것을 보여주면서 선수에 대한 공감부터 했어야 합니다. 여기에는 단순히 조용히 있는 것 이상의 행동이 포함되며, 이에 대해서는 이 장의 뒷부분에서 다루겠습니다.

우리가 묻는 질문에 대한 답을 꼭 알아야 하나요?

창의적인 코치들은 때때로 답을 알고 있는 질문을 던지기도 하는데 이는 선수들이 스스로 답을 찾도록 하기 위한 의도입니다. 이렇게 하면 코치가 계속 말하는 것을 방지하고 선수에게 주도권을 넘겨서 직접 작업을 실행하도록 할 수 있습니다. 그리고 또 다른 성격의 질문이 있는데, 선수의 내면에 있기 때문에 답을 잘 모르지만 신중하게 선택해야 하는 질문입니다. 이 후자의 질문이 바로 동기면담이 주목하는 질문입니다. 선수가 고려해야 할 중요한 사항이 무엇인지는 대강 알지만 선수가 어떤 의미로 받아들일지는 진정으로 알 수 없는 질문입니다.

질문하기와 동기면담

움직임이 있는 질문

동기면담에서 사용되는 질문은 미래지향적이며 선수에게 어떻게 변화할 수 있는지 그리고 왜 변화해야 하는지 스스로 말할 수 있게 하는 질문입니다. 열린 질문은 이러한 대화를 시작하는 가장 쉽고 직접적인 방법입니다. 이 질문에 대한 답을 미리 알 수는 없지만, 함께 찾아볼 수 있습니다. 선수의 시각에서 본 변화는 어떤 모습일까요? "어떻게 지내세요?"와 "어떻게 하면 이 연습 시간이 더 도움이 될 수 있을까요?"의 차이를 생각해 보세요. 둘 다 열린 질문이며, 둘 다 완벽하게 받아들일 수 있지만, 두 번째 질문은 변화에 관한 질문입니다. 하나는 고정되어 있고 다른 하나는 움직임이 있습니다.

> 선수들에게 어떻게 변화할 수 있는지 왜 변화해야 하는지 말하도록 질문하세요.

연습 4.2. 변화에 초점을 맞춘 질문은 무엇인가요?

다음은 8개의 질문 목록으로, 이 중 5개는 변화에 초점을 맞춘 질문이고 나머지는 그렇지 않은 질문입니다. 변화에 초점을 맞춘 질문은 어떤 것일까요?

1. 이번 주 연습에 대해 어떤 생각이 드나요?
2. 헬멧을 아직 구매하지 않았죠?
3. 다른 선수들과 더 잘 지내는 것이 당신에게 얼마나 중요합니까?
4. 앞으로 몇 주 동안 경기가 어떻게 잘 될 거라고 보십니까?
5. 언제부터 경기에서 뛰기 시작했나요?
6. 항상 팀의 선발 선수였나요?
7. 부상을 극복하기 위해 당신은 무엇을 할 생각인가요?
8. 이 어려운 도전을 극복할 수 있다고 얼마나 확신하십니까?

변화에 초점을 맞춘 질문은 1번, 3번, 4번, 7번, 8번입니다.

동기 부여와 변화에 대한 호기심

변화에 대한 호기심이 가득한 열린 질문을 던지는 순간, 동기부여가 고개를 들고 변화대화가 떠오를 것입니다. 이는 선수에게 동기를 부여하고 추진력을 키울 수 있는 기회가 됩니다. 선수의 문제를 단순히 해결해 주는 것이 아니라 긍정적인 방향으로 부드럽게 안내하는 것이 중요합니다. 이를 위한 가장 강력한 도구가 바로 경청하기입니다.

기술 2: 경청하기

훈련이 만족스럽지 않았던 한나에게 "무슨 일이 있었어?"라고 질문하는 것이 문을 두드리는 것과 같았다면, 경청하기는 행동 변화를 촉진하기 위한 공감을 표현할 기회를 얻기 위해 문 안으로 들어가는 행동입니다. 경청하기란 상대방이 더 명확하게 설명할 수 있도록 짧게 요약하고 반영하는 적극적인 과정입니다. 이러한 경청은 상대방에게 무슨 일이 일어나고 있는지 궁금해하는 것에서부터 시작하며, 공감 '근육'을 단련시키는 것과 같이 일상적인 대화 연습을 통해 더 잘할 수 있는 기술입니다. 온라인에서 병원에 있는 사람들의 다양한 모습에 공감하는 동영상을 보면서 이 근육을 단련시켜 보세요(클리블랜드 클리닉 동영상 'Cleveland Clinic Video'로 검색하세요).

연습 4.3. 상상해 보세요: 행동하는 공감

다음 장면을 상상해 보세요: 라커룸에 들어가 보니 팀에서 가장 중요한 선수인 랄프가 보이지 않고, 팀의 다른 선발선수들이 경기 준비를 하고 있습니다. 경기 시간이 다가오자 긴장이 되기 시작합니다.

랄프에게 급하게 전화와 문자를 보내지만 그의 전화는 연결되지 않은 채 바로 음성 사서함으로 넘어갑니다. 어쩔 수 없이 랄프를 빼고 연습을 하다가, 라커룸으로 들어가 천천히 유니폼을 입는 랄프를 보게 됩니다. 그는 도착해야 할 시간보다 2시간 이상 늦었습니다.

어떤 기분이 드나요? 연락도 없이 훈련에 지장을 초래한 랄프에 대한 당신의 감정은 어떤가요? 코치도 선수처럼 좌절과 혼란을 느낄 수 있습니다.

랄프의 속 이야기를 들어보세요: 랄프는 평소처럼 시합준비를 위해 일찍 일어났습니다. 그는 평소처럼 집에서 몸을 풀고, 추가 연습을 하며 지난 경기 영상을 보면서 중요한 전달사항을 복습했습니다. 경기장으로 가는 길에 그는 휴대폰이 제대로 충전되지 않았다는 사실을 깨달았습니다. 15분 후면 라커룸에 도착할 테니 라커룸 콘센트에 플러그를 꽂으면 된다고 생각했습니다. 게다가 그는 보통 경기 중에는 휴대폰을 꺼두는 편이었죠. 경기장에 도착하기 불과 5분 전, 그의 어머니에게서 전화가 왔습니다. 다른 이웃이 어머니 전화로 어머니가 아파트에서 쓰러졌다는 소식을 전해준 것입니다. 랄프는 아무 생각 없이 차를 돌려 어머니의 집으로 전속력으로 달렸습니다. 도착했을 때 구급차가 이미 도착해 있었습니다. 어머니의 의식은 돌아왔지만, 고관절이 부러진 것 같다는 소견을 들었습니다. 그제서야 랄프는 코치에게 전화를 하려 했지만, 휴대폰 밧데리가 나가 있었던거죠. 구급차 대원은 빨리 병원으로 이송하겠다고 말했습니다. 랄프는 구급차를 따라 병원으로 가서 어머니가 진찰을 받을 수 있도록 입원수속을 밟았습니다. 그 후 코치 몇 명에게 전화를 걸었지만 모든 전화가 연결되지 않고, 음성 사서함으로 연결되었습니다.

랄프의 사연을 듣고보니 지금 랄프에 대한 감정은 어떤가요? 아마 그의 행동과 상황을 아까보다 더 잘 이해하게 되었을 겁니다. 우리 선수들은 모두 나름의 속사정이 있습니다. 규칙을 따르지 않는 이유도 있고 저항하는 이유도 있죠. 열린 마음으로 질문하고 경청함으로써 우리는 선수에 대한 정보를 더 많이 얻을 수 있고, 이를 통해 서로 공감하고 신뢰하는 공감대를 형성할 수 있습니다. 이렇게 하면 보다 더 정확하고 효과적으로 선수를 안내하고 문제를 해결할 수 있습니다.

이 섹션에서는 먼저 기본 사항을 살펴본 다음, 동기면담에서 경청을 사용하여 동기부여하는 방법을 살펴봅니다. 파트 4에서 정보요약시트 3.'공감하기: 더 나은 코치 되기'라는 속성 참조 도구 워크시트를 참조해 보세요.

최전방에서 온 생생한 이야기

전설적인 세계적인 축구 선수가 자신의 커리어를 돌아보며 모든 것을 바꾼 것 같았던 한 순간을 꼽았습니다. 그 순간은 바로 코치가 자신의 자신감이 아주 낮다는 것을 알아차렸을 때였다고 합니다. 그 선수는 꽤 오랜 시간 동안 자신감을 잃고 있었지만, 코치는 그의 어깨에 손을 살짝 얹고 잠시 산책을 같이 하자고 했습니다. 그리고 질문이라기보다는 다음과 같은 한마디를 던졌을 뿐이었죠. "요즘 너답지 않게 힘들어 보인다." 이 후에 이어진 대화가 전환점이 되었고, 선수에게 새로운 길이 열렸습니다. 동기면담은 어떤 기술을 언제, 어떤 목적으로 사용할지 선택할 수 있는 하나의 기본틀을 제공합니다. 공감의 표현인 경청진술은 매우 강력한 힘을 발휘할 수 있습니다.

기본 사항

경청하기는 두 단계로 이루어집니다. 첫 번째 단계는 당신이 가지고 있는 내적 경험에 집중하는 것이고, 두 번째 단계는 선수에게 말하는 외부적인 것에 주의를 기울이는 것입니다.

듣기

듣는다는 것은 산만한 정신적 수다 없이 차분하게 집중하는 것, 마치 운동선수가 어떤 집중 영역에 들어가는 것과 같습니다. 또는 코치로서 경기를 지켜보면서 모든 상황을 파악하고 다음에 일어날 수 있는 일을 예감하는 것과 비슷합니다. 그러나 이 집중 영역에는 호기심과 공감, 다른 사람의 경험을 상상하는 특별한 특성이 있습니다. 이 영역에 있으면 많은 것을 들을 수 있습니다. 문제는 이를 기록하고 무엇이 중요한지 결정하는 것인데, 이는 두 번째 경청 단계에서 선택하고 반응해야 하기 때문입니다. 경기를 볼 때와 같은 주의와 관심을 가지고 상대방의 말을 보고 들으면 새로운 연결의 기회를 발견할 수 있습니다.

한나가 첫 번째 질문에 대해 쏟아낸 답변을 다시 생각해 보세요: "괜찮았어요, 고마워요, 하지만 오늘 연습에서 본 것은 마음에 들지 않았어요. 어떤 사람들은 태도를 바로잡기 위해 노력해야 해요. 제 표정을 보셨어야 했어요." 그녀는 꽤 많은 말을 했습니다. 마치 영상이 재생되고 있다고 상상해 보세요. 어떤 이미지가 가장 중요하게 느껴지나요? 또는 머릿속의 고정 장치나 마음의 코르크 보드판에 가장 중요한 주제를 붙인다고 상상해 보세요. 상대방의 말을 들은 후 어떤 대답을 해줄지 결정해야 하기에 이에 대해 떠오르는 생각하고 싶어질 것입니다. 당신은 상대방의 말이 무엇을 의미하는지 추측하게 될 것이고, 시간이 지나면서 이 작업을 더 잘하게 될 것입니다. 다음은 몇 가지 가능성입니다:

- 한나의 컨디션이 좋지 않습니다.
- 한나는 일부 팀원에게 실망했습니다.
- 한나는 연습에서 일어난 일이 마음에 들지 않습니다.
- 한나는 연습 시간에 기분이 좋지 못했습니다.
- 동료들이 한나를 좋지 않은 시선으로 바라보았습니다.

경청진술하기

경청의 두 번째 단계에서는 상대방의 경험의 '핵심'을 포착하려는 시도로 짧게 요약하여 대답하거나 추측을 제시합니다. 이것은 공감한 것을 표현하는 것입니다. 만약 한나가 실제로 일어난 일에 만족하지 못했다는 직감이 든다면 "오늘 일어난 일이 마음에 들지 않았군요."와 같이 간단하게 대답할 수 있습니다.

이 순간이 중요한 이유는, 경청진술을 제공함으로써 상대방이 당신에게 중요하다는 것을 다시 한 번 강조하며, 관심을 보이고 신뢰를 쌓을 수 있기 때문입니다. 한나는 연결하려는 당신의 노력을 알아차리고 당신의 추측이 정확하지 않다면 자세히 설명하거나 심지어 정정해 줄 것입니다. 이렇게 공감하고 상대방의 경험을 상상하려는 당신의 노력을 바탕으로 두 사람 사이에 더욱 견고한 연결이 형성됩니다.

경청의 중심에는 궁금해할 수 있는 공간이 있습니다.

코칭에서 연결되기와 의사소통이 중요하다고 말할 때, 우리는 공감과 이해가 작동하는 순간을 이야기하는 것입니다. 당신은 아마도 "내가 이 말을 제대로 하고 있는 걸까?" 또는 "이 말이 그녀에게 어떻게 전달될까?"라고 생각하면서 대화 주도권을 그녀에게 넘길 때 약간 망설일 수 있습니다. 이때는 그녀가 주도권을 쥐도록 하고, 대화를 방해하거나 가로채지 않도록 하는 것이 좋습니다. 경청의 핵심은 두 사람 모두가 궁금해할 수 있는 여지를 남겨두는 것입니다.

다음은 한나와의 대화를 이어가는 방법으로, 코치가 연습에서 일어난 일이 마음에 들지 않는다는 첫 번째 경청진술을 한 후 세 가지 추가적인 경청진술의 예시입니다.

코치: 오늘 밖의 상황이 마음에 들지 않았나봐. [경청진술]

한나: 아니요, 안 그랬어요. 제 생각에는 무례한 행동이었어요.

코치: 동료들이 좋지 않은 시선으로 널 쳐다봤다고? [경청진술]

한나: 네, 맞아요. 저는 제 루틴에 계속 집중하려고 했는데, "야, 저 여자애 좀 봐. 또 이상한 짓을 하네." 하는 식이었어요. 그렇게 말하진 않았지만 제가 받은 시선은 그랬어요.

코치: 걔네들이 몸풀기 루틴을 재미있다고 생각했나? [경청진술 -추측이 정확하지 않은 것으로 밝혀짐]

한나: 아니요, 재미있다고 생각했다기보다는 자신들이 할 만한 행동이 아니라 질투하는 것 같았어요. 그럴 거예요.

코치: 질투한다는 생각이 들어서 연습에 집중하지 못하고 주의가 산만해졌네. [경청진술]

한나: 알았어요. 그런데 왜 제가 그걸 참아야 하죠?

코치는 자연스럽고 쉽게 대화를 진전시키는 기술을 사용했고, 시간적으로도 효율적이었습니다.

"알았어요."라는 한나가 대답한 것을 보면 한나는 코치에게 이해받았다는 느낌을 받은 것으로 보입니다. 여기에는 열린 질문 한 개와 경청진술이 이어지도록 한 것이 유일한 기술이었습니다. 이것을 악보처럼 생각하면 도움이 될 것입니다. 약어(O = 열린 질문, L = 경청진술)를 사용한다면 위 코치의 기술은 O, L, L, L 같이 표현할 수 있습니다. 코치의 네 가지 진술은 한나가 질문을 연속적으로 받았을 때보다 더 빨리 한나의 감정에 다가갈 수 있게 했습니다. 8장 '재빠르게 연결되기'에서는 모든 종류의 일상적인 상황에서 어떻게 상대방과 연결할 수 있을지 자세히 설명합니다. 이런 식으로 경청하면 모든 진술에 대한 연결성이 증가하고, 신뢰 관계가 향상됩니다. 또한 선수들이 알아서 주도하기 때문에 해결책을 찾거나 다음 질문을 고민할 필요가 없으므로 부담감도 줄어듭니다. 선수가 아이디어를 스스로 창출하면 동기 부여를 받고 앞으로 전진하는 데 전념할 가능성이 높아집니다. 정확한 경청진술은 감사 메모와 마찬가지로 연결성을 향상시킵니다. 동기면담 워크북(이 책의 4부)에서 쉽게 접근할 수 있는 빠른 참조 도구인 '요약정보시트 8 경청하기: 기본기 제대로 배우기'를 참조하세요.

경청진술은 다음 질문을 찾아야 하는 부담을 덜어줍니다.

기본적인 수준에서는 따라가기 스타일이 경청진술을 좌우합니다. 당신의 목표는 단순히 주제에 관계없이 선수들이 생각하고 느끼는 것을 말하고 이해하도록 돕는 것입니다. 다음으로 살펴볼 고급 수준에서는 안내하기 스타일이 경청진술의 사용을 지배하며, 코치는 선수의 주의를 변화와 성장을 탐구하는 데 집중하도록 유도하기 위해 경청진술을 사용합니다. 이때 가장 중요한 변화대화를 활용합니다.

경청하기와 동기면담

대화를 변화의 방향으로 전환하는 순간 동기면담이 전면에 등장합니다. 공감과 경청진술은 앞으로 나아갈 길을 명확히 하는 데 사용됩니다. 한나와의 대화로 돌아가서, 어떻게 한나가 변화를 위한 실행 계획을 세울 수 있도록 이끌 수 있을까요? 한나는 동료 선수들을 어떻게 대해야 할까요? 무시할까요? 대화를 나눌까요? 당신과 한나 중에 누가 제일 그 답을 잘 알까요? 당신과 한나가 함께 답을 찾을 수 있을 겁니다. 바로 이 때 동기면담을 사용하고 지난 장에서 설명한 변화대화를 찾아보세요. 힌트를 드리자면, 어디를 봐야 할지 알면 이미 답이 거기에 있을 겁니다.

변화대화에 집중하며 경청하기

다음은 한나에게 일어날 수 있는 상황을 예로 든 것입니다. 열린 질문으로 대화를 시작하고 그다음에 어떤 일이 일어날지 생각해 보세요:

코치: 어떻게 하면 내일 다시 집중해서 연습에 임할 수 있을까?

한나: 저 친구들이 옆에 있으면 안 될 것 같아요.

코치: 상상만 해도 힘들겠네. [경청진술]

한나: 아니, 상상할 수는 있지만, [변화대화] 막상 실현되기는 어려워요.

코치: 어떻게 할 수 있을까? [변화대화를 더 해달라고 유도함]

한나: 솔직히 말해서 지금 코치님, 기분이 영 아니에요. 제가 해야 할 일은 걔네들과 한두 마디 대화를 나누는 것뿐이에요. [변화대화] 그치만 상상하기 어렵네요. 좋은 생각인 건 알지만, [변화대화] 제게 그런 능력이 있는지 잘 모르겠어요.

코치: 힘들겠지만 하고 싶잖아. [경청진술]

한나: 오늘 밤은 푹 쉬고 내일은 할 수 있을 것 같아요. [변화대화]

코치: 푹 쉬고 재충전하면 이 일을 해낼 수 있을 거야. [경청진술]

한나: 네, 저한테 달렸어요, [변화대화를 더 강하게] 하고 나서 다시 살아가면 돼요.

한나는 변화에 대해 이야기하는 자신의 목소리를 더 많이 들을수록 밖으로 나가서 변화를 실천할 가능성이 높아집니다. 경청은 한나에게 생각할 시간을 주기 위해 사용되었으며, 결정적으로 변화 대화에 집중하여 자신이 하고 싶은 것을 말하고 스스로 결정을 내릴 수 있도록 용기를 북돋아 주었습니다. 그녀는 마음속 깊이 이해되는 결정에 더 큰 동기부여를 하게 될 것입니다. 변화에 대해 유용한 한두 가지 질문을 하고 이렇게 적극적으로 경청하는 데 몇 분만 투자했더니 한나의 동기 부여와 변화에 대한 결심이 강화되었습니다.

여전히 교정반사가 지배하고 있나요?

코치가 교정반사에 굴복해 어떻게 하면 좋을지 한나에게 알려주었다면 한나는 결정에 대한 주인의식을 갖지 못했을 것입니다. 교정반사에 대한 메시지를 다시 한 번 강조하자면, 그 대화는 다음과 같았을 것입니다(교정반사는 당신을 이용해먹을 것이기 때문에 사용하지 마세요!):

한나: 괜찮아요, 고마워요, 하지만 오늘 연습에서 본 건 마음에 들지 않았어요. 어떤 사람들은 태도를 바로잡기 위해 노력해야 해요. 제 표정을 보셨어야 해요.

코치: 내일 같이 연습하러 갈까?

한나: 고마워요, 하지만 그렇게 해서 뭐가 달라지겠어요? 그냥 '아, 저 여자가 코치님한테 불평하러 갔구나.'라고 생각할 거예요. 상황을 더 악화시키는 것 같아요.

코치: 그럼 다 같이 앉아서 얘기 좀 해 보는 것 어때?

한나: 알았어요, 고마워요. 생각해보고 알려줄게요.

코치: 언제든 나한테 물어봐. 알았지, 한나?

코치는 분명 걱정도 많이 하고 좋은 아이디어도 많이 가지고 있지만, 그건 코치의 생각이지 한나의 생각이 아닙니다. 코치가 효과가 있을 만한 아이디어를 내는 것이 전혀 도움이 되지 않는 것은 아닙니다. 하지만 한나의 이야기를 먼저 듣지 않고 그 아이디어를 한나에게 강요하는 순간 교정 반사가 작동하여 효과가 없어지는 지점에 이르게 됩니다. 조언을 제공하는 것과 선수의 지혜를 무시하는 것은 엄연히 다른 문제입니다.

기술 3: 요약하기

선수가 중요한 말을 한 것을 기억할 수 있나요? 얼마나 잘 들었나요? 요약은 선수를 위해 대화에서 말한 내용 또는 일부분을 최대한 정확하게 정리하는 것입니다. 아주 짧은 대화에서는 필요하지 않지만, 긴 대화에서는 큰 잠재력을 가진 기술입니다. 또한, 요약은 선수와 함께 대화의 초점을 바꾸거나 대화를 끝낼 때도 유용할 수 있습니다.

기본 사항

한나에게 제시된 다음의 두 가지 요약에 대해 어떻게 생각하시나요?

요약 A

"동료 선수들이 신경을 거슬리게 한 것은 사실이고, 조금 과민하게 반응한 것 같은데. 걔네들이 너를 방해하거나 너보다 더 잘하려고 했던 것 같아. 어쨌든 잘 자고 내일 연습에 같이 갈 수 있는지 보자. 알았지?”

요약 B

“네가 한 말을 확실히 알아들었는지 잠시 확인해도 될까? [잠시 멈추고 기다리자 한나가 고개를 끄덕이며 동의한다.] 너는 최선을 다해 준비운동을 시작했는데, 그 과정에서 동료 선수들이 널 바라보는 시선이 신경 쓰이기 시작했어. 그들이 주의를 산만하게 했고, 무례하게 느껴졌으며, 질투하는 것 같다는 생각이 들었어. 내일 다시 가서 대화를 나눈 다음 계속 진행해야겠다는 결심을 하게 된거야.”

요약이 선수가 실제로 말하고 느낀 것을 종합한 것이라면 요약 B가 조금 더 정확하고 효과적입니다. 요약 A는 여러 측면에서 요약하기의 모범 사례의 원칙을 위반했습니다. 코치는 판단을 내리고(“네가 조금 과민하게 반응한 것 같다.”), 자신의 해석을 제시하고(“아마 널 방해하려고 했던 것 같다.”), 문제 해결 방법에 대한 조언을 제공합니다(“잘 자고 내일 연습에 같이 갈 수 있는지 보자.”). 당신이 목표로 해야 하는 것은 선수가 말하고 느낀 것을 정확하게 요약하는 것입니다. 이 단계에서는 당신의 견해는 부차적인 것입니다. 요약을 통해 선수의 경험을 면밀히 파악함으로써 선수는 이해받고 있다고 느끼고 당신과의 관계도 개선되며, 선수가 개선해야 할 사항에 대해 내린 결정을 확인하고 강화할 수 있습니다.

요약 내용을 선수에게 전달할 때 목표는 상대방이 “네, 맞아요, 저를 제대로 이해했네요.”라는 말을 하게 하는 것입니다. 그러려면 어떻게 해야 할까요?

선수에 집중하기

선수가 말한 내용에만 초점을 맞추면 됩니다. 그러면 문제 해결 시도, 조언하기, 의견 제시하기, 판단을 전달하기 등 많은 부분이 요약에서 제외시킬 수 있습니다. 코치인 당신이 자신의 입장에서 생각하기보다는, 한 사람이자 운동선수인 ‘상대방’이 자신의 꿈과 강점, 그리고 어떻게 변화하고 성장하고 싶은지를 이상적으로 포용하는 것이 중요합니다.

요약하기를 도입할 때

요약을 하기 전 허락을 받는 언급을 포함하면, 대화에서 잠시 뒤로 물러날 수 있게 해주고, 한나처럼 상대방이 당신의 요약이 정확한지 알려주도록 할 수 있습니다. “방해해서 미안해, 내용이 많아서 다 이해했는지 확인하고 싶어.” 또는 “여기까지 잘 이해했는지 확인해도 될까?"와 같은 식으로 말할 수 있습니다.

핵심 파악하기

요약은 선수가 말하고 느낀 것의 핵심을 포착하는 일련의 진술입니다. 모든 내용을 단순히 반복할 수는 없으므로 어떤 내용을 요약에 포함할지 선택해야 합니다. 어떤 내용을 포함하느냐에 따라 선수에게 좋은 영향을 미칠 수도 있고 나쁜 영향을 미칠 수도 있습니다. 최상의 조언을 드리자면, 선수뿐만 아니라 그 사람 자체에 초점을 맞추고, 선수의 강점, 노력, 포부에 대한 언급을 포함하는 것을 잊지 말라는 것입니다. 그 예는 위에 한나에게 제공된 요약 B의 첫 부분에 포함되어 있습니다: "너는 최선을 다해 준비운동을 시작했는데."

신중하게 단어 선택하기

요약에서 능숙함을 나타내는 지표 중 하나는 '나'가 아닌 '당신'을 사용하는 것입니다. 대화 중에 사용된 단어에 주의를 기울일 수 있다면 요약에서도 그 단어를 다시 정확하게 사용해보세요. 숙련된 요약은 선수가 쉽게 흡수할 수 있도록 간략하게 정리하는 것입니다.

> 요약할 때는 선수 자신의 말을 사용하세요.

선수에게 다시 확인하기

요약이 끝난 후 상대방을 주의 깊게 관찰하면 대개 그 내용이 어떻게 전달되었는지 알 수 있습니다. 종종 상대방은 당신이 자신의 '속마음을 읽었다'는 사실에 충격을 받기도 합니다. 요약이 어떻게 받아들여졌는지 확실하지 않거나 아직 부족한 부분이 있다고 생각되면 요약이 끝날 때 몇 마디 덧붙여(예: "제가 무엇을 놓쳤나요?") 선수가 말한 내용을 수정하거나 확인할 기회를 주세요. 사람들은 종종 동기면담이 지향하는 변화대화의 방식에 맞추어, 앞으로 나아가고 싶은 방법을 말하기 때문에 이 시점에서 잠시 멈추는 것이 좋습니다.

요약하기와 동기면담

선수가 사용한 모든 변화대화를 한데 모아 긍정적인 주요 내용을 담은 요약본을 만든다고 상상해 보세요. 이것이 바로 동기면담에서 영감을 받은 요약이며, 선수들에게 변화를 해야 하는 좋은 이유를 직접 제시하는 것과 같습니다. 논리는 이렇습니다: 선수는 대화 중에 스스로 변화대화를 표현하는 것을 직접 들었을 것이고, 경청진술을 할 때 변화대화를 다시 말하는 것을 들었습니다. 그리고 이제 요약하기를 통해 다시 한 번 변화의 동기를 강력하게 상기시키고 표현한 것을 반복해서 듣게 됩니다. 위에서 언급했듯이 요약은 선수들이 변화와 성장에 대해 내린 결정을 확인하고 강화할 수 있는 좋은 기회입니다. 요약하기를 통해 "네, 맞아요, 바로 실행에 옮기겠습니다."와 같이 변화에 대한 결심을 확인하는 더욱 강력한 변화대화를 자주 접하게 됩니다. 이는 두 사람 모두 앞으로 나아가는 데 도움이 될 것입니다. 빠르게 참고할 수 있는 유인물인 '요약하기'는 파트 4의 요약정보시트 9에서 확인할 수 있습니다.

생각해볼 만한 질문

- 선수에게 질문을 할 때 미리 답을 알지 못하고 질문하는 경우가 얼마나 자주 있나요?
- 선수와 대화할 때, 선수가 말하는 비율과 당신이 말하는 비율은 대략 어느 정도인가요?
- 대화에서 무슨 일이 일어나고 있는지 잘 알아차리려면 어떻게 훈련할 수 있을까요?

제 5 장

사람이 먼저다. 칭찬보다 제대로 인정해주기

선수시절 초창기에는 칭찬을 듣거나 낙담하는 데 그렇게 많은 시간이
걸리지 않았습니다... 그분들이 제 경기를 발전시켰고...
제 자신에게서 보지 못했던 것을 제 안에 있다고 봐주셨습니다.
- 켄 로빈슨 경, 교육자

핵심내용

+ 칭찬은 좋은 의도로 제공되지만, 동기 부여의 불을 지피기 위해 전달되는 일종의 판단으로 쉽게 남용될 수 있습니다.
+ 인정해주기는 판단이라기보다는 눈에 띄는 긍정적인 자질과 행동에 대해 높이 평가하는 표현입니다. 이것은 동기를 부여하고 더 많은 성취를 이끌어낼 가능성이 높습니다.
+ 일이 잘 풀리지 않을 때에도 인정해주는 표현을 사용할 수 있습니다.

킥오프

누가 코칭이 쉽다고 말했나요? 한 선수에게 효과가 있는 것이 다른 선수에게는 효과가 없을 수도 있습니다. 그래서 이 장에서는 특히 칭찬과 인정이라는 두 가지 기술을 살펴봅니다. 칭찬은 색종이 조각처럼 미사여구를 무작위로 던지는 것이 아니라 조심스럽게 제한적으로 사용해야 하며, 인정해주기는 선수의 '할 수 있다'는 태도와 유대관계를 형성하는 데 더 강력한 영향을 미치므로 더 많이 사용해야 한다는 조언을 드립니다.

최전방에서 온 생생한 이야기

제임스 본은 축구 코치이자 학자로, 자신의 유망했던 선수 시절을 되돌아보며 자신이 칭찬에 어떻게 반응했는지에 비판적인 시각으로 말합니다.

> 1985년생인 저는 학창 시절 '최고'라는 말을 꼭 들어야했던 칭찬 중독자였습니다. 학교 다닐 때 칭찬을 정말 많이 받았어요. 하지만 저는 이 피드백에 거의 중독되다시피 의존하게 되었습니다. 결국 저는 생각을 멈추고 순응하기 시작했고, 칭찬을 많이 받을수록 기분이 더욱 좋아졌습니다. 그러다가 11살 때 처음으로 계약을 맺고 코치들의 지시[피드백]를 그대로 따르려고 했습니다.
>
> 그러다가 내리막길을 걷기 시작했어요:
> 다른 동료 선수들은 성장하는데 저만 유독 성장하지 못했고, 칭찬이 줄어들기 시작하면서 저는 더욱더 코치의 말에 복종하려고 했습니다. 저는 그냥 로봇이었어요. 다음 계약을 체결하려면 코치의 승인이 필요한 상황이었습니다. 저는 이 보상에 지배당했고, 번아웃, 무관심, 성과 저하, 거절, 자기 의심, 내적 갈등 등을 겪어야만 했습니다(Vaughan, 2017).

칭찬이 어떻게 경기장에서 창의력을 발휘하려는 선수의 자연스러운 욕구를 차단할 수 있을까요? 제임스의 경우 칭찬이 교정반사(1장 참조)와 함께 남용되었을 가능성이 높다고 생각합니다. 코치들은 제임스의 문제를 해결하고자 칭찬을 감미료처럼 사용했을 수 있습니다. 가상의 예를 들어보겠습니다:

코치: 잘했어, 점점 나아지고 있어. [칭찬]
제임스: 기분이 나아졌어요, 고마워요.
코치: 이제 어떻게 해야 할지 알려줄게. 이번만 다시 해보자(해야 할 일을 설명합니다.).
제임스: 네, 알았어요(다시 시도하지만 이번에는 실패합니다.).
코치: 좋아, 걱정하지 마. 잘하고 있어. [칭찬] 뭐가 잘못됐는지 보여줄게.... (무엇이 잘못되었는지 설명합니다. 제임스가 고개를 들어 지시를 기다립니다. 칭찬도 해 주기를 바라면서.) 좋아, 잘했어, 한 번만 다시 해보자…

코치의 이런 말이 전혀 틀린 말은 아닙니다. 선수의 낙관주의와 열정을 높이 평가하는 것은 문제가 되지 않습니다. 하지만 학습의 주체자가 선수 자신이 아니라 결점 추적자가 되어 잘못된 점을 바로잡고 칭찬으로 동기를 부여하는 코치로 바뀐 것 같습니다. 이러한 주기가 훈련시간마다 4-5회 반복된다면 학습에 어떤 영향을 미칠까요? 제임스가 말한 의존성("나는 생각을 멈추고 순응하기 시작했다.")으로 이어지지 않을까요? 예를 들어 코치가 "훌륭한 실력이야. 이번에는 그 에너지를 경기에서도 보여줘야 해."와 같은 말을 할 때 팀에서도 비슷한 패턴이 나타나는 것을 볼 수 있습니다. 문제는 이것이 반드시 동기 부여를 높이고 성과를 개선할 수 있다고 장담할 수 있을까요?

칭찬과 인정: 차이점은 무엇일까요?

선수를 격려하기 위해 이 두 가지를 어떻게 활용할 수 있을까요?

1. 칭찬: "잘했어, 오늘 상대 수비의 빈틈을 정말 잘 이용했어. 앞으로도 계속 잘해줘."
2. 인정: "오늘 어떻게든 상대 수비의 빈틈을 노렸네."

선수가 다음에 무슨 말을 할지 생각해 보세요. 첫 번째 노력(칭찬)에 대해 "고마워요, 코치님."이라고 답할 수도 있고, 자부심에 찬 표정을 지을 수도 있습니다. 그런데 대화는 여기서 딱 멈출 수도 있습니다. 결국 더 많은 칭찬을 기대하게 되는 의존이 생길 수 있으며, 제임스는 이런 대화가 도움이 되지 않는다는 것을 경험했습니다. 두 번째 제안(인정)은 더 나은 효과가 있으며, 선수로 하여금 더 많은 이야기를 하도록 유도합니다. 선수는 배운 것을 확인하려고 외부로 시선을 돌리기보다는 학습이 어떻게 이루어졌는지 내적으로 바라보게 됩니다. "네, 너무 서두르지 않기로 했더니 시간이 멈춰 버린 것 같았어요."와 같은 대답이 나올 수 있습니다. 바로 그 순간, 선수는 다음에는 더 좋은 성적을 낼 수 있는 방법을 내면에서 발견하게 되는 것입니다.

언젠가 어느 하키 선수를 만났는데, 코치가 자연스럽게 인정해 주는 것이 어땠는지 아주 생생하게 기억하고 있었습니다: "제 경기력에 대해 정말 낙담하고 있었는데, 컨디션을 회복하기 위해 고군분투하고 있을 때 코치님이 해주신 한 마디가 정말 마음에 와 닿았어요. 코치님이 '오늘 정말 용기를 내서 최선을 다한 것 같다'고 말씀하셨어요. 그 말이 제 두 눈을 뜨겁게 강타했어요. 그 말이 맞았어요. 그 순간에 저를 인정해주신 것이 큰 힘이 되었어요." 인정은 선수들이 스스로를 격려하는 데 도움이 됩니다. 간단히 말해, 칭찬은 외부로부터 학습을 유도하는 반면, 인정은 내부로부터 학습을 유도합니다.

연습 5.1. 차이점 파악하기

어떤 말이 칭찬이고 어떤 말이 인정인지 알아차릴 수 있는지 확인하세요(답은 아래에 나와 있습니다). 때때로 그 차이를 구분하기 어려운 회색 영역이 존재하지만, 연습을 하다 보면 상대 선수의 반응으로 인정하기를 알아차릴 수 있습니다. 어느 동료의 말을 빌리자면, 성공적인 기술 습득으로 이끄는 것은 영리함이 아니라 선수들의 반응에 따라 결정되는 것입니다.

1. "오늘 두 경기를 모두 소화하려면 정말 힘이 들었을 거야."
2. "그 슛이 좋았어. 잘했어."
3. "잘했어. 계속해봐!"
4. "압박감 속에서도 평정심을 유지한 것 같네."
5. "이런 궂은 날씨에도 집중할 수 있는 방법을 찾았군."
6. "오늘 정말 멋진 경기였다고 생각해. 잘했어."
7. "그 회의에서 다시 한 번 솔직함이 느껴졌어."
8. "정말 잘했어."

2, 3, 6, 8번에는 칭찬이 포함되었습니다. 1번, 4번, 5번, 7번은 코치가 선수의 태도나 행동에서 관찰할 수 있는 세부 사항을 강조하는 인정입니다. 이미 어느 정도 인정하기를 사용하고 있을 것 같아서 여기서 우리의 목표는 이 기술들의 이해를 높이고 연습을 통해 노력한 것을 보상받을 수 있도록 격려하는 것입니다. 칭찬과 인정의 차이점을 설명하는 한 가지 방법은 칭찬은 좀 더 외부적인 것으로 판단하는 것이고 인정은 선수가 가지고 있는 것을 발견하는 것입니다. 그래서 칭찬은 선수를 칭찬하는 것이고, 인정은 그 사람 자체를 인정해주는 것입니다.

동기면담을 사용한 경험에 따르면 인정은 칭찬보다 동기 부여, 자기 발견, '할 수 있다'는 태도에 더 강력한 원동력이 됩니다.

> 인정은 운동선수가 스스로를 격려하는 데 도움이 됩니다.

그렇다고 칭찬이 가치가 없다는 뜻은 아닙니다. 실제로 이 장의 마지막 부분에서 칭찬의 초점을 어디에 맞출 것인지에 대한 연구 결과를 통해 몇 가지 가이드라인을 살펴볼 것입니다. 인정하기를 사용할 때는 상대방에게서 보고 싶은 것을 조정하거나 판단하기보다는 관찰한 것에 대해 호기심을 갖고 감탄하는 목격자가 되어야 합니다.

최전방에서 온 생생한 이야기

칭찬과 인정의 차이를 처음 알게 되었을 때, 제가 지도하고 있는 젊은 축구 선수들에게 힘을 실어주기 위해 한 번 시도해봐야겠다고 생각했습니다. 스포츠에서는 칭찬이 널리 퍼져 있지만, 칭찬보다 인정이 선수들에게 더 긍정적인 영향을 미친다면 칭찬 대신에 인정을 사용해보는 것이 좋지 않을까? 라고 생각했죠. 터치라인에 섰을 때 "멋진 패스"라는 칭찬 대신에 "저런 패스를 볼 수 있는 안목이 있구나!"로 바꿨고, "드리블이 좋네."라는 칭찬을 "압박이 들어와도 침착함을 유지하네."로 바꿀 수 있었습니다. 이렇게 하면 인정받은 선수뿐만 아니라 다른 선수들도 인정받은 선수가 보여준 '안목'이나 '침착함'을 따라하려고 노력하기 때문에 경기력 향상에 도움이 된다는 것을 알 수 있었습니다.

-디미티르 페르시, 축구 코치

인정받는 경험

아래처럼 인정을 받는다면 어떤 기분이 들까요? 이에 대해 어떤 대답을 하시겠어요?

연습 5.2. 여러분이 듣는 사람 쪽이라면

"엄청난 공격이었어요. 검투사처럼 그 맹공격을 다 막아냈군요."
"당신이 얼마나 화가 났는지 알겠어요. 팀을 걱정하고 이 일을 바로잡으려고 애쓰고 있는 마음을 알겠어요."
"당신은 그녀가 오는 것을 알아차렸고 어떻게든 빠져나갈 방법을 찾았군요."
"기복이 있긴 하지만 정말 잘 하고 싶어 하네요."

위의 진술이 상대방의 강점과 동기에 대해 더 많이 말하도록 유도하는 방법에 주목하세요. 각각의 예에서 답변은 더 나은 성과에 대한 희망, 자신감, '할 수 있다'는 태도에 초점을 맞출 수 있습니다. 대화에서 이러한 경험은 어떤 느낌을 줄까요?

연습 5.3. 차이를 느껴보세요.

긴장감 넘치는 경기 상황에서 17세 축구 선수가 수비를 무너뜨리고 멋진 골로 이어지는 길고 낮은 패스를 만들어내는데, 나이를 뛰어넘는 대담함과 창의성이 돋보입니다. 경기가 끝난 후 그 어시스트 패스를 집중적으로 칭찬하며, 그가 더 발전할 수 있도록 격려하고 싶은 마음으로 그를 만난다고 상상해 보세요. 당신은 뭐라고 말할 수 있을까요? 첫 번째 표현 (A)는 칭찬, 두 번째 표현(B)는 인정입니다:

A: 칭찬
코치: 오늘 정말 멋진 플레이였어! 잘했어. [칭찬]
선수: 코치님, 감사합니다. (웃음)
코치: 올해 봤던 것 중 최고였어. 이런 모습을 더 많이 보면 좋겠네. [칭찬]
선수: 네, 고마워요.
코치: 푹 쉬고, 다음 주에 더 좋은 컨디션으로 보자고, 알았지?

B: 인정
코치: 그 긴 패스는 뭐랄까, 잠시 멈춰서 상대 수비의 빈틈을 찾아내는 시야를 가졌던 것 같네. [인정]
선수: 네, 시간이 멈춘 것 같았어요. (웃음)
코치: 그 순간 그냥 슛을 날릴 수 있는 자신감이 들었네. [인정]
선수: 네, 그냥 직감에 따라 행동했지만, 마음도 굉장히 평온했어요.
코치: 중요한 순간에 자신을 믿을 수 있는 방법을 찾았군. [인정]
선수: 네, 다음에는 저 자신을 더 믿고 싶어요. 아시죠? [변화대화]

인정하기는 선수 내면에 이미 있는, 남들이 빼앗을 수 없는 무언가를 알아보는 것입니다. 예를 들어, 눈에 띄는 긍정적인 면에 빛을 비추는 것입니다. 시간이 지나면서, 선수는 코치의 판단보다는 선수의 자질, 강점, 그리고 당신이 짚어 준 인정의 말을 더 신뢰하게 됩니다. 이 모든 과정을 통해 인정이 선수와의 관계를 거의 측정할 수 없을 정도로 강화한다는 것을 알게 될 것입니다.

시작하기

강점 렌즈 착용하기

이 책의 앞부분에서 우리는 사람들의 강점을 볼 수 있는 강점 렌즈를 착용하는 아이디어를 사용했습니다(2장). 강점 렌즈로 더 많이 볼수록 더 많은 강점을 발견할 수 있고, 인정하는 표현이 더 수월하게 나올 것입니다.

"당신은 압박감을 많이 느낄 수 있는 상황에서도 평정심을 유지하네요."와 같은 말을 하는 코치는 그 자리에서 바로 무언가를 발견하고 인정해 준 것입니다. 인정하기는 칭찬을 하는 것만큼이나 현장에서 쉽게 할 수 있습니다.

인정해주면 선수와의 관계가 강화됩니다.

우리가 더 많이 인정해 줄수록 선수들은 우리의 건설적인 비판이나 조언을 더 쉽게 받아들일 확률이 높습니다. 왜냐하면 선수들은 근본적으로 하나의 인격체로서 자신을 소중히 여긴다는 맥락에서 코치의 조언을 받아들이기 때문입니다. 선수들을 인정해 줄 때, 우리는 우리 자신이 어떤 코치인지 정체성을 스스로 인정받을 수 있습니다. 인정함으로써 우리는 근본적으로 선수를 이미 충분히 좋은 사람으로 보고 있으며, 어떤 점을 보완하기 전까지는 결함이 있는 사람으로 보지 않는다는 것을 다시 한 번 선수에게 알려주는 것입니다. 이것이 바로 "거친 사랑"의 "사랑" 부분입니다. 인정해주기가 없다면 우리는 그저 엄격할 뿐이며, 이는 선수와의 신뢰를 약화시키고 상호작용을 떨어뜨립니다.

항상 결점을 찾아내려는 습관은 정신적으로 집중력을 떨어뜨리는 강력한 힘이 있기 때문에 강점에 집중하는 방식으로 전환하는 것에 익숙해지는 데에는 다소 시간이 걸립니다. 그러나 시간이 지나면 더 쉽게 느껴지고 인정하기가 자연스럽게 나오기 시작합니다. 테니스 라켓에서 손의 위치를 조금씩 바꾸는 것과 같은 조정이 필요하다고 보면 됩니다. 이 작은 변화가 결과에 큰 차이를 만들 수 있습니다. 시간이 지나면 그렇게 됩니다.

강점 파악하기

선수들을 관찰할 시간이 주어질 때, 무엇을 보게 되나요? 그리고 무엇을 위해 관찰하나요? 잘못된 점이 당연히 눈에 띄겠지만, 변화를 가져오는 긍정적인 점이 눈에 들어오던가요? 여기에서 인정의 힘을 사용할 준비를 할 수 있습니다.

당신이 관찰하고자 하는 선수들의 어떤 자질과 강점이 선수들을 움직이게 하나요? 그것은 사람마다 모두 다르며, 심지어 한 개인이라도 어떤 순간에는 어떤 자질을 사용하고 다음 순간에는 다른 자질을 사용할 수 있습니다. 호기심을 갖고 찾아보려는 마음가짐을 가지면 상당히 다양한 장점을 알아차릴 수 있으며, 그 중 일부는 경기 중에도 적절한 순간에 인정하기를 사용하여 선수에게 알려줄 수 있습니다.

표 5.1에는 인정하기의 기초가 될 수 있는 선수의 강점을 찾아볼 수 있는 목록이 나와 있습니다.

잠시 시간을 내어 이 목록을 훑어보면 더 많은 형용사를 떠올릴 수 있을 것입니다. 다음 질문은 이러한 강점이 상대방의 노력이나 행동으로 표현되는 것을 발견했을 때 실제로 어떻게 인정할 수 있는가 하는 것입니다.

표 5.1. 대표적인 강점목록

• 정확한	• 조직적인	• 탄력적인
• 의사 소통이 잘되는	• 창의적인	• 효율적인
• 유연한	• 동기부여가 높은	• 긍정적인
• 활기찬	• 통제력있는	• 차분한
• 모험심이 강함	• 관대한	• 정직한
• 야심찬	• 용감한	• 공정한
• 좋은 안목이 있는	• 진솔한	• 단호한
• 열중하는	• 사심 없는	• 존중하는
• 인내심이 있는	• 부드러운	• 배려하는
• 전략적 사고가 훌륭한	• 부지런한	

강점에 대해 물어보기

선수를 인정하는 가장 직접적인 방법은 선수에게 본인 자신의 강점에 대해 물어보는 것입니다. 그런 다음 선수가 강점에 대해 이야기하기 시작하면 다음과 같은 대답을 통해 인정을 해 줄 수 있습니다:

코치: 어떻게 그렇게 잘 한건가? [열린 질문]
선수: 모르겠어요, 그냥 생각을 멈추고 실행에 옮겼던 것 같아요.
코치: 마음을 진정시키고 집중할 수 있는 방법을 찾았구만. [인정]
선수: 네, 맞아요. 제 마음속에서 평화로운 영역을 찾았고, 정말 강한 힘을 느꼈어요.
코치: 이 능력을 어떻게 다시 발휘할 수 있을지 궁금하네.
선수: 결과에 대해 덜 걱정해야 할 것 같아요... 그 경기에서 그랬던 것처럼 지나친 생각을 멈춰야 할 것 같아요. [변화대화]

호기심 어린 이 열린 질문은 선수로 하여금 강점을 말하도록 유도했고, 답변으로 "마음을 진정시키고 집중할 수 있는 방법을 찾았네."라는 인정의 말을 사용할 수 있는 길을 열어주었습니다. 강점 렌즈를 끼고 나면 "타자로서 가장 큰 강점은 무엇인가요?" 또는 "지난 몇 년간 수많은 도전을 어떻게 극복할 수 있었나요?" 등 비슷한 다른 질문이 자연스럽게 떠오를 것입니다.

자기 인정

선수들에게 자신에게 중요한 것이 무엇인지, 또는 자신의 스포츠에선 어떤 강점이 있는지 질문할 때, 선수들은 종종 자신을 인정해주는 답변을 하곤 합니다.

코치: 어떻게 그렇게 한거야?
선수: 그냥 계속 깊이 파고들었어요. [자기 인정]

자기 인정이 태도와 행동에 미치는 긍정적인 영향을 입증하는 심리학 연구가 많이 있습니다(Cohen & Sherman, 2014). 일반적으로 사람들에게 가장 중요한 가치를 적어보도록 요청하는 것이 포함됩니다. 하지만 일상적인 스포츠 대화에서 선수들에게 스스로를 인정해 줄 수 있는 답변이 나올 수 있는 질문을 할 수 있습니다. 선수의 답변이 다소 모호하다면, 그다음에는 코치가 직접 인정해 주는 말을 건네면 됩니다.

"이 스포츠의 어떤 점을 그렇게 좋아하시나요?"
"어떻게 그렇게 효과를 볼 수 있었나요?"
"이 기술에 변화를 준 것이 어떤 면에서 도움이 되었나요?"

인정하는 말을 전달하기

인정은 질문이 아니라 표현입니다. 인정하는 표현이 담긴 진술을 작성하는 방법은 다음과 같습니다.

연습 5.4. 인정하는 표현이 담긴 진술을 만들어 보세요.

선수와의 다음 대화를 생각해 보세요:

선수: 와우, 힘들었지만 해냈어요.
당신의 응답: 마지막 쿼터에 몰아치기 공격에서 어떻게든 통할 수 있는 기술이 그 상황에서 또 나왔네. [인정]
선수: (밝은 표정으로) 네, 그런 게 있는지도 몰랐는데 그냥 나왔어요. 지금 정말 기분이 좋아요.

칭찬보다는 설명에 가까운 멘트를 하는 것이 좋습니다. '나는'이라는 단어를 사용하면 칭찬과 판단에 더 가깝게 느껴질 것입니다. 그렇기 때문에 '당신'이라는 단어로 인정하기를 시작하는 것이 가장 좋습니다(예: "당신은 ... 을 가치있게 여깁니다.", "당신은 ...을 정말 잘하네요.", "당신은 ...을 하는 사람입니다.", "당신은 ...에 관심이 있습니다.", "당신은 정말.." 또는 "그것으로 기분이 좋겠군요.")
이 세 가지 예를 직접 사용해 보세요. 선수를 어떻게 인정할 수 있을까요?

① 선수가 큰 활약을 펼칩니다.
당신의 인정하는 표현: ______________________
우리의 제안: "용기와 헌신이 대단하네!"

② 선수: "이 팀에서 더 잘하고 싶어요."
당신의 인정하는 표현: ______________________
우리의 제안 "넌 이 팀에 기여할 수 있는 선수야."

③ 선수: " 이제 에너지가 바닥나고 없어요."
당신의 인정하는 표현: ______________________
우리의 제안: "깊숙한 곳까지 손을 뻗어봤으니 곧 문제를 해결할 수 있는 방법을 찾겠군!"

관찰하기 및 후속 조치

인정해주는 말이 어떤 효과를 가져왔나요? 일반적으로 선수가 계속 말을 하기 때문에 당신은 관찰하고 다음에 무슨 말을 해야 할지 고민할 시간을 갖게 됩니다. 이 장을 마무리하는 사례를 통해 인정하기가 '할 수 있다'는 태도를 함양하는 동기면담에서 유래한 대화에 어떻게 적용되는지 생생하게 확인할 수 있을 것입니다.

이 기술을 제대로 익히고 싶다면, 대부분의 말이 선수의 고민과 어려움에 관한 내용이더라도 잠시 시간을 내어 선수에 대해 몇 줄 적어보세요. 그런 다음 한 걸음 물러나서 "이 이야기는 이 선수의 강점에 대해 무엇을 말하는가?" 또는 "이 강점이 선수에게 어떻게 도움이 될까?"라고 스스로에게 물어보세요. 선수가 가지고 있는 강점과 그 강점이 어떻게 도움이 될 수 있는지 적어보세요. 그런 다음 '나는'이나 '내가' 아닌 '너는' 또는 '당신'이라는 단어를 사용하여 이러한 핵심 사항을 짧은 문장으로 정리하고 인정하는 표현을 만들어 보세요.

연습 5.5. 칭찬을 인정으로 바꾸기

다음 예를 잘 들어보세요: "잘했어. 오늘 너의 경기가 인상적이었어." 칭찬을 인정으로 바꾸는 방법을 같이 생각해 봅시다. 전환하는 방법은 다음과 같습니다: 주어진 역할을 수행하기 위해 어떤 긍정적인 특성이 필요했을지 상상해 보세요. 이러한 강점 렌즈를 착용하면 무엇이 보이나요? 예를 들어, 한 가지 답으로 '결단'이 떠올랐다고 가정해 봅시다. 그러면 "오늘 일을 완수하려는 의지가 확고해 보였어요."라고 인정해 줍니다. 다음은 두 가지 일반적인 코칭의 예입니다:

칭찬: "오늘 보니까 너무 좋았어. 잘했어."
인정: "오늘 눈빛을 보니까, 뭐랄까? 표현을 못하겠는데 전에 보지 못했던 전념의 눈빛 그 자체였어."
칭찬: "깔끔한 패스였어. 잘했어."
인정: "어떻게 한거야? 깔끔한 패스를 위한 빈 공간을 어떻게든 만들어내는 것 같군."

이제 다음 예시를 직접 사용해 보세요:

칭찬: "잘했어. 잘 달렸어."
당신의 인정하기 표현: ______________________________
우리의 제안: "너는 그 어려움에 경기를 포기할 수도 있었어. 하지만, 더 깊이 파고들어 그 어려움을 극복하는 방법을 배운 것 같았어."

칭찬: "내가 본 연주 중 최고였어. 잘했어."
당신의 인정하기 표현: ______________________________
우리의 제안: "오늘 너는 최고 수준의 실력을 발휘하는 방법을 알아냈어. 정말 빛났어."

연습 5.6. 실패에 직면했을 때 인정하기

결과가 좋지 않으면 실망스러울 수 있지만, 이는 단지 반쪽짜리의 진실만을 말해 줍니다. 모든 것이 나빴던 것은 아니기 때문입니다. 실제로 운과 환경을 고려하면 선수와 팀은 정말 잘할 수도 있고, 실패할 수도 있습니다. 우리는 종종 스포츠에서 과정과 결과를 분리하려고 노력합니다. 인정해주면 이것이 자연스럽게 됩니다. 우리가 인정할 때, 우리는 특정 플레이나 경기의 결과에 상관없이 그 사람이나 선수의 좋은 점을 짚어내는 것이 가능합니다. 그렇게 될 때 선수가 가진 긍정적인 특성과 과정을 강화하여 결국 긍정적인 결과와 승리로 이어지게 할 수 있습니다.

여기서 인정은 실패에 직면했을 때 주의를 다시 집중시키고 계속 전진할 수 있는 희망과 용기를 심어주는 데 도움이 될 수 있습니다. 앞서 말한 '강점 렌즈'를 착용하지 않으면 이러한 인정을 해줄 수 없습니다. 다음 세 가지 예시를 잘 보세요:

예시 1

운동선수: 내가 망쳤어. 내 이럴 줄 알았어.

코치: 너는 정말 열심히 했어. 네 성과에 대해 깊게 고민하고 반성하는 태도야말로 너를 더 나은 선수로 만들어.

예시 2

선수: 그 포지션이 그에게 맞았다고 해서 저에게도 맞는 자리는 아니었어요.

코치: 네 강점을 잘 아는 건 중요해. 이 게임이 네게 얼마나 중요한지 알고 있으니, 네가 이 역할에 어떻게 잘 맞을 수 있는지, 아니면 맞지 않을 수 있는지 판단하는 건 네 몫이야.

예시 3

운동선수: 젠장! 지쳤어요. 이번이 세 번째 시도인데 매번 실패했어요.

당신: 계속 시도하는 너의 의지가 너를 이만큼 이끌어 왔어. 실패하더라도 계속 도전하는 네 자세가 결국 성공으로 이끌거야.

일이 잘 풀리지 않을 때 인정한다고 해서 실패 경험에 대한 선수의 감정을 무시하거나 회피하는 것은 아닙니다. 오히려 강점을 강조함으로써 선수가 새로운 해결책을 모색하고 다시 시도할 수 있는 용기와 결단력을 가질 수 있는 토대를 마련하는 것입니다. 이는 선수 자신을 대화의 중심에 두면서 인정과 감사를 표하는 방법입니다. 실제로 그 효과는 주변에서 어떤 좌절이 일어나더라도 선수들이 자신의 진가를 인정할 수 있도록 도와줄 것입니다.

일상적인 상황에서 적용하기

인정해주기는 의사소통 기술이지만, 그 자체로 끝나는 것이 아니라 관계를 개선하고 대화를 지속하여 선수가 자신의 잠재력을 발견하고 행동에 옮길 수 있도록 도와주는 수단입니다. 상대방이 당신의 태도를 감지하면 더 긍정적으로 반응합니다.

> 인정하기는 그 목적에 부합해야 합니다.

물론 다른 기술과 마찬가지로 인정하기 역시 그 목적에 맞게 사용해야 하며 결코 남용해서는 안 됩니다. 특히 선수경력이 쌓인 베테랑일수록 더욱 그렇습니다. 선수들은 지나치게 인정하는 표현을 사용하는 것에 더 민감해질 수 있습니다. 한 동료가 말했듯이, "숨 쉬는 것을 인정하지 마십시오. 그런 것까지 인정하지 않아도 됩니다. 사람들이 화낼거예요(Rosengren, 2018, 63쪽)."

두 가지 대화

아래 사례는 스포츠 코칭의 스펙트럼에서 매우 다른 두 가지 측면, 즉 엘리트 스포츠와 생활 스포츠 참가를 다룹니다. 이 둘을 하나로 묶는 것은 동기면담과 인정하기를 통해 최고가 되고자 배우려는 사람들의 잠재력을 최대한 끌어내는 방식입니다.

엘리트 선수와 함께하는 평온의 순간

선수: 정말 멋졌어요.
코치: (미소 지으며) 네가 필요한 것을 찾아냈군. [인정]
선수: 그렇죠! 분명히 그랬을 거예요.
코치: 네 안에서 무언가가 깨어났어. [인정]
선수: 그것은 마치 내면의 목소리 같았어요. 매우 집중해서 앞으로 나아갈 길을 보여준 것 같았어요. [자기 인정]
코치: 뭐라고 했는데?
선수: 모르겠지만 "밀어, 밀어!" 같은 소리였어요. (웃음)
코치: 순수한 집중이었네. 그 목소리가 길을 잘 안내했어. [인정]
선수: 네, 그런 느낌이었어요. 아마도 더 잘할 수 있을 것 같아요. [변화대화]
코치: 그 목소리를 잘 활용해 봐.
선수: 그 목소리가 더 커지고 강해지도록 해볼게요. [변화대화]

재능 있는 한 부모가 생활체육 팀 입단을 고려하는 상황

코치: 연습은 어땠나요?

선수: 나쁘지 않았어요… 솔직히 처음이라 조금 어려웠어요. 모든 게 너무 새로웠거든요.

코치: 일단 도전해보고 상황을 살펴본 건 좋았어요. [인정]

선수: 네, 맞아요. 괜찮았지만 그런데 솔직히 다시 올 지는 잘 모르겠네요.

코치: 오늘은 여기까지 오는 것만으로도 큰 결정이었죠. [인정]

선수: 네, 육아 문제를 해결하느라 꽤 힘들었지만 오길 잘했다는 생각이 들어요.

코치: 그래서 첫걸음을 내딛었고 [인정] 다른 선수들과도 교류할 기회가 있었군요.

선수: 네, 여기 사람들이 친절해서 정말 좋았어요.

코치: 다시 오시게 하는 데 도움이 될 게 뭐가 있을까요? 차량편의를 제공하거나 개인 연습 세션을 마련해 드릴 수도 있어요. 결정은 선수님의 몫입니다.

선수: 다음 주에 같이 연습해볼 수있을까요? [변화대화]

팀에서

인정하기는 팀을 돕는 데 있어 중요한 역할을 합니다. 팀 전체를 인정할 때, 우리는 경기장 안팎에서 관찰한 것을 강화시킵니다. 우리가 보고, 말하면, 그 결과 그러한 행동들이 더 자주 그리고 자발적으로 나타나게 됩니다. 이는 협업, 유대감 및 팀 행동의 다른 측면과 같이 그룹 역학과 행동에 긍정적인 영향을 미치는 요소들에 적용됩니다.

다음은 다양한 수준의 아마추어 및 프로 스포츠 대회에서 역동적인 코치들이 한 몇 가지 인정의 예시입니다.

"4쿼터는 많은 팀들이 포기하는 시점이지만, 여러분은 끝까지 집중력을 잃지 않았어요."

"또 다시 그 투지를 보았네요. 오늘 여러분 모두가 플레이 하나하나를 위해 전투적으로 임하는 모습을 보았습니다."

"경기 초반에 여러분들이 모여 있을 때, 서로 소통하고 서로를 바라보는 모습에서 진정한 형제애를 느낄 수 있었습니다."

"오늘 여러분은 승리뿐만 아니라, 할 수 있다는 능력과 서로에 대한 신뢰에서 오는 즐거움도 누렸습니다. 이것이 바로 진정한 팀 플레이입니다."

칭찬, 감사, 인정: 보다 자세히 살펴보기

칭찬

"긍정적으로 생각하라!" 이는 스포츠의 모든 영역에서 자주 들을 수 있는 조언입니다. 교육 분야의 연구 결과에 따르면, 재능, 능력, 또는 지능보다는 노력, 전략, 인내심과 같은 요소를 칭찬하는 것이 더 효과적이라고 합니다(Dweck, 2017). 만약 칭찬의 주된 동기가 선수(또는 자신)의 기분을 좋게 하기 위한 것이라면, 그다지 도움이 되지 않을 수 있습니다. 실제로 이는 선수와의 관계를 강화하는 데 필수적이지 않습니다. 한 해설자는 관계가 돈독하면 칭찬이 필요 없고, 관계가 약하다면 칭찬이 큰 도움이 되지 않을 것이라고 지적했습니다(Kohn, 2001).

칭찬에 대한 연구에서는 몇 가지 놀라운 발견이 있습니다: 칭찬이 보상이라는 가정과 더 나은 성과를 동기부여한다는 가정이 있지만, 이는 사실과 다릅니다. 더욱이, 많은 칭찬을 받은 아이들은 보다 조심스럽고 복잡한 과제를 지속할 가능성이 낮아진다는 결과도 나왔습니다. 직설적으로 말하면, 칭찬은 아이들을 불행하게 하고 창의력을 저하시킬 수도 있습니다(Hattie & Timperley, 2007 참조). 이런 이유로 성공적인 코치들이 칭찬을 훨씬 더 자제하고 선택적으로 하는 것을 볼 수 있습니다.

감사

감사나 고마움을 표현하는 것은 스포츠에서 매우 중요한 가치를 지닌 제스처입니다. 준비와 성과에 중점을 둔 현대에서 감사를 표현하는 것은 선수와 코치뿐만 아니라 두 사람 사이의 관계의 핵심으로 직결됩니다.

일부 코치는 회의를 시작할 때 선수들이 서로의 기여에 대해 감사한 점을 솔직하게 말해보는 간단한 활동을 포함시킵니다. 이러한 활동을 통해 선수들이 더 자연스럽게 감사를 표현할 수 있도록 유도하고 그 중요성을 상기시키는 것이 코치의 역할 중 하나입니다. 팀원들이 모여 서로에 대한 감사를 표현하는 경험은 팀 내 연대감을 증진시키는 데 매우 큰 도움이 됩니다. 자신이 가치 있다고 느낄 때, 선수는 팀원들을 더욱 신뢰하고, 모든 코치가 바라는 자신감을 가지고 경기에 임할 수 있습니다.

일부 선수들은 감사의 표현에 익숙하지 않을 수 있습니다. 감사를 섬세하게 활용한다면 젊은 선수들이 스포츠 참여를 통해 배우고 성장하는 데 매우 좋은 기회가 될 수 있습니다. **표 5.2**는 인정, 감사, 칭찬을 사용하는 다양한 방법을 강조합니다.

표 5.2. 칭찬, 감사, 인정: 요약

칭찬	감사	인정
"잘했어, 정말 멋졌어." 칭찬은 술과 같습니다. 적당량이라면 괜찮죠. 적절한 칭찬은 기분을 좋게 하고, 누군가의 하루를 밝게 하며, 일시적으로 용기를 북돋아 줄 수 있습니다. 하지만, 너무 과하면 독이 됩니다. 기능 장애와 의존성을 초래하고 건강한 습관 형성을 방해할 수 있습니다.	*"연습 준비를 도와줘서 정말 고마워."* 이는 관계를 강화하고 팀의 결속력을 도모하는 데에는 도움이 되지만 선수의 기량 향상과 동기를 부여하는 데는 그다지 중요하지 않습니다.	*"어떻게든 그 숨겨진 잠재력을 끌어냈군."* 이는 강력한 기술 향상 촉진제이며 본질적으로 선수에게 긍정적인 영향을 미칩니다.

참고. 칭찬, 감사, 인정에 대한 요약을 도와주신 메리 호도로비치에게 감사드립니다.

'할 수 있다'는 태도

인정하기의 기술은 일이 잘 안 풀릴 때조차 선수들의 내면에 열정을 불러일으킬 수 있습니다. 이는 코칭 철학의 광범위한 변화에도 일부분이 될 수 있습니다. 팀원, 스태프, 코치와의 대화에서부터 마주치는 복도나 커피 브레이크, 공식 회의에 이르기까지, 긍정적인 태도로 다른 사람의 재능을 존중하고 관계를 향상시키는 실용적인 방법이 됩니다. 결과적으로 팀이나 클럽은 훨씬 더 나은 곳이 될 것입니다.

선수를 인정해 줄 때, 그 효과는 칭찬이 사라진 후에도 오래 지속될 수 있으며, 선수의 웰빙과 성능 향상에 긍정적인 영향을 미칠 수 있습니다. 결승선을 넘은 플레이는 점점 멀어질 기억이 될지 모르지만, 자신의 용기를 인정하는 것은 다음 플레이와 경기에 자신감을 심어주는 중요한 밑거름이 됩니다. 긍정적인 인정은 선수들의 초점을 "할 수 없다"에서 더 낙관적인 "할 수 있다"로 옮기는 데 도움을 줍니다. 선수들은 자신의 능력을 더욱 신뢰하게 되며, 자신의 재능과 도전을 재평가하고 변화를 꿈꾸기 시작합니다. 경험이 풍부한 엘리트 코치 마이클 빌은 자신의 선수 시절을 회상하며 다음과 같이 말했습니다: "젊은 시절 뛰어난 선수로서 많은 칭찬을 받았지만, 정작 필요한 것을 명확히 요구할 수 없었습니다. 그래서 코치들로부터 더 명확한 지도가 필요했습니다(Beale, 2018)." 동기면담과 인정 기술을 활용함으로써 코치는 선수들이 자신의 필요를 효과적으로 표현할 수 있도록 도울 수 있습니다.

생각해볼 만한 질문

- 당신이 하고 있는 일에 대해 마지막으로 누군가 진심어린 감사를 표현한 것이 언제였나요? 그것이 당신에게 끼친 영향은 무엇이었나요?
- 선수들을 대할 때 처벌이 효과적인 전략이 되는 시점은 언제인가요?
- 당신이 가장 좋아했던 선생님이나 코치는 누구였습니까? 그분들은 어떻게 당신을 인정해주었나요?
- 스포츠 분야에서 당신의 가장 강력한 자질 2-3가지는 무엇인가요?

제 6 장

변화에 대한 저항과 함께 구르기

기술이 필요한 곳에서는 힘이 설 자리가 없다.
- 헤로도토스, 고대 그리스의 역사학자

핵심내용

+ 저항에 맞서는 것은 에너지를 낭비할 뿐 아니라 오히려 역효과를 낼 수 있습니다.
+ 저항과 함께 구른다는 것은 내면의 평온함이 기반이 되어야 합니다.
+ 경청은 저항이 갖는 에너지를 해소하고, 갈등을 신속히 해결하여 선수들이 다음 단계로 나아갈 수 있게 돕습니다.

킥오프

팀의 가장 중요한 선수가 힘든 경기를 치렀습니다. 그는 라커룸에서 엉망진창이 된 채로 머리를 감싸쥐며 "이제 이 팀과는 끝났습니다. 이해해 주세요."라고 직설적으로 말합니다. 그게 바로 저항입니다. 직감으로 느껴지는 것이죠. 이제 어떻게 할까요? "잠깐만, 이 팀의 일원으로서 그게 할 말이야? 난 받아들일 수 없어."라고 힘으로 맞서 강경하게 대응하는 것만이 유일한 방법일까요? 그렇게 하면 분명히 거센 반발을 사게 될 것입니다. 그럼 어떻게 할까요?

바로 이런 도전적 상황에서 힘에는 힘으로 맞서 싸우는 대신, 동기면담이라는 접근법이 등장했습니다. 그것은 어려운 문제에 직면하는 것을 피하는 것이 아니라 건설적으로 해결할 수 있는 수준까지 상황을 진정시키는데 중점을 둔 것입니다. 이러한 새로운 전략으로의 전환은 매우 효과적이어서 '저항과 함께 구르기[1]' 라는 원칙이 초기 동기면담의 토대가 되었습니다. 동기면담의 핵심 기술(4장 참조)을 활용하면 이러한 복잡하고 난감한 상황을 효과적으로 풀어낼 수 있습니다. 이 기술은 경청을 통해 상황을 진정시키고, 선수의 의견에 불쾌감을 느끼지 않고 동의할 수 있으며, 이는 신뢰를 쌓고 모든 면에서 더 나은 결정을 이끌어내는 데 중요합니다.

최전방에서 온 생생한 이야기

라커룸으로 돌아가 봅시다. 경기가 엉망으로 끝난 지 한 시간 정도가 지났을 때였습니다. 마지막 피리어드가 끝날 무렵, 선수들끼리 다툼이 극에 달아 경기장은 고성이 오가는 난장판이 되었습니다. 그중에는 평소 차분한 성격의 고참 선수까지도 다툼에 휘말렸기 때문에 코치는 그 선수와 이야기를 나누기로 했습니다. 코치는 선수에게 "왜 팀이 이렇게 자멸의 길을 걷게 된거지?"라고 물었습니다. 그러나 코치는 이어질 사태를 전혀 예상하지 못했습니다.

선수: 그렇게 쉽게 말씀하시면 안 되죠! 코치님이 경기장에 있지 않았잖아요. 전 거기에 있었다고요. 무슨 일이 벌어지고 있는지 봤지만 그들은 노력하지 않았어요. 모두 고개를 떨구고 게으르게 있을 뿐이었죠. 그래서 호되게 욕을 했어요. 그게 다예요. 또 그러면 다시 욕할 생각이에요. 이 멍청한 팀과 끝났어요.

(이어지는 다음 대화는 권투 경기처럼 계속되는 난타전 같았지만, 승자는 없었습니다. 둘 다 일어서서 서로의 얼굴을 바라봅니다.)

코치: 잠깐만, 친구, 진정해. 질책을 좀 참을 수 없겠어?

선수: 무슨 일이 벌어지고 있는지 모르겠어요? 다들 패배자라고요.

코치: 한 발 물러서는 게 어떨까?

선수: 아니요. 그게 문제라고요. 팀에서 오로지 저만 나서고 있었다고요.

코치: 말 조심해! 후회할 말을 하기 전에 진정하라고.

이제 인생의 이 시점에서 누군가를 진정시키는 데 가장 효과적이지 않은 방법이 바로 진정하라고 다그치는 것임을 알게 되었을 것입니다. 하지만 우리는 여전히 본능적으로 그렇게 합니다. 이를 제쳐두고서라도 선수가 "이 멍청한 팀과 이

1) '저항과 함께 구르기'와 '저항'이라는 용어는 이후 새로운 프레임워크로 대체되었습니다(Miller and Rollnick(2012) 참조

제 끝이에요."와 같은 말을 하면 당신이 전달하고자 하는 메세지에 대해 상당히 강한 저항감을 갖게 되겠지요. 당신이 어떻게 대답하느냐에 따라 대화가 해결의 방향으로 나아가거나 멀어질 수 있습니다. 저항에 정면으로 맞서면 저항이 더욱 강해질 겁니다. 실제로 스포츠계에서 이런 어설픈 대화가 상황을 악화시켜 결국 괴롭힘으로 이어지는 경우가 상당히 많습니다. 얼마나 많은 코치들이 선수들과의 관계가 깨지게 될까요?

> 저항에 정면으로 맞서면 저항은 더 강해질 겁니다.

저항과 함께 구르기란 물러서거나 문제를 무시하거나 선수의 의견에 동조하는 것이 아니라 우선 상황을 진정시킨 후에 문제 자체를 해결할 수 있도록 함께 나아가는 것을 의미합니다. 한 가지 예를 들어보겠습니다:

제이슨: 저 최선을 다하고 있었어요, 코치님! 왜 저를 그렇게 경기장에서 끌어내셨어요? 골키퍼는 실점하고도 그대로 두시면서, 저를 반칙 하나 때문에 바로 빼는 게 말이 돼나요? [저항]

코치: 지금 무척 화가 난 것을 알아. 내가 부당하다고 생각하고 있지? 이해해. [경청진술]

제이슨: 파울은 고작 하나였어요!

코치: 그게 너한테 불공정하게 느껴진 거구나. [인정]

제이슨: 네, 맞아요.

코치: 어떻게 하면 더 잘할 수 있는지 더 듣고 싶지만 지금은 이야기하기 적절한 때가 아닌 것 같아. 나중에 다시 얘기하자. 약속할게. [저항과 함께 구르기]

제이슨: 알겠어요. 코치님.

저항이란 무엇인가요?

우선 동기면담을 처음 개발하던 당시, 우리는 무너진 개인과 가정생활의 혼란에서 벗어나려고 찾아온 내담자들과 대화할 때 그들의 언어가 강하고 도전적이며 부정이나 타인 비난으로 가득 차 있다는 것을 알게 되었습니다. 이러한 패턴은 곧 법 집행, 의료현장, 군대, 심지어 스포츠와 같은 다른 환경에서도 분명하게 드러났습니다. 우리는 접근 방식을 바꾸어 사람들이 처한 기존 입장에서 벗어나도록 사람들을 설득하기보다는 내담자들 입장에서 그들의 이야기를 들어주려고 노력했습니다. 그러자 처음에 보였던 저항이 줄어들었고, 내담자들은 우리가 판단했던 것만큼 '동기가 없는' 사람들이 아니라는 것을 깨달았습니다. 우리는 이들에 대해 이런저런 꼬리표를 붙이면서 마치 그들의 내면에 깊은 결함이라도 있는 것처럼 '저항하고 있다'고 쉽게 단정 짓고, 문제의 책임을 순전히 그들에게 떠넘겼습니다. 하지만 사실 우리는 그들을 진정시키고 변화하도록 동기부여하는 방법을 '잘못된 번지수에서 찾고 있었던 것'이었죠. 문제는 어느 정도는 우리가 그들과 대화하는 방식에 있었습니다. 그것은 우리 업무에 상당한 충격을 주었고 동기면담이 태동하는 계기가 되었습니다.

"당신의 대화 스타일을 좀 더 차분하고 덜 대립적인 스타일로 바꾸면, 상황이 잘 풀릴 것이다."가 저희가 채택한 가이드라인이었습니다. 이 원칙이 일상적인 스포츠 대화에서도 과연 통할까요? 이 장에서는 그 방법을 설명하는데, 가장 먼저 태도를 강조합니다.

동기면담에 영향을 준 교류의 밑그림을 제시해 주었던 것으로 합기도와 복싱이란 무예의 차이점을 예로 들 수 있습니다. 합기도는 일본에서 개발된 호신술입니다. 합기도에선 힘과 힘으로 맞서는 경우는 거의 없다는 것이 특징입니다. 대신, 상대방의 공격적인 에너지를 피하고 '구르기'를 통해 상대를 지치게 만듭니다. 어떤 상황에서는 자기 방어를 위해 상대의 공격을 반격으로 전환해야 합니다. 반면 복싱은 폭발적인 힘에 폭발적인 힘으로 대결하는 싸움이 특징입니다. 누가 이기더라도 두 선수 모두 피투성이가 됩니다. 저항하는 선수들과 대화할 때 우리는 저항하는 힘을 허용하고 심지어 환영하려고 노력합니다. 합기도가 그러하듯, 한계 내에서 상대가 공격할 수 있는 여지를 더 많이 허용할수록, 다시 말해 더 많이 구르면 구를수록 치명적인 결과를 피하고 코칭 가능한 순간으로 나아갈 수 있는 방법을 찾을 기회가 더 많아집니다.

저항을 인식하고 있나요?

흔히 볼 수 있는 매우 강력한 저항의 몇 가지 예를 들어보겠습니다:

1. "저는 이 경기에 꼭 출전해야 해요, 코치님. 제 가족들이 타지에서 오는데 이번이 제 경기를 직관할 수 있는 유일한 기회예요."
2. "왜 자꾸 백핸드로 공을 치라고 하세요? 백핸드로는 포핸드만큼 세게 칠 수 없어요. 저는 매번 최고의 샷을 구사해야 해요."
3. "더 이상 연습하고 싶지 않아요. 학교 공부에 집중해야 하거든요. 성적을 유지하지 못하면 경기를 할 수 없는데, 그 이후에는 어쩔 도리가 없잖아요?"
4. "제 말(馬)이 잘못했을 때 말을 훈육을 해야 해요. 칭찬만 해서는 절대 배

울 수 없다고요. 승마경기에서 좌절을 하고 싶지 않아요."

5. "가르쳐주신대로 부츠가 밀착되게 위로 발을 올리려고 계속 노력하지만 너무 앞으로 숙여져서 넘어질까 봐 겁이 나네요. 그냥 제 느낌대로 스키를 타면 더 빨리 나아질 것 같아요."

어떤 형태의 저항은 당신과 선수 사이의 갈등 또는 잠재적 갈등(1번, 특히 2번)을 반영하는 반면, 다른 형태의 저항[우리가 불화(discord)라고 부르는 것]은 선수 내부의 갈등(3번, 4번, 5번)을 반영한다는 점에 주목하세요.

저항은 분노뿐만 아니라 모든 형태의 반발과 마지못해 하는 태도로도 표현됩니다. 글상자 6.1에 나열된 많은 행동이 모두 저항의 징후임을 알 수 있습니다.

글상자 6.1. 저항의 신호

주저함: "전 그런 식으로 플레이하는 게 맞는지 모르겠어요, 코치님."
반발: "그건 사실이 아니에요. 저는 코치님이 말씀하신 대로 포지션에 있었어요."
최소화: "제 식단은 말씀하신 것처럼 나쁘지 않다고요."
적대감: "코트에서 저에게 그런 식으로 명령하는 방식이 정말 마음에 들지 않아요."
말대꾸: 선수가 사실상 듣지 않으려는 듯이 말을 거는 경우
변화하고자 하지 않음: "아니요, 그 포지션에서 뛰고 싶지 않아요."
말 끊기: "잠깐만요, 제 최고의 경기였다니까요."
부주의: 스마트폰을 보고 있는 선수는 당신의 말을 잘 듣지 못합니다.
비난: "우리가 진 것은 내 잘못이 아니라 저 선수 탓이라고요."
옆길로 빠지기: 선수가 대화의 방향을 바꾸는 경우입니다.
동의하지 않음: "네, 하지만 코치님 전략은 효과가 없을 것 같아요."
무응답: 질문에 답하기는 하지만, 선수가 질문에 대해 동문서답하는 경우입니다.
변명: "상대가 플레이를 바꿀지 저라고 어떻게 알 수 있었겠어요?"

관계에 관한 문제

선수들이 이런 말을 하면 누구에게 책임이 있는지 궁금해하고 문제 해결에 몰두하려 할 수 있습니다. 그러나 문제의 출발점은 어쩌면 더 간단할 수 있습니다: 두 사람 사이의 연결이 견고하지 않다면 이는 관계의 문제이며, 손상된 관계를 복

구할 수 있습니다. 어떻게 할까요? 힘과 힘으로 맞서지 말고 '합기도 스타일'을 사용하세요. 따라가기 스타일을 사용하여 연결하면 저항이 줄어들 것입니다. 그런 다음 솔직하고 개방적으로 문제를 해결하기 시작할 수 있습니다.

일이 잘못되었을 때 다른 접근 방식

권위를 휘두르며 고쳐주기 스타일을 사용하여 문제를 직시하고 없애며, 심지어 선수를 처벌하기까지 하는 것은 너무나 쉽습니다. 그러나 저항과 함께 구르기란 단순한 전략이 아니라 다른 접근 방식에 대한 신호를 보내는 것으로, 선수들이 실수와 갈등을 통해 개선할 수 있는 방법과 이유를 말하도록 도와 실수나 갈등에서 배울 수 있도록 도와주는 것입니다. 이것이 바로 동기면담입니다. 동기면담은 대화 상대에 대한 배려를 기반으로 합니다.

마음가짐과 기술

한 발 물러서고, 느슨하게 유지하고, 저항과 함께 구르기

선수가 화를 내거나, 주저하거나, 의욕이 없거나, 산만하거나, 강하게 동의하지 않을 때, 제안한 대로 행동하지 않는 선수의 감정을 받아들이는 것은 물론이고 해결책이나 반론을 제시하지 않기가 매우 어렵습니다. 그러나 저항과 함께 구르기 위해 필요한 마음가짐은 바로 이것입니다. 이를 한 가지 방법으로 설명하면 다음과 같습니다: 어떤 사람이 있고 문제가 있는데, 그 사람을 받아들인다고 해서 문제를 용인하는 것은 아닙니다. 경청할 때가 있고 문제를 해결하기 위해 개입할 때가 있습니다. 저항이 강할 때는 반박하는 것보다 경청하는 것이 더 낫다는 것을 알게 될 것입니다. 경청을 통해 상대방의 존중을 얻고 선수와의 유대감이 생기면, 차분한 분위기를 이용해 진짜 문제를 해결할 수 있습니다. 처음에 생각했던 것보다 훨씬 더 의욕적으로 임하는 선수를 발견할 수 있을 것입니다.

> 상대방을 받아들인다고 해서 문제를 용인하는 것은 아닙니다.

침착함을 유지하고 긴장을 풀고 선수의 태도와 동기에 대한 판단을 내려놓기로 결정했다면 그다음에는 어떻게 해야 할까요? 이 장의 나머지 부분에서 이 문제를 다룰 것입니다. 가능하면 조금 더 조용한 곳으로 가서 선수와 함께 앉아보세요. 그리고 나서 어떻게 할 수 있을까요?

최전방에서 온 생생한 이야기

코치들이 자주 하는 말이 있습니다: "그래도 우리편 골대 옆에 있어라!" 스포츠가 점점 더 국제화됨에 따라 다른 나라에서 온 코치와 선수들 사이에 문화적 오해가 증가하고 있습니다. 흔히 볼 수 있는 것이 미국과 유럽의 코치들은 중요한 주제에 대해 이야기할 때 선수의 눈을 바라보며 존중의 표시를 한다는 것입니다. 하지만 일부 아시아 및 라틴 아메리카 국가의 선수들은 눈을 마주치지 않도록 자라온 경향이 있습니다. 많은 코치들은 이러한 눈맞춤의 부족에 대해 나름대로 추측을 합니다. 코치들은 이러한 행동을 목격하면 어느 정도 무례하거나 동기부족이나 저항을 보인다고 가정합니다. 이러한 상황이나 문화적 배경을 공유하는 다른 상황에서 도움이 되는 것은 선수가 왜 우리를 괴롭히는 행동을 하는지에 대한 가정을 피하도록 노력하는 것입니다. 즉, "우리편 골대 옆에 있어라"는 말처럼 선수의 저항적인 행동에 어떠한 동기가 있다고 보지 않아야 합니다. 축구 코치인 어반 마이어의 또 다른 명언은 "분노하지 말고 호기심을 유지하라."입니다. 이 말은 문화적 오해든 다른 것이든 저항에 직면했을 때 동기면담의 자세를 잘 포착하고 있습니다.

정말 궁금한 몇 가지 질문하기

저항과 함께 구르기는 '판돈을 올리는 것'과 반대되는 개념입니다. 다음과 같은 질문으로 시작해보세요: "잠시 뒤로 물러서서 생각해 봅시다. 실제로 어떻게 보시나요?" 또는 "정확히 무슨 일이 있었나요?"와 같은 질문으로 시작할 수 있습니다. 만약 여러분이 선수들이 이야기할 수 있도록 허용하면 선수들의 이야기 보따리가 풀어지면서 진정될 것입니다. 겸손은 미덕이며 때로는 연습이 필요하다는 것을 알고, 필요하다면 오해에 대해 사과할 수 있어야 합니다.

경청진술 사용하기

경청진술은 저항에 직면했을 때, 특히 대립적이지 않은 열린 질문을 한 후에 그 진가를 발휘합니다. 마치 스쿼시 코트에서 라켓과 공을 들고 벽을 앞에 두고 선수와 나란히 있는 것과 비슷합니다. 당신의 임무는 선수가 최대한 쉽게 리턴할 수 있도록 공을 치는 것입니다. 이것이 바로 저항에 직면하여 경청진술을 할 때의 느낌입니다.

연습 6.1. 무엇이 더 좋거나 나쁠까요?

다음과 같은 대화를 살펴보세요. 어떤 답변이 상황을 나아지게 하고 어떤 답변이 상황을 악화시키는지 스스로 판단해 보세요.

선수: 여기서 계속 할 수 있을지 모르겠어요. 이 모든 일을 계속하고 싶지 않아요. 그냥 지쳤어요. 코치님, 최선을 다해봤지만 전 이 일에 소질이 없는 것 같아요. [저항]
대답 1: 그럼 여기서 더는 버틸 수 없겠네.
대답 2: 그게 너를 지치게 하는 것 같아.
대답 3: 그래서 어떻게 하려고?

말하자면 '저항의 열기를 낮추도록' 선수의 입장을 이해하기 위해 고안된 경청진술은 어떤 대답일까요? 대답 1은 아마도 비꼬는 듯한 말투로 들려 상황을 더 악화시킬 것입니다. 대답 3은 진술이 아닌 질문으로, 유용할 수 있지만 여기서 말하고자 하는 기술인 경청진술은 아닙니다. 대답 2는 요점을 잘 파악하고 있는 진술로서 상황을 악화시키지 않습니다. 이는 선수가 말한 내용을 상당히 정확하게 포착하여, 선수는 이해받고 있다고 느끼고 자신의 감정을 계속 이야기하면서 차분하게 마음을 진정시킬 것입니다. 선수의 저항에 따라 구르면서 긴장을 푸는 과정은 마치 이렇습니다:

선수: 코치님, 최선을 다해봤지만 전 이 운동에 소질이 없는 것 같아요. [저항]
코치: 그게 너를 지치게 하는 것 같아. [경청진술]
선수: 네, 여기서 고함치고 소리 지르는 것도 지긋지긋하고 패배하면 항상 비난받는 것도 지겨워요.
코치: 그런게 도움이 되지는 않는데 말야. [경청진술]
선수: 네 맞아요. 제 말은, 사람들이 좀 더 차분하게 서로를 응원하면 안 될까요?
코치: 사람들이 조금 더 차분해지면 도움이 되겠지. [경청진술]
선수: 물론 그럴 수 있겠지만 그럴 확률은 희박하고, 그래서 저는 정말 여기에 질렸어요.
코치: 내가 어떻게 하면 도움이 될까? [열린 질문]
선수: 이런 고민을 털어놓을 수 있어서 정말 좋네요. 저라면 어떻게 하시겠어요? (훨씬 차분해짐)

연습 6.2. 부모님이 당신에게 화난 경우

부모: 이건 불공평해요. 3주 동안 제 아들을 경기에 선발 출전시키지 않았어요. [저항]

대답 1: 글쎄요. 전 팀 전체를 생각해서 그런 건데요.

대답 2: 다음 주 연습 전에 와서 댁의 아드님이 어떤 실력인지 직접 보시고 말씀하세요.

대답 3: 우리 학부모님은 아드님에게 최선을 다하고 싶군요.

대답 3은 이 부모의 우려를 해결하기 위해 경청진술을 사용하는 가장 좋은 예입니다. 이 문장을 사용한다고 해서 동의하거나 동의하지 않는다는 뜻이 아니라 한 발짝 물러서서 함께한다는 뜻입니다. 부모는 진정하기 시작할 것입니다. 대답 1은 수위를 높여 반발을 불러일으킬 수 있습니다. 대답 2는 부모를 좌절감에 휩싸이게 할 것입니다.

연습 6.3. 선수가 포지션 변경을 꺼려하는 경우

코치: 포지션을 바꾸기로 결정했어. 알겠나?

선수: 코치님이 원하는 대로 하세요. 코치잖아요. [저항]

대답 1: 너한테 부당하다는 느낌을 주는 것 같네.

대답 2: 난 심사숙고하지 않고는 이런 결정을 내리지 않아. 친구.

대답 3: 넌 매번 네가 원하는 것을 주길 바라잖아.

이 예는 선수가 코치에게 화가 나 있기 때문에 어려운 사례입니다. 자신이 분노의 대상이 될 때는 침착함을 유지하기가 더 어려운 경우가 많습니다.

어떤 대답이 선수의 마음을 가장 잘 이해해줄까요? 분명 첫 번째 대답일 것입니다. 대답 2는 저항과 함께 구르지 않고 화를 화로 되돌리는 예시입니다. 대답 3은 제대로 처리되지 않은 공이 예상치 못한 곳에 떨어진 것처럼, 선수가 대응하기 어려운 경우입니다.

조금 무뚝뚝하게 말하자면, 저항과 함께 구르기 위해서는 입을 열기 전에 잠시 한 발짝 물러서서 돌아보는 시간을 가져야 합니다. 이를 위해서는 2장에서 설명한 동기면담의 중요한 마음가짐을 연습하는 노력이 필요합니다. 경청하고 싶다는 것을 안다고 해서 압박이 심한 선수의 감정이 격앙되어 있을 때 경청할 수 있게 되는 것은 아닙니다. 4장에서 설명한 기술을 연습하면 저항과 함께 구르는 데 더 능숙해지면서 침착함을 유지하는 데 도움이 될 수 있습니다.

선수 내면의 갈등

위의 예는 대부분 코치를 향한 저항에 관한 것이었습니다. 하지만 코치와 무관한 저항이나 운동선수 내부의 갈등을 표현하는 관계의 갈등을 마주할 수도 있습니다. 양가감정을 느끼지 않는 사람이 있을까요? (3장 참조) "요즘 어때?"라고 물었을 때 다음과 같은 대답이 돌아올 수도 있습니다:

"이 새로운 루틴이 잘 맞지 않아서요."
또는
"포지션을 바꾸고 싶지 않아요."
또는
"계속 연습하러 올 수가 없어요."

이러한 말은 종종 선수들의 마음속에 있는 한 가지 목소리일 뿐이지만, 방금 한 말과 반대되는 긍정적인 대조가 되는 다른 목소리도 종종 존재합니다. 이 선수는 이 두 가지 목소리 중 하나에 대해서도 진지하게 응답할 수 있었을 것입니다. 예를 들어

"이 새로운 루틴이 잘 안 맞지만 잘 해내고 싶습니다."
또는
"포지션을 바꾸고 싶지는 않지만 시도해 봐야겠어요."
또는
"계속 연습하러 올 수는 없지만 이 운동과 클럽 사람들이 마음에 들어요."

이것이 바로 '의심의 감옥'(3장 참조)으로, 선수들은 앞으로 나아가려고 할 때 상반된 동기에 갇혀 있다고 느끼는 정상적인 갈등을 말합니다. 마음속의 한 목소리는 한 가지를 말하고 다른 목소리는 그 반대를 말합니다.

이러한 상황에서 부정적인 의견에 반박하거나 선수를 설득하려고 하면 원치 않는 결과를 낳을 수 있습니다. 1장에서 언급한 "예, 하지만..."의 함정에 빠지게 됩니다.

선수: 포지션을 바꾸고 싶지 않아요.
코치: 장기적으로 보면 이게 더 나을 것 같지 않니?

선수: 아니요. 오늘은 간신히 살아남았지만 다음에는 팀에서 제외될 거예요.
코치: 오늘 네 포지션이 팀에도 최선일 테니 나도 그것에 대해 생각해 봐야겠어.
선수: 물론이죠, 하지만 왜 제가 희생해야 하나요? 전 제 원래 포지션에서도 잘하고 있다고요.

당신이 장점을 나열하는 동안 선수는 단점에 대해 스스로 말하는 것을 듣게 될 것입니다. 설득의 함정에 빠지는 것을 피하고 싶을 것입니다. 대신 옆에 다가가서 경청하면 그는 진정할 것이고, 곧 긍정적인 면에 대해 물어볼 수 있습니다. 선수들이 의심의 감옥이나 양가감정의 감옥에 갇히도록 내버려두면 빠져나오는 데 그보다 훨씬 더 오랜 시간이 걸릴 수 있습니다.

저항을 넘어서는 움직임

포지션 변경을 꺼리는 선수와의 짧은 대화에서 처음의 실망감을 안고 구르기 시작하면 어떻게 될까요? 마지막에 코치가 포지션 변경의 장점에 대해 이야기할 수 있도록 도와주면 동기면담이 어떻게 적응하는지를 볼 수 있습니다. 선수는 직접 변화의 필요성을 본인 자신이 설명하는 것을 들으며 동기가 부여되며 그 결과 두 사람의 관계는 측정할 수 없을 정도로 강화됩니다.

선수: 제가 날개 역할을 하면 안 되죠?
코치: 영향력을 발휘할 수 있는 최적의 포지션이 아닌 것 같아 보이네. [경청진술]
선수: 그렇진 않아요. 저는 여러 포지션에서 도움이 될 수 있다고 생각하지만 [변화대화], 그렇다고 제가 가장 좋아하는 포지션은 아니에요.
코치: 맞아, 가장 좋아하는 포지션은 아니지만 넌 스스로 다재다능한 선수라고 자부하는구나. [경청진술]
선수: 그런 것 같지만, 제 자리를 잃지 않기 위해 다시 수비수로 돌아갈 수 있는 옵션이 있다는 것도 느껴야 하고, 그게 항상 제 포지션이었어요.
코치: 그러니까, 좋은 활약을 하고 있고 그것이 인정받는다면 이적을 할 수 있는 기회가 더 열려 있는 건가 보네. [경청진술, 추측]
선수: 포지션이 바뀌는 것이 아니라 새로운 사람이 팀에 적응할 수 있도록 자리를 옮기는 것이죠.

코치: 익숙했던 것과 다른 일을 하라는 요청을 받는 건 꽤 힘든 일이야. [인정]
선수: 네, 하지만 어디에서 뛰든 좋은 성적을 내야 한다는 건 알아요.

저항과 함께 구르는 것은 선수들의 말에 동의하거나 '그냥 내버려 두는 것'과는 다릅니다. 불이 났다면 어떻게 하시겠습니까? 누구의 잘못인지 따지느라 에너지를 낭비하거나 불을 끄는 것은 자신의 책임이 아니라고 하면서 돌아다니지는 않을 것입니다. 휘발유를 부어버리지도 않을 것이고 "부엌에만 불이 났지 다른 데는 안 났어."라고 말하지 않을 것입니다. 당연히 불을 꺼야겠죠.[2)]

주의 깊게, 능숙하게

선수들이 경기에서 더 잘 예측하는 법을 배우면 경기력이 향상됩니다. 이 관찰은 선수들과의 대화에서도 적용됩니다: 저항이 높을 때 선수가 어떻게 반응할지 예측하는 것은 코치로서 동기를 부여하여 경기력을 향상시키는 첫 번째 단계입니다. 저항과 함께 구르는 것은 기술이며, 선수를 돕고 싶고 선수와의 연결성을 향상시키고자 하는 태도이기도 합니다. 선수가 빠진 구덩이에 같이 들어가 더 깊은 수렁에 빠지게 하는 대신, 선수와 함께 그 구덩이를 빠져나와 더 나은 길을 함께 찾아가는 것입니다.

생각해볼 만한 질문

- 선수에게 화가 나기 시작하면 어떻게 하나요?
- 선수들이 화를 낼 때 어떻게 반응하나요? 이런 일이 당신에게 어떤 감정을 유발하나요?
- 어떤 조건에서 선수와 팀에게 분노를 표현하는 것이 좋을까요?
- 어린 선수들이 왜 당신에게는 거짓말을 하고 친구들에게는 거짓말을 하지 않을까요?

2) 이 비유를 가르쳐준 메리 호도로비츠에게 감사드립니다.

제 2 부

핵심 도구 상자

올림픽 선수 출신 언론인 매튜 사이드는 한 시즌 만에 하위권 축구팀인 레스터 시티 FC가 세계에서 가장 치열한 리그인 잉글랜드 프리미어리그의 정상에 오른 비결을 이해하고자 했습니다. 사이드의 발언은 아마도 그의 개인적인 경험에서 나온 것일 겁니다:

수십 년 동안 스포츠는 기본적인 코칭과 동기 부여라는 기본 모델로 운영되어 왔습니다. 말하자면 교육적 접근법이라고 할 수 있습니다. 좀 더 솔직하게 말하면 일종의 강압적 방식이라고 할 수 있습니다. 동기부여는 두려움을 통해 얻을 수 있다는 생각이 지배적이었죠. 선수들은 본질적으로 교육을 받지 못했고 게으르기 때문에 채찍을 휘두르는 것만이 선수들을 움직일 수 있는 유일한 방법이었죠. 전술과 지시는 대부분 윗선으로부터 내려왔으며, 선수들은 그저 시키는 대로 따르는 막노동자처럼 여겨졌습니다(Syed, 2016).

2016년 레스터 시티의 마법 같은 해에, 사이드는 그들의 성공에 뭔가 다른 요소가 있었다는 것을 깨달았습니다. 내부 소식통에 따르면, 새로 부임한 감독이 초반 회의에서 선수들의 의견을 경청한 것이 모든 것을 바꾼 결정적인 순간이었다고 합니다.

유소년 스포츠 현장에서 부모와 코치들의 행동을 보면, 사이드가 지적한 하향식 코칭 방식은 엘리트 스포츠에만 국한된 것이 아님을 알 수 있습니다. 자녀가 잘하길 바라는 열정적인 부모들은 종종 겁에 질린 어린 선수들에게 소리를 지르거나 고래고래 호통을 치게 됩니다. 사실, 어린이와 청소년이 스포츠에서 가장 즐기는 것은 재미, 우정, 그리고 자유로운 표현이지, 무조건 이기는 것이 아닙니다.

어떻게 하면 모든 연령대의 선수들이 자신의 의견을 귀담아 들어주게 하고, 응원받으며, 자유롭게 자신을 표현하고 새로운 기술을 배울 수 있을까요? 동기면담은 다양한 시나리오에서 질문하기와 경청하기와 같은 기술이 포함된 도구 상자를 제공합니다. 경험을 통해 이러한 기술을 결합하여 다양한 스포츠 과제를 해결할 수 있는 전략들이 도출되었고, 이를 2부에서는 소개합니다. 7장에서는 선수와 신속하고 효과적인 신뢰관계를 맺기 위한 빠르게 연결되는 전략을, 8장에서는 동기 부여 및 행동 문제 해결 전략을, 9장에서는 목표 설정하는 전략을, 10장에서는 조언하기 및 피드백 제공 전략을 다룹니다. 이 장들을 통해 가장 관심 있는 주제를 선택하고, 경기장 안팎에서 동기면담을 어떻게 활용할 수 있을지 확인할 수 있습니다.

제 7 장

빠르게 연결하기- 신속하게 효과적인 신뢰관계 맺기

누구나 대화를 나눌 수 있지만, 진정으로 연결될 수 있을까요?
- 폴 맥기네스, 축구 코치

핵심내용

+ 지금 이 순간에 집중하세요.
+ 전략:
  (1) 마음을 정리하고 현재에 머무르세요;
  (2) 경청한 후, 들은 내용을 되돌아보고, 필요하면 내용을 요약하세요.
+ 상대방을 단지 운동선수만이 아닌 한 인간으로 바라보고, 그 사람만의 강점을 강조하세요.
+ 선수의 상황은 항상 변하므로 매번 새롭게 연결하려고 노력하세요.

선수에게 충고나 해결책을 제시하기 전에, 먼저 마음을 터놓는 것으로 대화를 시작할 수 있습니다. 이 과정에서 빠르게 연결한다는 것은 서두른다는 뜻이 아니라 본질적으로 상대방의 말을 잘 경청하는 기술을 필요로 합니다(4장 참조). 친근하게 다가가고 관계를 맺으려는 마음가짐과 이를 뒷받침할 수 있는 기술이 있는 것은 엄연히 다른 문제입니다.

킥오프

'잘 연결하기'는 스포츠에서 자주 언급되지만, 연습할수록 더 효율적이고 간단하며 효과적으로 사용할 수 있는 기술로 여겨지지는 않습니다. 스포츠는 피뢰침처럼 강한 감정을 끌어들이기 때문에, 서로 오해하거나, 거리감을 느끼거나, 불행한 상태에 빠지거나, 파벌을 형성하거나, 거절당한 기분을 느끼기 쉽습니다. 그러나 일상적으로 잘 연결할 수 있다면, 이러한 어려움들을 더 쉽게 관리하고, 선수들이 스포츠를 즐기며 진정으로 중요한 것에 집중할 수 있도록 도울 수 있습니다. 신속한 연결이 필요한 상황은 무궁무진하며, 여기에는 동료 코치, 스태프, 선수의 가족, 심지어 미디어와의 연결도 포함될 수 있습니다.

최전방에서 온 생생한 이야기

한 선수가 있었습니다. 그는 세계적인 선수였지만 늘 라이벌에게 밀려 2위에 머물렀습니다. 그는 지원팀도 모르게 자신의 경기 진행 상황을 일기장에 기록하고 있었습니다. 어느 날, 코치는 연습 세션이 끝난 후 그가 노트에 무언가를 쓰고 있는 것을 발견했습니다.

이것은 연결할 수 있는 기회였고, 이를 계기로 코치가 경청했을 뿐만 아니라 서두르거나, 충고하거나, 끼어들거나, 주제를 바꾸거나, 문제를 제기하거나 해결하려 하지 않았기 때문에 빠르게 소통할 수 있는 기회가 되었습니다. 질문이 아닌 경청진술이나 관찰로도 대화를 시작할 수도 있다는 점에 주목하세요.

코치: 와, 정말 많은 양의 메모를 작성하고 있구나. [경청진술]

선수: 아, 보여줄 생각은 없었어요.

코치: 아, 미안. 너무 신경 쓰지 말고 열심히 하고 있잖아.

선수: 네, 보셔도 괜찮아요(얼굴 붉히며). 약간 강박적이긴 하지만, 뭐가 효과가 있고 뭐가 그렇지 않은지 [변화대화] 다시 한번 살펴보는 걸 좋아하거든요.

코치: 진행 상황을 예리한 눈으로 보고 싶은거구나. [경청진술 및 인정하기]

선수: 네, 도움이 되긴 하지만 제가 충분히 잘하지 못했을 때는 실망스럽기도 하죠.

코치: 그래도 이 메모는 도움이 될 만한 것들을 알려주는 것 같아. [경청진술]

선수: 네, 맞아요, 이기든 지든 배우려고 노력합니다. [변화대화]

코치: 그래서 이 일기가 특별한 일기장이고, 이기든 지든 이 일기가 도움이 되길 바라는 거구나. [경청진술]

선수: 네, 저도 그렇게 생각해요.

코치: 너의 내면 깊은 곳에 자신을 단련하도록 밀어붙이는 무언가가 있는 것 같아. [경청진술 및 인정하기]

선수: 그건 잘 모르겠어요! 하지만 아마도... 네, 최선을 다해야겠다는 결심을

하게 되네요. [변화대화]

코치: 메모를 함께 보고 무엇이 도움이 될지 같이 살펴볼 수 있을까?

선수: 이제 보셨다니 안심이 되네요. 이제 비밀이 밝혀졌으니까요. (웃음) 네, 어떻게 도움을 주실 지 궁금하네요.

두 사람이 맺은 이 연결은 단순하면서도 의미 있었고, 하나의 전환점이 되었습니다. 새로운 훈련 전략이 등장했고, 다음 국제 대회에서 그는 더 이상 2인자가 아니었습니다! 코치가 연결하고 이해하기 위해 모든 노력을 기울인 결과, 두 선수의 관계는 새로운 차원의 신뢰와 안전에 도달했고, 선수는 비밀 메모 작성자에서 코치와 함께 일을 처리하는 한 팀이 되어 놀라운 성과를 거둘 수 있었습니다.

> 방해하거나, 주제를 바꾸거나, 문제를 해결하지 않으면 연결이 빠르게 이루어집니다.

이 세 가지 시나리오에서 당신은 어떻게 연결될 수 있을까요?

1. 선수를 처음 만나는 경우
2. 선수가 '부진'을 겪고 있어 기분이 좋지 않은 경우
3. 다음 경기에 출전하지 못한다고 말해야 하는데 선수가 싫어할 것 같은 경우

전략: 마음을 깨끗이 비우고 현재에 머무르기

요약: 다른 어떤 것도 성취하려고 하지 말고 오직 연결하는 것만 하기로 결정하세요. 경청을 통해 소통할 계획을 세우세요. 심호흡을 한두 번 하고 호기심 어린 태도로 다가가세요.

연결한다는 것을 친근하게 대하는 것으로 착각할 수 있습니다. '초록불'을 켜고 어떤 대화가 오더라도 열린 마음으로 다가가는 것이 좋은 출발점이 될 수 있습니다. 일부러 라커룸을 산책하며 자신의 준비 상태를 점검하고, 선수들뿐만 아니라 그들의 운동 외적인 삶에도 기꺼이 관심을 가지려는 모습을 보여줄 수 있습니다. 이러한 자발적인 의지는 큰 도움이 될 수 있습니다. 그리고 또 하나 중요한 것은 경청하는 능력입니다. 여기서부터 연결은 아주 실용적이고 기술적인 것이 됩니다.

꿀팁: *연결할 순간을 선택하고 경청하는 데 방해가 되는 것은 아무것도 두지 마세요.*

동시에 두 사람 이상의 말을 들으려고 한다고 상상해 보세요. 머릿속이 어수선한 느낌이 바로 이런 것입니다. 우리는 코칭 방법, 전술적인 부분, 연습 계획, 다음 대회에 대해 동시에 생각하는 경우가 너무 많습니다. 우리는 종종 '이해하기'보다는 '답변하기'에 귀를 기울입니다. 선수에게 다가갈 때, 선수를 도와야 한다는 욕구가 이 모든 복잡함을 가중시키고 경청에 방해가 됩니다. 빠른 연결을 위한 출발점은 어수선함과 산만함으로부터 자유로운 마음입니다. 아래 글상자 7.1에는 빠른 연결을 방해하는 요인들의 목록이 포함되어 있습니다.

글상자 7.1. 빠르게 연결하기의 장애물

- *조기에 해결책을 찾기 위해 분주함.* 모든 장애물의 근원이라 할 수 있습니다: 선수와 연결되고 나서 해결책을 찾으세요.
- *서두름.* 다른 일에 신경을 쓰고 시간에 쫓기고 있다는 느낌을 받으면 선수도 이를 감지할 것입니다. 결과적으로 연결되는 것 역시 원활하지 않게 됩니다.
- *주제를 바꾸거나 끼어들기.* 가장 흔하고 안타까운 실수입니다. 선수가 자신의 경험을 공유할 때까지 흐름을 막지 말고 '그 흐름을 유지하도록' 그냥 두세요.
- *대립하거나, 논쟁을 벌이거나, 판단하기.* 이는 마치 큰 장벽을 세우는 것과 같습니다. 예를 들어, 선수를 비난하거나 선수를 해결해야 할 문제로 치부하기 시작하면 즉각적으로 선수와의 소통이 단절될 수 있습니다.
- *통제권을 내주지 않아야 한다는 전제 조건달기.* 이것이 얼마나 어려운 일인가요? 경청하는 잠시 동안 선수에게 통제권을 넘겨주셔도 됩니다.

꿀팁: *문제를 해결하려 하거나, 주제를 바꾸거나, 서두르거나, 논쟁을 하거나, 판단을 내리거나, 대화를 주도하지 마세요.*

연결은 개입하거나 자신의 의견을 관철하려는 것이 아니라 선수를 이해하는 것입니다. 의제를 가지고 끼어들면 오히려 역효과가 날 수 있습니다. 선수에게 자연스럽게 다가가면, 당신이 하지 않는 행동들로 인해 연결이 빠르게 이루어질 것입니다. 이러한 대화에서는 '적을수록 좋다'는 원칙이 중요합니다.

꿀팁: *연결을 시작하기 전에 심호흡을 몇 번 하세요. 현재에 집중하는 능력은 주로 정신 상태에 의해 달려 있습니다. 코로 천천히 숨을 들이마시고 입으로*

내쉬는 것이 중심을 잡고 선수나 팀 전체를 관찰하며 연결할 준비를 하는 데 도움이 됩니다.

경청을 잘하려면 현재 순간에 집중하고 상대방에게 집중해야 합니다. 시작하기 전에 간단한 호흡 운동을 하면 상당한 효과를 볼 수 있습니다. 한쪽으로 주의를 돌리면 마치 시간이 멈춰 있는 것처럼, 생각보다 많은 시간이 흐른 것처럼 느껴질 수 있습니다. 정신이 맑아져서 경청하는 데 더 집중할 수 있습니다. 우리가 아는 한 심리학자는 이를 '완전한 멈춤'에 도달하는 것이라고 설명했습니다. 우리 모두는 자동차나 오토바이, 보트를 타고 천천히 달리는 경험을 해본 적이 있을 것입니다. 진정으로 경청할 때 우리는 완전히 멈추게 됩니다. 즉, 이것은 정신적인 브레이크를 걸고 앞사람에게 모든 주의를 집중하는 것을 의미합니다. 대충 시간을 때우려거나 반쯤만 집중하면서 넘어가는 것이 아닙니다. 우리는 손과 마음에 있는 모든 것을 내려놓고, 눈앞의 선수와 진정으로 함께 앉아 그 사람의 관점을 받아들이는 것입니다.

> 의제를 가지고 뛰어드는 것은 연결에 방해가 됩니다.

실천 전략 적용 사례

그녀는 열심히 운동하는 선수이자 동생들을 돌보는 역할도 맡고 있습니다. 그녀는 매우 스트레스를 받은 표정으로 문을 열고 들어옵니다.

코치: 어서 와, 신디. 급해 보이는데.

선수: 정말 그래요... 아이들을 학교에 보내고, 교통체증까지 겪고 나니 더 이상 이걸 계속할 수 있을지 모르겠어요.

코치: 또 그 균형 잡기가 어려운 상황이네.

선수: 네, 맞아요. 정말 노력하는데 항상 뭔가가 방해를 해요.

코치: 그래도 오늘 여기까지 무사히 잘 왔잖아.

선수: 네, 고마워요. 할 수만 있다면 여기서 계속하고 싶어요. 나중에 다시 이야기해요. 이렇게 신경써주셔서 감사합니다.

해설과 함께 다시 듣기

진술	해설
코치: 어서 와, 신디. 급해 보이는데.	*[경청진술] 인사말조차 생략하고, 코치는 신디가 어떤 경험을 하고 있을지에만 집중했습니다.* *마치 그녀에게 지휘봉을 넘겨주는 것처럼, 신디가 확인하거나 거절하거나 더 자세히 설명할 수 있도록 추측을 던진 것입니다. 이렇게 하면 직접적이고 시간 효율적이죠.*
선수: 정말 그래요... 아이들을 학교에 보내고, 교통체증까지 겪고 나니 더 이상 이걸 계속할 수 있을지 모르겠어요.	*신디는 운동을 그만둘 수도 있다는 말을 포함해 몇 마디로 많은 것을 말합니다. 코치가 나서서 이 문제를 해결하고 싶을 수도 있습니다(예: "오, 아니야, 절대 그만 두지 마. 우리는 네가 여기 있는 것이 정말 좋아."). 그러나 빠른 연결의 원리는 '미끼를 물지 말고' 대신 경청하는 데 집중하는 것입니다.*
코치: 또 그 균형 잡기가 어려운 상황이네.	*[경청진술] 코치는 신디가 경험하고 있는 상황을 가능한 한 짧은 말로 다시 표현하려고 노력하며, 신디가 필요하다고 생각하는 만큼 이야기를 확장할 수 있도록 맡깁니다.*
선수: 네, 맞아요. 정말 노력하는데 항상 뭔가가 방해를 해요.	*신디는 균형 잡기의 어려움에 대한 코치의 추측이 정확함을 확인합니다.*
코치: 그래도 오늘 여기까지 무사히 잘 왔잖아.	*강점을 강조하기 위해 [안정하기] 사용합니다.*
선수: 네, 고마워요. 할 수만 있다면 여기서 계속하고 싶어요. 나중에 다시 이야기해요. 이렇게 신경써주셔서 감사합니다.	*신디는 코치의 추측이 정확했음을 확인하고 변화대화("할 수만 있다면 여기서 계속하고 싶어요.")로 응답합니다.*

결론

코치가 신디에게 처음 말을 건넸을 때 코치는 완전히 집중한 상태였고 다른 방해 요소는 없었습니다. 그 후 코치가 신디의 말을 1분 동안 주의 깊게 듣고 나서야 신디는 "네, 고마워요." 라고 말했습니다. 이것이 바로 빠른 연결입니다. 코치가 문제를 해결하려는 마음을 내려놓고 경청을 선택하자, 신디는 그 상황에서 부담을 덜어내고, "할 수만 있다면 여기서 계속하고 싶어요"라는 동기를 내면에서 찾았습니다. 경청의 효과는 그녀에게 힘을 실어주는 메시지를 전달하는 것이었습니다: "나는 너와 너의 강점, 그리고 네 자신의 올바른 판단을 믿어." 그 결과 그녀의 동기가 긍정적인 방향으로 바뀌었습니다.

꿀팁: *이 선수가 단순한 선수가 아니라 강점을 가진 한 사람이라는 점을 기억하세요. 2장(26페이지)에서 강조한 '강점 렌즈'를 착용하면 즉각적인 보상을 받을 수 있습니다.*

100% 집중하는 것은 쉽지 않지만, 연습할 수 있는 정신적 과제입니다. 60초 단위로라도 대화에서 '완전히 멈추기'를 위해 노력할 때마다 연결 능력이 향상됩니다. 시간이 지남에 따라 경청하는 기술이 향상되면 "좋아, 이제 경청 모드에 들어갔어."라고 말하기가 더 쉬워질 것입니다.

이러한 상황에서 교정반사에 저항하는 노력이 필요합니다. 우리는 바로잡고 조언하려는 필요성을 느낍니다. 연결에 집중함으로써 우리는 이를 안내하거나 해결할 수 있는 기회를 날리는 것도 아니며, 나중에 그렇게 하려는 노력을 더 효과적으로 할 수 있게 됩니다.

전략: 경청하고 들은 내용을 반영하기

요약: 열린 질문으로 시작하되 경청진술, 인정해주기, 그리고 필요한 경우 요약으로 이어가세요.

연결할 때는 선수가 자신의 기분을 말하는 것을 방해하지 않는 것이 중요합니다. 당신의 역할은 단순히 "이 사람에게 정말 무슨 일이 일어나고 있는 걸까?"를 궁금해하는 것입니다. 질문을 하고 경청진술을 통해 들은 내용과 이해한 내용을 반영하세요.

꿀팁: *열린 질문을 하되, 질문에만 의존하지 말고, 경청진술을 사용하면 더 나은 티키타카식 대화가 펼쳐집니다.*

> 경청진술은 테니스 파트너가 쉽게 리턴할 수 있는 부드러운 발리 샷과 같습니다.

3장을 참고하여 경청진술과 관련된 기법을 다시 한 번 살펴보세요. 진정으로 궁금한 점이 있다면 이러한 질문은 아주 자연스럽게 나올 것입니다. 상대방이 느끼는 감정의 핵심을 머릿속으로 파악한 다음, 이를 진술, 추측 또는 가설의 형태로 전달하면 됩니다.

스쿼시 게임을 할 때 파트너가 가능한 한 쉽게 좋은 샷을 할 수 있도록 돕는다고 상상해 보세요. 경청진술의 목표는 선수가 최대한 잘할 수 있도록 돕는 것입니다.

실천 전략 적용사례

카를로스가 경기장에 나가려는데, 그를 맞이한 당신은 그가 매우 침울한 표정을 짓고 다른 모든 사람들과 단절된 것처럼 보이는 것을 알아챘습니다. 밝고 친근한 태도로 접근한다고 해서 분위기가 좋아질 것 같지 않다는 것을 바로 느끼며, 그에게 기분을 좋게 하라고 재촉하거나 방법을 제안하고 싶은 유혹이 드는 순간입니다. 하지만 그냥 그와 연결하고 다음에 무엇을 해야 할지 생각해 볼 수 있을까요?

코치: 저기, 카를로스. 나가기 전에 잠깐 얘기 좀 할 수 있을까?
카를로스: 네.
코치: 요즘 좀 어때?
카를로스: 안 좋아요, 곧 시합이 있는데요.
코치: 기분이 안 좋아 보이네.
카를로스: 집에 일이 너무 많아서요.
코치: 일이 잘 안 풀리는 것 같구나.
카를로스 네, 집안에 좀 문제가 있어요.
코치: 이제 곧 있을 경기에 집중해야겠네.
카를로스: 맞아요, 코치님. 하지만 노력할게요. 약속할게요.
코치: 언제쯤 이 얘기를 더 나누면 좋을까?
카를로스: 지금은 됐어요. 나중에 다시 만나죠.
(그럼 나중에...)
코치: 오늘 정말 열심히 뛰는 것 같더라.
카를로스: 네, 경기에 집중하긴 했지만 전혀 긴장을 풀지 않았어요. 방해가 되지 않도록 열심히 노력하고 있어요.
코치: 삶과 운동의 균형을 맞추기가 쉽지 않지.
카를로스: 상황이 진정되고 잠시 쉬면서 다시 좋은 컨디션을 찾을 수 있기를 바라고 있어야죠.
코치: 내일이나 언제든지 연락줘. 내가 할 수 있는 모든 방법으로 도와줄게.
카를로스: 고마워요.

해설과 함께 다시 듣기

진술	해설
코치: 저기, 카를로스. 나가기 전에 잠깐 얘기 좀 할 수 있을까?	*상황이 복잡할수록 상대방에게 잠시 얘기할 수 있는지 미리 물어보고 선택권을 주는 것이 더 현명합니다.*
카를로스: 네.	
코치: 요즘 좀 어때?	*간단한 열린 질문. 이제 코치는 경청할 준비가 되어 있어야 합니다.*
카를로스: 안 좋아요, 곧 시합이 있는데요.	
코치: 기분이 안 좋아 보이네.	*[경청진술] "학교에서 힘든 일이 있었나?"와 같은 여러 질문을 던져 추측 게임을 시작하기 쉽습니다. 대신 가장 간단한 경청진술을 통해 카를로스가 원할 경우 자유롭게 자신의 생각을 말할 수 있도록 합니다. 이렇게 하는 것이 더 효율적이기도 합니다.*
카를로스: 집에 일이 너무 많아서요.	*매우 솔직한 답변입니다.*
코치: 일이 잘 안 풀리는 것 같구나.	*[경청진술] 다시 코치는 자신의 경험을 상상하며 경청진술의 형태로 조심스럽게 추측을 제시합니다.*
카를로스 네, 집안에 좀 문제가 있어요.	*카를로스는 진정한 관심을 느끼고, 기꺼이 더 많은 정보를 알려줍니다.*
코치: 이제 곧 있을 경기에 집중해야겠네.	*[경청진술] 코치는 카를로스가 곧 경기에 출전하기 때문에 더 많은 이야기를 꺼리는 것은 아닌지 궁금해합니다. 그래서 그는 그 아이디어를 바탕으로 경청진술을 작성합니다. 그의 추측이 맞을까요?*
카를로스: 맞아요, 코치님. 하지만 노력할게요. 약속할게요.	*카를로스는 최선을 다해 경기에 나설 준비가 되어 있음을 확인합니다(이것이 [변화대화]입니다).*
코치: 언제쯤 이 얘기를 더 나누면 좋을까?	*카를로스가 더 이야기하고 싶은지 확인합니다.*
카를로스 지금은 됐어요. 나중에 다시 만나죠.	
(그럼 나중에...) 코치: 오늘 정말 열심히 뛰는 것 같더라.	*[칭찬이 아닌 인정의 경청진술로] 대화를 시작합니다(5장 참조).*
카를로스: 네, 경기에 집중하긴 했지만 전혀 긴장을 풀지 않았어요. 방해가 되지 않도록 열심히 노력하고 있어요.	*카를로스는 대화에 참여할 준비가 되어 있습니다. [변화대화]("방해가 되지 않도록 열심히 노력하고 있어요.")에 주목합니다.*

코치: 삶과 운동의 균형을 맞추기가 쉽지 않지.	*그의 딜레마의 본질을 포착하는 [경청진술]입니다.*
카를로스: 상황이 진정되고 잠시 쉬면서 다시 좋은 컨디션을 찾을 수 있기를 바라고 있어야죠.	*이 대답은 [변화대화]의 한 형태입니다.*
코치: 내일이나 언제든 연락줘. 내가 할 수 있는 모든 방법으로 도와줄게.	*다음 기회에 더 많은 대화를 나눌 수 있도록 문을 열어둡니다.*
카를로스: 고마워요.	

결론

카를로스와의 두 번의 짧은 대화를 통해 빠르게 연결되면서 두 사람의 관계뿐만 아니라 적절한 시기에 가정 내 문제를 해결하기 위한 확고한 토대를 마련했습니다. 코치는 정신적인 방해 요소가 없는 상태에서 대화를 진행했기 때문에 카를로스가 느끼는 감정을 자신의 마음속에 담아 경청진술로 전달할 수 있는 시간과 공간을 확보할 수 있었습니다.

대화가 위의 예시보다 조금 길어질 경우, 선수의 강점과 포부를 특별히 강조하면서 선수가 말한 내용을 요약하는 가치도 중요하게 생각해보세요. 예를 들어 카를로스와 가정에서의 문제들에 대해 논의한 후, 코치는 다음과 같이 요약해 줄 수 있습니다: "내가 당신을 제대로 이해했는지 말해줘, 카를로스, 넌 집에서 스트레스를 많이 받고 있기 때문에 집안 상황이 바뀌기를 원하고 있어. 누나가 어머니에게 무례하게 대하는 걸 보는 게 지치고, 어머니처럼 행동하는 걸 그만 보고 싶어서 누나에게 다른 곳에 가서 살라고 말할 수도 있어. 네가 원하는 것은 지금 당장 운동에 집중하는 거야. 혹시 내가 뭐 빠뜨린 건 없을까?"

매일이 새롭게 연결할 기회입니다. 선수가 어느 날 한 가지를 느꼈다고 해서 다음 날도 똑같이 느낄 것이라고 장담할 수 없습니다. 마찬가지로, 일반적으로 좋은 관계를 유지하고 있더라도 새로운 날이나 새로운 세션은 재연결의 가치를 더할 가능성이 있습니다. 선수를 더 잘 알고 있을수록 연결에 걸리는 시간이 줄어들 것입니다.

꿀팁: *선수의 상황은 고정되어 있지 않으므로 매번 새롭게 연결을 시도해보세요.*

광범위한 조직 내에서 신속하게 연결되기

관계라는 단어는 종종 팀이나 클럽 문화를 표현하는 데 사용되며, 스포츠 생활에서 인간적인 측면의 가치를 일깨우기 위해 아예 벽에 붙여놓기도 합니다. 그렇다면 신속한 연결이 조직 내 관계를 향상시키는데 실질적인 방법이 될 수 있을까요?

혼자만 선수들과 연결되는 것이 아니라, 이런 능력을 가진 동료들과 함께 일하는 상황을 상상해 보세요. 작은 불씨가 모여 큰 불을 이루듯, 클럽에서 더 많은 연결이 이루어질수록 분위기는 좋아지고 선수들은 경기 안팎에서 문제를 해결하고 잠재력을 발휘할 수 있는 능력이 향상될 것입니다. 신속한 연결은 진정한 동료의식과 지원 문화를 향한 조직의 변화를 이끄는 원동력이 될 수 있습니다.

스포츠는 매일 수많은 배려와 경청, 그리고 기꺼이 도움을 주고자 하는 마음을 보여줌으로써 품격이 높아집니다. 헤드라인을 장식하는 위대하고 따뜻한 제스처는 스포츠의 모든 구석에서 알려진 사실을 강화할 뿐입니다: 성공을 위해 선수는 고민이나 열망을 공유할 수 있는 팀 동료와 코치에게 상당한 가치를 부여하며, 논의되는 문제에 관계없이 존중과 신뢰가 지속될 것이라는 것을 알고 있습니다. 선수가 자신을 괴롭히는 문제를 털어놓아도 안전하다고 느낄 때 발전 속도는 더 빨라질 것입니다. 연결은 첫 번째 단계이며 그 자체로 충분할 때가 많습니다.

> 연결은 첫 번째 단계이며 종종 그 자체로 충분합니다.

생각해볼 만한 질문

- 선수들과 문제를 논의할 때, 얼마나 자주 먼저 경청하고 공감하나요?
- 선수들과 너무 친하게 지내는 것이 코치로서의 효율성에 방해가 될 수 있나요?
- 선수들에게 필요한 것을 어떻게 물어볼 수 있나요?
- 말을 빠르게 하는 편인가요? 그렇다면 선수가 어떤 문제에 대해 깊이 생각해보길 원할 때 어떻게 방해가 될 수 있나요? 필요할 때 속도를 늦출 수 있나요?

제 8 장

동기부여 강화하기: 세 가지 핵심 전략

그리고 궁극적으로 제가 선수들에게 하는 말은, 코치는 정보를 제공하고, 가이드라인을 제시하고, 포지션을 잡아줄 수 있지만, 진정으로 당신을 더 나은 사람으로 만들어줄 수 있는 사람은 당신 자신이라는 것입니다.

- 브랜디 차스테인, 축구 코치

핵심내용

+ 선수들은 자신의 행동이나 접근 방식을 조정할 수 있는 해답을 내면에 가지고 있을까요? 선수들에게 물어보세요. 그들이 변화를 가져올 수 있는 자원을 가지고 있다고 가정하세요.
+ 동기에 대한 판단을 내리지 말고 선수에게 직접 물어보세요. 동기는 흑백으로 구분되는 경우가 드물고 그 강도는 주기적으로 변합니다.
+ 전략: (1) 따라가고, 안내하고, 그러고 나서 고쳐주고, (2) 동기를 평가하고, (3) 변화의 '이유'와 '방법'을 따져보세요.
+ 좋은 인간관계를 형성하고 함께 해결책을 찾으세요. 무조건 고치려는 자세로 성급하게 뛰어들지 마세요.

호기심 많은 마음가짐, 유연한 의사소통 방식, 동기면담 기술을 활용하면 어려운 행동에도 불구하고 선수에게서 개선하려는 동기와 아이디어를 끌어낼 수 있습니다.

킥오프

아프리카 어느 나라에서 유래한 이런 속담이 있습니다: "혼자 가면 더 빨리 가고, 함께 가면 더 멀리 간다." 지금 이 순간 우리에게도 해당되는 말입니다: 선수의 동기가 떨어지거나 의심에 사로잡혀 있을 때, 혼자서 빠른 속도로 문제를 해결하려고 하면 진전이 거의 없는 경우가 많습니다. 하지만 어떻게 하면 선수와 함께 접근하여 더 나은 성과를 낼 수 있을까요? 이 책의 1장은 이러한 도전으로 시작했고, 이제 문제의 핵심으로 들어가, 동기면담의 마음가짐과 기술을 사용하여 일상적인 대화에서 변화를 만들어내는 방법을 살펴봅니다.

우리는 다음 단계로 나아가기 위해 고군분투하는 선수를 보면 정말 도와주고 싶은 마음이 들 때가 많습니다. 반대로 선수가 소통이 단절되거나 충분히 집중하지 못한다고 생각되어 짜증이 나거나 화가 날 때처럼 다른 방향으로 마음이 흔들리는 경우도 있습니다. 어느 쪽이든 동기 부여는 중요한 문제로 떠오르며, 이를 어떻게 하면 개선할 수 있을지 고민하게 됩니다.

최전방에서 온 생생한 이야기

그의 기록은 마치 꿈같습니다. 재능과 뛰어난 감각을 지닌 젊은 선수가 고향에서 온갖 역경을 딛고 연령대를 넘나들며 대학 수준의 대회에 출전했습니다. 하지만 이제 그는 연습에 늦게 들어오고, 마치 자신의 스포츠가 큰 은혜를 베풀어야 하는 것처럼 행동해 당신을 화나게 합니다. 팀원 중 일부는 그를 동경하지만, 다른 팀원들은 그가 팀의 일원이 되고 싶어 하지 않는다고 느낍니다. 팀이 패배하면 그는 자신을 제외한 다른 모든 사람을 탓합니다. 당신은 그가 연습에 제시간에 도착하도록 격려하려고 노력해봤고, 시즌 목표에 대해서도 이야기를 나눠봤습니다. 하지만, 무엇을 하면, 그에게 진정한 변화를 가져올 수 있을까요?

전략: 따라가기, 안내하기, 그리고 고쳐주기

요약: 문제를 고쳐주기만 하는 대신 먼저 따라가고, 그다음에 안내하고, 필요할 때 고쳐주는 순서를 고려해 보세요. 이렇게 하면 선수들이 자신의 행동을 바꾸기 위해 더 적극적으로 참여할 가능성이 높아집니다.

누군가의 태도나 행동이 바뀌어야 한다고 느낄 때 에너지가 소진될 수 있습니다. 당신도 당신의 목표가 있고, 선수들도 그들만의 목표가 있는데, 어떻게 연결할 수 있을까요? "몇 번이나 말해야 알아듣겠어?"라고 외치고 싶을 수도 있습니다.

"알았어, 한 번만 더 시도해볼래?" (선수는 멍한 표정을 지으며) "음, 이제야 알겠네. 네 기록이 떨어진 이유를. 파티를 줄이고 잠을 더 자야 할 것 같은데."

"이건 팀 경기야, 그리고 넌 우리 모두를 실망시키고 있어. 연습에 제시간에 나와야 해, 그런데 넌 절대 제시간에 오는 법이 없어."

"학업도 운동만큼이나 중요해, 그런데 지금 네 성적이 바닥을 치고 있어서 큰일 날 수도 있어. 이 학교를 그만두면 넌 더 이상 운동할 수 없다고!"

"한 번 말하고 두 번 말해도 여전히 네 자리를 못 지키고 있어."

이제 어떻게 할까요? 어떻게 하면 선수들의 동기를 끌어올리고 더 잘하고 싶은 열망을 키울 수 있을까요? 그게 항상 쉬운 일은 아닙니다. 다음은 현실의 벽에 부딪히는 상황을 예로 들어보겠습니다:

코치: 연습에 늦게 나오는 것에 대해 얘기 좀 하자. 이번이 처음이 아니야, 그래서 솔직하게 말해야겠어. 넌 시간을 꼭 지키려고 노력해야 해.

운동선수: 아, 그런데요. 제가 일어나서 시내를 지날 때쯤이면 항상 조금 늦어지는 것 같아서요. [저항]

코치: 그러니까 조금만 더 일찍 일어나도록 해. 나를 위해서가 아니라 팀 모두를 위해서 말이야. 그러면 엄청난 효과가 있을 거야. [고쳐주기 스타일]

선수: 네, 알았어요, 하지만 제가 여기 있을 때도 다른 선수들만큼 잘 뛰기 때문에 큰 문제는 아니라고 생각해요.

코치: 분명히 말해두겠는데, 이런 일이 또 반복되면 당분간 팀에서 자넬 제외할지도 몰라.

선수: 이봐요, 진정하세요, 코치님. 어쨌든 전 여기서 최선을 다하고 있어요.

코치: 그래, 하지만 다음번에 이런 일이 발생하면....

선수: 알았어요. 코치님 말씀대로 할게요, 하지만 매일 이런 일이 있는 건 아니잖아요.

"예, 하지만"이라는 반응이 보이시나요? 이것을 축구의 오프사이드 같은 상황이라고 생각하세요. 모든 것이 순조롭게 진행되다가 갑자기 동기 부여의 흐름이 멈춰버리는 순간이 있습니다. 이러한 멈춤은 방어적 태도나 문제를 최소화하려는 시도, 반박하거나, 어깨를 으쓱하는 등의 행동으로 나타날 수 있습니다. 가장 실망스러운 부분은 무엇일까요? 오프사이드를 범하는 것은 선수가 아니라 우리 자신이라는 점입니다. 이렇게 되면 시간과 노력이 낭비됩니다. 좋은 소식이 있습니다. '따라가기, 안내하기, 그리고 고쳐주기' 방식을 사용하면 이 문제를 해결할 수 있다는 것입니다.

동기면담은 바로 이런 도전적인 상황, 즉 선수와의 끈끈한 연결을 유지하면서 무의미한 의지 싸움을 피하기 위해 개발되었습니다. 도움이 되지 않는 행동에 '부드럽게' 대처하는 '선수 코치'가 되거나, 끊임없이 문제를 바로잡고 선수를 불러내는 '훈육관'이 되는 것을 피할 수 있을까요? '문제에는 엄격하지만 사람에게는 부드러운' 접근을 어떻게 찾을 수 있을까요? '따라가기, 안내하기, 그리고 고쳐주기'전략을 사용하면 바로 이렇게 될 수 있습니다. 더이상 벽에 머리를 부딪히거나 비난과 처벌에 의존하는 함정에 빠질 필요가 없습니다.

서로 고집부리는 싸움을 피하세요.

2장에서 제시했던 고쳐주기, 안내하기, 따라가기의 세 가지 스타일로 돌아가 보세요. 여기서 이 코치는 오직 고쳐주기 스타일만을 사용했습니다. 연습 루틴을 설정하는 등 여러 부분에서 효과적인 스타일이지만, 여기서는 두 사람이 승자 독식의 구도로 빠져들어 안타깝습니다. 그 영향은 어떨까요? 고쳐주기 스타일에만 전적으로 의존하다 보니 선수들이 변화에 전념할 가능성이 줄어들었을 수도 있습니다. 이것이 바로 동기면담 개발의 출발점이자 아래 전략을 개발하게 된 이유입니다.

실천 전략: 새로운 라인업- 따라가기, 안내하기, 그리고 고쳐주기

문제가 생길 것 같은 느낌이 들 때, 고쳐주기 스타일로 바로 개입하기보다 다음과 같은 순서로 접근해보면 어떨까요? 따라가기, 안내하기, 고쳐주기(그림 8.1 참조)

따라가기 스타일, 짧게 연결하기(1분)

코치: 연습에 늦는 것에 대해 이야기하고 싶어.

선수: 죄송해요, 코치님, 제가 일어나서 시내를 지날 때쯤이면 항상 조금 늦게 되네요.

코치: 먼저 사과해줘서 고마워.

선수: 별말씀을요. 여기 있을 때는 항상 최선을 다하거든요.

코치: 늦게 오더라도 여전히 클럽에 대한 너의 헌신은 변함없구나.

선수: 물론이죠. 말씀드린 대로 이런 일이 생겨서 죄송해요.

코치: 제시간에 도착하는 게 항상 쉽지 않지.

선수: 맞아요. 대부분의 일을 제대로 하려고 노력하지만 이것만큼은 쉽지 않네요.

변화에 대한 생각을 이끌어내는 안내하기 스타일로 전환하기

코치: 제시간에 도착하려면 어떻게 해야 할까?

선수: 잘 모르겠습니다.

코치: 방법을 찾기가 어려울 수도 있겠지.

선수: 솔직히 말해서 그렇게 큰 문제는 아니라고 생각하지만, 네, 아마도 너무 늦게 잠자리에 들면 아침에 늦을 수도 있어요.

코치: 아마도 무엇을 바꿔야 할지 알 수 있을 것 같은데.

선수: 글쎄요, 확실하지는 않지만, 좀 더 일찍 자도록 노력해 볼게요.

고쳐주기 스타일로 마무리하기

코치: 오늘 이 문제를 제기한 이유를 설명해줄게. 우리는 네가 도착할 때까지 전술 회의를 미뤄야 했어. 모두가 제시간에 연습에 오지 않으면 하나의 팀으로서 제대로 운영되지 못하니까 말야.

선수들: 네, 이해했습니다, 코치님.

코치: 가끔은 팀에서 사람을 내보내는 등의 제재를 가할 수밖에 없는데, 그건 절대 하고 싶지 않아.

선수: 네, 말씀해주셔서 감사합니다. 저는 모든 경기에 선발로 나가고 싶어요. 최선을 다할게요, 코치님.

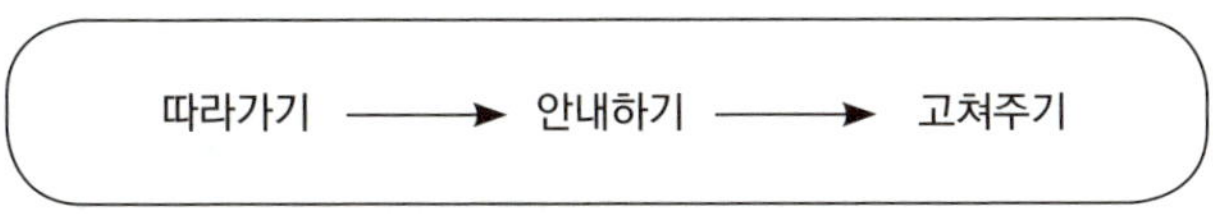

그림 8.1. 따라가기, 안내하기, 고쳐주기

해설과 함께 다시 듣기

진술	해설
코치: 연습에 늦는 것에 대해 이야기하고 싶어.	*코치는 적절한 순간을 찾고 심호흡을 통해 마음가짐을 가다듬은 후 문제에 대해 이야기할 수 있도록 허락을 구합니다. 처음에는 [따라가기] 스타일만 사용합니다.*

진술	해설
선수: 죄송해요, 코치님, 제가 일어나서 시내를 지날 때쯤이면 꼭 시간이 조금 늦어져서요.	*처음에는 선수는 개방적이고 사과하는 태도를 취하지만, 곧 방어적인 태도를 보입니다.*
코치: 먼저 사과해줘서 고마워.	
선수: 별거 아니에요. 여기 있을 때는 항상 최선을 다하거든요.	*[변화대화]*
코치: 늦게 오더라도 여전히 클럽에 대한 너의 헌신은 변함없구나.	*[경청진술] 딜레마의 양면을 모두 파악하고 긍정적인 측면[변화대화]으로 마무리합니다.*
선수: 물론이죠. 말씀드린 대로 이런 일이 생겨서 죄송해요.	*선수가 방어를 내려놓고 코치와 연결되기 시작합니다.*
코치: 제시간에 도착하는 게 항상 쉽지 않지.	*[경청진술]*
선수: 맞아요. 대부분의 일을 제대로 하려고 노력하지만 이것만큼은 쉽지 않네요.	*[변화대화]("대부분의 일을 제대로 하려고 노력하지만…"). 연결이 더욱 향상됩니다.*
코치: 제시간에 도착하려면 어떻게 해야 할까?	*코치는 선수가 문제를 해결하도록 유도하는 핵심 질문을 던지며 [안내하기] 스타일로 전환합니다.*
선수: 잘 모르겠습니다.	*[변화대화]*
코치: 방법을 찾기가 어려울 수도 있겠어.	*[경청진술]*
선수: 솔직히 말해서 그렇게 큰 문제는 아니라고 생각하지만, 네, 아마도 제가 너무 늦게 잠자리에 들면 아침에 늦을 수도 있을 것 같아요.	*[변화대화]("아마도 제가 너무 늦게 잠자리에 들면 아침에 늦을 수도 있을 것 같아요.")*
코치: 아마도, 무엇을 바꿔야 할지 알 수 있을 것 같은데.	*선수가 "아마도"라고 말하자 코치는 '아마도'라는 단어로 [경청진술]을 하여 선수가 얼마나 열심인지 말할 수 있는 공간을 제공합니다. 어떤 식으로든 확인하거나 명확히 하는 것은 선수의 몫입니다.*
선수: 글쎄요, 확실하지는 않지만, 좀 더 일찍 자도록 노력해 볼게요.	*더 강력한 [변화대화]로 이를 확인합니다.*
코치: 오늘 이 문제를 제기한 이유를 설명해줄게. 우리는 네가 도착할 때까지 전술 회의를 미뤄야 했어. 모두가 제시간에 연습에 오지 않으면 하나의 팀으로서 제대로 운영되지 못하니까 말야.	*이제 코치는 [고쳐주기] 스타일로 전환합니다.*

진술	해설
선수: 네, 이해했습니다, 코치님.	*선수는 덜 방어적이고 이제 훨씬 더 적극적으로 참여합니다.*
코치: 가끔은 팀에서 사람을 내보내는 등의 제재를 가할 수밖에 없는데, 그건 절대 하고 싶지 않아.	*먼저 [따라가기]와 [안내하기] 스타일에 더 많은 시간을 투자한 코치는 이제 훨씬 더 수용적인 선수에게 직접적인 메시지를 전달할 수 있습니다.*
선수: 네, 말씀해주셔서 감사합니다. 저는 모든 경기에 선발로 나가고 싶어요. 최선을 다할게요, 코치님.	*강력한 [변화대화]("최선을 다할게요...")*

두 가지 주요 개입이 끝난 후 마지막에 고쳐주기 방식을 사용하는 방법에 주목하세요: 먼저 따라가기 스타일을 사용하여 선수와 연결하고, 안내하기 스타일을 사용하여 선수가 문제를 해결할 수 있는 방법을 묻고, 필요한 경우 고쳐주기 스타일을 사용하여 행동 개선에 대한 기대와 방향을 제시합니다.

고쳐주기 스타일을 사용하고 팀에서 퇴출과 같은 제재에 대해 이야기했을 때, 선수는 존중받는다고 느꼈고, 덜 방어적이었으며, 더 큰 그림을 볼 수 있었고, 변화에 대한 의지를 아주 진정성 있게 표현했습니다("최선을 다할게요, 코치님."). 이 특정 스타일 순서(따라가기-안내하기-고쳐주기)는 고쳐주기 방식만 사용했을 때보다 더 효과적이었습니다. 항상 위와 같이 쉽게 해결되는 것은 아니지만, 일반적으로 이 방법을 사용하면 더 나은 결과를 얻을 수 있습니다.

> 먼저 따라가기, 그다음 안내하기. 그런 다음 필요한 경우에만 고쳐주기

***꿀팁:** 고쳐주기 스타일로 섣불리 뛰어들지 마세요. 좋은 관계를 맺고 함께 해결책을 찾을 수 있을 때 사용하세요. 많은 경우 '직면'을 효과적으로 할 수 있는 코치들은 먼저 관계를 돈독히 하고 피드백을 줄 적절한 시기와 장소를 선택합니다.*

결론

선수가 규칙을 따르지 않을 때 코치로서 당장 고쳐주기 스타일을 채택해야 한다는 압박을 느낄 수 있습니다. 다른 코치들과 팀원들이 규칙을 지키지 않는 선수

에게 코치가 어떻게 대응하는지 지켜보고 있을 것이라는 느낌이 들기 때문입니다. 연습에 늦게 나타나는 것과 같은 행동은 교정이나 처벌이 필요한 '나쁜 행동'으로 간주될 수 있으며, 이는 코치가 문제를 해결하기 위해 고쳐주기 스타일로 전환하는 이유가 될 수 있습니다. 하지만 이보다 효과적인 전략은 다른 전제에서 시작하기 때문에 더 보람을 느낄 수 있고, 종종 더 나은 결과를 낳기도 합니다. 즉, 이들도 단순한 운동선수가 아니라 한 인간이며, 그들의 행동에는 변화를 고려하고 표현할 기회를 줄 만한 이유가 있다는 것입니다. 교정반사, 즉 고쳐주려는 강력한 충동에 저항함으로써 우리는 거대하고 지속 가능한 변화를 위한 문을 열 수 있습니다.

이 대화에서 동기면담이 어디 들어가 있는지 궁금하신가요? 바로 안내하기 스타일이 사용된 1분 남짓한 시간 동안에 있었습니다. "제시간에 도착하려면 어떻게 해야 할까?"라는 질문으로 시작되었습니다. 이렇게 유용하고 미래지향적인 핵심 질문은 선수로부터 변화해야 할 좋은 이유를 끌어내어 답을 탐색할 가치가 있으며, 코치는 어떤 식으로든 대화를 돌리지 않도록 유의하면서 선수가 자신의 동기를 조금 더 깊이 탐구할 수 있는 공간을 제공하기 위해 경청진술을 사용했습니다("그게 힘들 수도 있어."). 천천히, 선수가 충분히 안전하다고 느끼면서 변화대화가 나오기 시작했습니다("제가 너무 늦게 잠자리에 드는 것 같아요…"). 상황을 실제로 바꾸려면 한 번 이상의 대화가 필요할 수도 있지만, 이 전략은 적어도 선수들 마음 속에 해결책이 있을 수 있다는 생각을 활용하여 올바른 방향으로 나아갈 수 있게 해줍니다.

꿀팁: *선수들이 자신의 행동이나 접근 방식을 조정할 수 있는 해답을 내면에 가지고 있다고 생각해본 적이 있나요? 선수들에게 물어보세요. 선수들에게 변화를 가져올 수 있는 자원이 있다고 가정하세요.*

마틴 루터 킹 목사는 "도덕적 우주의 호는 길지만 정의를 향해 구부러져 있다."라고 말한 적이 있습니다. 코치로서 당신의 역할은 변화의 호를 억지로 고정시키는 것이 아니라 그 호가 자연스럽게 올바른 변화의 방향으로 구부러지도록 돕는 것입니다. 동기면담이 잘 작동하려면 선수에게 초점을 맞추고 호기심이 항상 영리함을 이길 수 있어야 합니다.

호기심은 언제나 영리함을 이깁니다.

전략: 내면의 동기 상태 평가

요약: 간단한 대화로 동기 부여를 평가하고 강화하세요. 선수들에게 1부터 10까지의 척도로 변화를 얼마나 원하는지 물어보세요. 그리고 긍정적인 변화대화를 이끌어내는 추가적인 '척도 질문'으로 후속 작업을 진행하세요.

선수가 특정 변화에 얼마나 동기를 갖고 있는지 궁금하거나 충분히 전념하고 있는지 의심스러울 때, 이 간단한 전략을 고려해 보세요. 이러한 평가는 선수로 하여금 변화하려는 이유와 방법을 직접 말하게 하여 몇 분 안에 평가를 넘어 동기면담 자체를 직접 사용하는 효과를 줍니다.

실천 전략

일찍 일어나기, 균형 잡힌 식단, 연습 루틴, 특정 기술 개발, 동료 선수들과 더 친해지기 등 다양한 도전 과제에 대한 동기는 각각 다를 수 있습니다. 따라서 동기를 평가할 때 구체적으로 파악하는 것이 중요합니다. 코치가 선수와 기술 변화에 대해 논의하는 이 대화를 예로 들어 보겠습니다.

코치: 슈팅 기술을 변경하는 것에 대해 어떻게 생각해?

선수: 글쎄요, 코치님. 좋은 것 같긴 한데, 이건 사소한 변화예요. 그리고 얼마나 편할지 잘 모르겠어요.

코치: 지난번에 1에서 10까지 숫자로 네가 이 변화를 얼마나 원하고 있는지 이야기했던 거 기억 나? 1이 전혀 원하지 않는 거고, 10이 매우 간절히 원한다면, 이번에는 몇 점이야?

선수: 중간 정도, 5 정도요.

코치: 그럼 왜 1이나 2가 아니라 5인 거지?

선수: 글쎄요, 확실히 슛을 더 잘할 수 있으니까 한 번 시도해보는 게 좋을 것 같긴 한데, 조금 두렵기도 해요. (웃음)

코치: 그럼 5점에서 7점이나 8점으로 점수를 올리려면 어떻게 해야 할까?

선수: 이렇게 하죠. 다음 경기까지 일주일 정도 시간을 주고 연습에서 여러 번 해본 다음, 어떻게 되는지 확인하는 거예요, 어때요?

여기서 당신은 평범한 대화를 통해 동기를 평가하고 있습니다. 뿐만 아니라, 척도 질문을 통해 동기면담을 사용하여 아주 짧은 시간에 선수 스스로가 변화해야 하는 이유와 방법을 말할 수 있도록 돕고 있습니다. 빠른 결정, 더 나은 결과? 어떻게 이런 결과가 나왔을까요?

해설과 함께 다시 듣기

진술	설명
코치: 슈팅 기술을 변경하는 것에 대해 어떻게 생각해?	*간단한 열린 질문으로 평가가 시작됩니다.*
선수: 글쎄요, 코치님. 좋은 것 같긴 한데, 이건 사소한 변화예요. 그리고 얼마나 편할지 잘 모르겠어요.	*선수가 약간의 불확실성을 모르겠다는 표현으로 드러냅니다.*
코치: 지난번에 1에서 10까지 숫자로 네가 이 변화를 얼마나 원하고 있는지 이야기했던 거 기억 나? 1이 전혀 원하지 않는 거고, 10이 매우 간절히 원한다면, 이번에는 몇 점이야?	*평가를 시작합니다. 핵심 질문을 하고 1에서 10점까지의 척도로 점수를 매기게 합니다.*
선수: 중간 정도, 5 정도요.	*선수가 자신의 동기 수준을 스스로 평가합니다.*
코치: 그럼 왜 1이나 2가 아니라 5인 거지?	*조금 더 깊이 파고들어 [변화대화]를 이끌어내기 위한 핵심 질문을 합니다.*
선수: 글쎄요, 확실히 슛을 더 잘할 수 있으니까 한 번 시도해보는 게 좋을 것 같긴 한데, 조금 두렵기도 해요. (웃음)	*선수가 [변화대화]를 시작합니다.*
코치: 그럼 5점에서 7점이나 8점으로 점수를 올리려면 어떻게 해야 할까?	*더 깊은 [변화대화]를 이끌어내기 위해 고안된 또 다른 핵심 질문입니다.*
선수: 이렇게 하죠. 다음 경기까지 일주일 정도 시간을 주고 연습에서 여러 번 해본 다음, 어떻게 되는지 확인하는 거예요, 어때요?	*[변화대화]와 구체적인 계획이 도출됩니다.*

제대로 이해하기

다음은 이 전략이 어떻게 작동하는지 자세히 설명한 내용입니다:

1. *변화의 동기에 대해 질문하세요.* 단 하나의 질문만으로도 선수는 자기 발견의 금광을 발견할 수 있습니다. 코칭할 때 종종 여러 질문을 연달아 던지면서 선수에게 과부하를 주기도 합니다. 여러 가지 질문을 한꺼번에 던지기보다는, 효율적이고 호기심을 자극하며 핵심을 찌르는 질문 하나에 집중하세요. 처음에 대

답이 없더라도 침묵을 깨지 마세요. 이는 선수가 깊이 생각하고 있기 때문일 수 있습니다. 이 지침의 현명함이 이 전략보다 더 분명하게 드러나는 곳은 없습니다. 동기에 대해 묻는 질문은 매우 유용합니다. 이는 마치 따뜻한 불을 피우는 것과 같아서, 선수들은 전에는 이런 식으로 자신의 스포츠에 대해 생각해 본 적이 없을 수도 있습니다. 이때 코치의 역할은 불을 끄는 것이 아니라 부드럽게 불씨를 살리는 것입니다. 어떤 질문이 좋을까요? 다음과 같은 질문을 고려해 보세요:

"이 기술을 바꾸는 것이 당신에게 얼마나 중요한가요?"

"얼마나 준비가 되셨나요?"

"얼마나 동기 부여가 되셨나요?"

"정말로 얼마나 하고 싶으신가요?"

2. *'척도'를 사용하여 평가를 구체화하세요.* 명확하지 않은 대답을 들을 수 있습니다. 이때 척도 질문이 도움이 됩니다: 선수에게 동기 부여를 1에서 10까지의 척도(1 = 매우 낮음, 10 = 매우 높음)로 생각하게 한 다음 "스스로에게 몇 점을 주겠습니까?"라고 물어보세요. 보통 1이나 10과 같은 극단적인 숫자는 잘 나오지 않으며, 중간 정도인 경우가 많습니다. 예를 들어, 변화에 대한 불확실성을 나타내는 5라는 답이 나올 수 있습니다. 이는 변화에 대한 찬성과 반대의 목소리가 동시에 존재한다는 의미입니다(3장 참조).

3. *동기면담을 사용하여 동기 부여를 강화하세요.* 선수들이 자신의 동기에 대한 판단을 내렸다면, 이제 동기면담을 사용하여 변화해야 하는 이유를 스스로 도출할 수 있는 기회의 문이 열립니다. 사실 두 개의 문이 있으며, 두 문 모두 매우 빠르게 통과할 수 있습니다. 한 질문은 낮은 단계로 현재의 동기를 확인하고, 다른 질문은 높은 단계로 올라가서 동기를 부여하는 것입니다. 각각의 질문에 대한 답변은 변화대화가 될 것입니다. 첫 질문은 "왜 동기 부여가 별로 안 되는 1이나 2가 아니라 5를 주셨나요?"입니다. 아래쪽을 돌아보는 첫 번째 질문을 통해 지금 동기 부여가 필요한 이유를 선수 스스로 말하게 합니다. "여기서 손을 사용하는 방법을 바꾸는 것이 좋은 계획이라는 것을 아니까요."와 같은 변화대화(변화하는 것이 중요한 이유)가 나올 수 있습니다. 두 번째 질문은 "5에서 7이나 8로 점수를 올리려면 어떻게 하면 도움이 될까요?"입니다. 변화의 위쪽을 돌아보는 두 번째 질문은 더 높은 동기 부여를 위해 무엇이 필요한지를 묻습니다.

어떤 질문을 하든 그 대답은 변화대화가 될 것입니다. 이 시점에서 계속 귀를 기울이면 동기면담을 사용하여 동기 부여를 더욱 강화할 수 있으므로 계속 경청할 가치가 있습니다.

결론

누군가의 동기에 대해 부정적인 판단을 내리는 것은 흔한 일이며, 종종 그 사람의 개선에 실제로 도움이 되는 것이 무엇인지 알 수 없는 답답함에서 비롯되곤 합니다. 상대방에게 어떤 어려움이 있는지 제대로 이해하지 못하면 "저 사람은 동기 부여가 전혀 안 되어 있어, 항상 이런 식이야."와 같이 너무 광범위하고, 심지어 경직된 판단을 내릴 수 있습니다. 위에서 언급한 전략은 선수의 동기가 변화할 수 있으며, 실제로 변화를 이끌어낼 수 있는 방법을 탐색할 수 있게 해줍니다. 선수에게 물어보고 스스로 동기를 높일 수 있는 방법을 찾도록 도와주세요.

***꿀팁:** 동기 부여에 대한 판단을 내리기 보다는 선수에게 직접 물어보세요. 동기는 흑백으로 명확히 구분되지 않으며, 시간이 지남에 따라 수시로 달라집니다.*

전략: 변화의 '이유'와 '방법'

요약: 낮은 동기부여에 대해 '왜' 그리고 '어떻게' 행동을 바꿀 수 있는지 질문하여 좀 더 깊이 파고드세요. 선수들이 스스로 동기를 부여할 수 있게 될 것입니다. 만약 동기 부여가 배터리라면, 낮은 동기 부여는 배터리가 부족하다는 신호입니다.

"더 나아지고 싶지만 그럴 수 없어요."
"연습에 너무 자주 가고 싶지 않아요."
"내가 할 수 있을지 모르겠어요."
"왠지 모르게 힘이 빠지는 것 같아요."
"이 운동은 이제 충분히 한 것 같아요."
"클럽을 떠나고 싶지 않지만 제 생활과 병행하긴 해야 해요."

코치들은 종종 선수들이 목표에 어떻게 도달할 수 있는지, 목표가 무엇인지, 어떻게 달성할 수 있는지에만 집중하다가 왜 목표가 중요한지 고려할 절호의 기회를 놓치곤 합니다. 이 전략은 이러한 동기 부여의 두 가지 핵심요소를 모두 다룹니다. 우리는 종종 '동기 부여 = 왜 + 어떻게' 라는 식으로 표현하기도 합니다. '왜'를 무시하면 문제의

동기 부여 = 왜 + 어떻게

핵심을 놓칠 수 있습니다. 동기면담은 선수들을 위해 동기 부여 문제를 해결하는 대신, 선수들 스스로 동기를 부여할 수 있도록 도와줍니다. 다음은 "연습이 잘 안 되고 있어요."라고 말하는 선수에게 이 전략을 사용하는 예시입니다.

실천 전략

동기 부여가 낮거나 의구심이 드는 문제를 관찰하는 것과 대화에서 차이를 만드는 것은 별개의 문제입니다. 이 전략은 거의 실패하지 않으며 동기를 탐구하는 직접적인 경로를 제공합니다. 여기서 목표는 간단합니다: 코치가 아닌 선수 스스로가 왜 그리고 어떻게 변화가 일어날 수 있는지에 대해 조금 더 깊이 파고들도록 돕는 것입니다. 어떻게 하면 이를 효율적으로 달성할 수 있을까요? 다음 예시를 통해 코치가 연습이 잘 되지 않는다는 것을 알아차리는 경우를 살펴보세요. 이 선수는 에너지와 동기 부여가 부족하면서도 너무 열심히 노력하고 있는 것 같습니다.

코치: 오늘의 시점에서 잠시 뒤로 물러나 지난 몇 달 동안의 성과에 대해 어떻게 생각해?

선수: 별로 좋지 않아요. 솔직히 말해서 코치님, 연습 훈련이 잘 되지 않고 있어요.

코치: 두 가지 질문을 하고 싶은데, 첫 번째는 이거야. 규칙적으로 연습하는 것이 얼마나 중요할까?

선수: 그렇기도 하고 아니기도 하고... 지금은 잘 안 되고 있어요.

코치: 1은 전혀 중요하지 않고 10은 매우 중요하다고 할 때, 지금 규칙적으로 연습하는 것이 얼마나 중요한지 스스로에게 몇 점을 줄래?

선수: 8 정도입니다.

코치: 왜 4나 5처럼 더 낮은 점수를 주지 않고 8을 줬는지 물어봐도 될까?

선수: 아, 그건 간단해요. 더 잘하고 싶어서요. 아시다시피 이 스포츠는 현재 제 인생 자체거든요. 제 최우선 순위이고 더 잘해야겠다는 각오도 다지고 있습니다.

코치: 더 좋은 기록을 내고 싶구나.

선수: 물론이죠. 더 좋아져야죠.

코치: 이제 두 번째 질문을 할게. 더 나은 기록을 위해 규칙적으로 연습하는 것에 대해 얼마나 자신감이 있니?

선수: 지금은 잘 안 되고 있어요. 많이 피곤하고 끝나고 나면 기분이 좋지 않아

요. 뭐가 문제인지 모르겠어요.

코치: 지금 뭔가 잘 안 풀리는 것 같은데?

선수: 제가 연습을 너무 많이 한 건가요?

코치: 그런 게 궁금하구나.

선수: 왜 이렇게 피곤할까요? 너무 무리해서 지쳐서 그런가 봐요.

코치: 균형이 안 맞는 것 같은데?

선수: 네, 모든 게 균형이 안 맞아요. 집에서 일이 쉽지는 않지만, 이런 저런 일이 많은 것에 익숙해서 큰 문제는 아니에요.

코치: 1이 전혀 자신감이 없는 상태고 10이 균형을 찾고 연습을 바로잡는 데 매우 자신감이 있는 상태라면, 지금 자신에게 몇 점을 주고 싶니?

선수: 5점 정도요. 연습을 덜 하면 폼이 떨어질까 봐 걱정됩니다.

코치: 왜 스스로에게 1이 아닌 5를 준 건가?

선수: (머뭇거리며) 모든 것이 잘 풀렸던 때가 있었기 때문에 어떤 느낌인지 기억하고 있어요. 그걸 다시 찾을 수 있어야 해요.

코치: 정말 이걸 바로잡고 싶구나.

선수: 오, 그럼요, 꼭 바로잡아야죠.

코치: 5점에서 6점, 7점, 심지어 8점으로 올리려면 어떻게 해야 할까?

선수: 전에도 그랬고, 앞으로도 그럴 거겠지만, 일어난 후와 연습할 때와 연습 전후에 얼마나 피곤한지를 기록하고 연습 시간을 적어두면 도움이 될 것 같아요.

코치: 같은 처지의 다른 선수들에게 도움이 될 만한 조언을 덧붙여도 괜찮을까? (코치는 선수가 고개를 끄덕이며 동의하기를 기다립니다.) 좀 더 급진적인 실험을 한다고 생각하고, 일주일 정도 운동 시간을 확 줄이고 일기에 에너지에 어떤 변화가 일어나는지 적어보는 것도 고려해보면 좋을 것 같아. 이건 전적으로 네 몫인데. 어떤 방법이 가장 합리적이라고 생각해?

해설과 함께 다시 듣기

진술	설명
코치: 두 가지 질문을 하고 싶은데, 첫 번째는 이거야. 규칙적으로 연습하는 것이 얼마나 중요할까? 선수: 그렇기도 하고 아니기도 하고… 지금은 잘 안 되고 있어요.	*핵심 질문*

진술	설명
코치: 1은 전혀 중요하지 않고 10은 매우 중요하다고 할 때, 지금 규칙적으로 연습하는 것이 얼마나 중요한지 스스로에게 몇 점을 줄래? 선수: 8 정도입니다. 코치: 왜 4나 5처럼 더 낮은 점수를 주지 않고 8을 줬는지 물어봐도 될까?	*선수의 동기를 파악하기 위해 점수를 묻습니다.*
선수: 아, 그건 간단해요. 더 잘하고 싶어서요. 아시다시피 이 스포츠는 현재 제 인생 자체거든요. 제 최우선 순위이고 더 잘해야겠다는 각오도 다지고 있습니다.	*강력한 [변화대화]*
코치: 더 좋은 기록을 내고 싶구나.	*더 많은 [변화대화]를 유도하기 위해 고안된 [경청진술]*
선수: 물론이죠. 더 좋아져야죠.	*[변화대화]*
코치: 이제 두 번째 질문을 할께. 더 나은 기록을 위해 규칙적으로 연습하는 것에 대해 얼마나 자신감이 있니? 선수: 지금은 잘 안 되고 있어요. 많이 피곤하고 끝나고 나면 기분이 좋지 않아요. 뭐가 문제인지 모르겠어요.	
코치: 지금 뭔가 잘 안 풀리는 것 같은데? 선수: 제가 연습을 너무 많이 한 건가요?	*[경청진술]*
코치: 그런 게 궁금하구나. 선수: 왜 이렇게 피곤할까요? 너무 무리해서 지쳐서 그런가 봐요.	*[경청진술]을 사용하여 선수의 대답을 유도합니다.*
코치: 균형이 안 맞는 것 같은데?	*조금 더 깊이 파고들기 위한 [경청진술]*
선수: 네, 모든 게 균형이 안 맞아요. 집에서 일이 쉽지는 않지만, 이런 저런 일이 많은 것에 익숙해서 큰 문제는 아니에요.	
코치: 1이 전혀 자신감이 없는 상태고 10이 균형을 찾고 연습을 바로잡는 데 매우 자신감이 있는 상태라면, 지금 자신에게 몇 점을 주고 싶니?	*핵심적인 질문을 하고 평점을 요구합니다.*
선수: 5점 정도요. 연습을 덜 하면 폼이 떨어질까 봐 걱정됩니다.	

진술	설명
코치: 왜 스스로에게 1이 아닌 5를 준 건가?	
선수: (머뭇거리며) 모든 것이 잘 풀렸던 때가 있었기 때문에 어떤 느낌인지 기억하고 있어요. 그걸 다시 찾을 수 있어야 해요.	*[변화대화]*
코치: 정말 이걸 바로잡고 싶구나.	*[경청진술]*
선수: 오, 그럼요, 꼭 바로잡아야죠.	*강력한 [변화대화]*
코치: 5점에서 6점, 7점, 심지어 8점으로 올리려면 어떻게 해야 할까?	*척도를 찾아보는 핵심 질문으로 더 많은 [변화대화]를 이끌어내기 위해 고안되었습니다.*
선수: 전에도 그랬고, 앞으로도 그럴 거겠지만, 일어난 후와 연습할 때와 연습 전후에 얼마나 피곤한지를 기록하고 연습 시간을 적어두면 도움이 될 것 같아요.	*[변화대화]*
코치: 같은 처지의 다른 선수들에게 도움이 될 만한 조언을 덧붙여도 괜찮을까? (코치는 선수가 고개를 끄덕이며 동의하기를 기다립니다.) 좀 더 급진적인 실험을 한다고 생각하고, 일주일 정도 운동 시간을 확 줄이고 일기에 에너지에 어떤 변화가 일어나는지 적어보는 것도 고려해보면 좋을 것 같아. 이건 전적으로 네 몫인데. 어떤 방법이 가장 합리적이라고 생각해?	*좋은 관계를 바탕으로 조언하고, 동의를 구하며, 선택을 존중하고 자율성을 지지하는 언어를 사용합니다("고려해보면 좋을 것 같아.", "덧붙여도 괜찮을까?", "어떤 방법이 가장 합리적이라고 생각해?").* 10장을 참조하세요.

해당 대화 순서에는 두 가지 핵심 질문이 있으며, 모든 선수가 같은 대답을 하지는 않습니다. 하나는 '변화해야 하는 이유' 또는 변화의 중요성에 관한 질문이고, 다른 하나는 '어떻게' 또는 변화를 이룰 수 있는 자신감에 관한 질문입니다. 첫 번째 질문은 선수에게 자신의 가치관과 내면에 있는 것에 대해 이야기할 수 있는 공간을 제공하고, 두 번째 질문은 연습이나 경기력 향상을 위한 노력, 자신감, 기술을 다룹니다. 이 두 질문 모두에서 코치가 아닌 선수가 주도권을 잡으며, 이는 선수들로부터 변화대화를 이끌어내는 가장 직접적인 방법 중 하나입니다.

우리가 이 전략을 사용한 많은 대화에서 경험한 바에 따르면, 첫 번째 '왜' 질문은 행동에 더 초점을 맞춘 두 번째 '어떻게' 질문 때문에 종종 간과될 수 있습니다. 우리는 보통 '왜'에 대해 먼저 질문하는데, 이는 동기 부여 배터리를 충전하는 것처럼 선수들에게 자신의 가치를 인정할 수 있는 공간을 제공하기 때문입니다.

또한. 때때로 '왜'라는 질문은 문제가 어디에 있는지 알려주며, 선수가 신뢰할 수 있는 사람과 안전한 공간에서 이 문제를 해결하는 데 도움이 됩니다.

꿀팁: *선수가 변화를 '어떻게' 이룰 수 있는지 묻기 전에 왜 변화해야 하는지에 대한 '이유'를 물어보세요. 이는 보통 긍정적인 결과를 가져옵니다.*

우리가 사용하는 또 다른 황금률은 '왜' 또는 '어떻게'에 대해 질문할 때 열심히 경청하는 것입니다. 다음은 위 대화에서 나온 예시입니다:

선수: 제가 연습을 너무 많이 한 건가요?
코치: 그런 게 궁금하구나. [경청진술]
선수: 왜 이렇게 피곤할까요? 너무 무리해서 지쳐서 그런가봐요.

이것은 경청진술이 선수의 질문에 대한 답을 끌어낸, 간단하고 매우 짧았지만, 효과는 만점이었던 최고의 동기면담이었습니다.

꿀팁: *핵심 질문을 한 후 경청진술을 사용하여 선수의 대답을 이끌어냅니다.*

척도 질문과 수치에 대한 요청은 선수가 이미 내면에 있는 동기를 표현할 때 변화에 대한 긍정적인 이야기를 이끌어낼 수 있는 발판을 제공합니다. 평정 척도가 동기면담과 별개의 것은 아니지만, 능숙한 경청과 함께 전략적으로 사용하면 참여와 변화대화를 만들어내는 데 유용한 도구가 될 수 있습니다.

제대로 이해하기

우리는 이 전략을 여러 환경에서 적용하고 개선해왔으며 그 실제 사례를 관찰해 왔습니다. 다음은 우리가 교육 과정에서 사용하는 권장 지침입니다:

변화에 대해 두 가지 열린 질문을 하세요.

"이 변화를 만드는 것이 얼마나 중요한가요?" ('왜?')

호기심 어린 태도와 선수들 안에 답이 있다는 믿음을 가지고 잠시 동안 질문을 이어갑니다. 경청진술은 앞으로 나아가는 데 도움이 됩니다. 부정적인 대답을 포함한 모든 종류의 대답이 나올 수 있지만, 선수들은 대개 "나는.. 때문에 해야 합니다."; "반드시 해야 하기 때문에.... "; "나는 하고 싶기 때문에...." 같은 식으로 긍정적인 이유를 포함하는 대답을 합니다. 그런 다음 두 번째 질문을 하세요.

"성공에 대해 얼마나 자신감이 있나요?" ('어떻게?')

위와 같은 방법으로 질문을 반복합니다. 그러면 선수들이 어떤 어려움을 겪고 있으며 이를 극복하는 것에 대해 어떻게 느끼는지를 들을 수 있습니다. 여기에는 "집중하고 연습하기만 하면 할 수 있을 것 같아요."와 같이 자신감에 대한 긍정적인 진술이 포함될 가능성이 높습니다.

요약해 보기

이 시점에서 잠시 멈추고, 왜 또는 어떻게 해야 하는지에 대한 주요 도전 과제가 어디에 있는지 파악합니다. 예를 들어 두 질문에 대해 선수들이 어떻게 생각 하는지 요약해 보세요: "이 변화를 통해 성공할 수 있을지 확신할 수 없는 이유는__________, 하지만 이 변화가 중요하다고 생각하며, 경기를 개선하고, __________에 도움이 될 것이라고 생각하고 있네." 가능하면 요약을 통해 긍정적인 면을 포착하세요.

변화에 관한 핵심 질문하기

"어떻게 하시겠습니까?"
"지금 당신에게 가장 좋은 것은 무엇인가요?"
"당신이 생각하는 다음 단계는 무엇인가요?"

이 순간은 선수가 결정을 내릴 수 있는 중요한 순간이며, 이 결정은 지도자보다는 선수 스스로가 무엇이 최선인지에 대한 자신의 현명한 판단에 근거하는 것이 훨씬 더 좋습니다.

척도를 사용해서 대화를 지원하기

'왜'와 '어떻게'라는 두 가지 핵심 질문을 할 때 척도와 숫자를 사용하여 대화를 구성하는 방법을 요약하자면 다음과 같습니다. 선수가 보고한 점수에 대해 질문하여 왜 또는 어떻게 앞으로 나아갈 수 있는지를 말하도록 도와줍니다. 다양한 환경에서 종이에 자를 그려놓고 이 방법을 사용하는 것을 많이 보았습니다.

"이 변화를 만드는 것이 얼마나 중요한가요? 1부터 10까지 숫자로 표시해 봐도 될까요? 1은 전혀 중요하지 않고 10은 매우 중요하다고 할때, 지금 당장 자신에게 몇 점을 주시겠습니까?"

점수가 1이나 10이 되는 경우는 거의 없습니다. 6점이라고 가정하고 다음 두 가지 질문 중 하나를 생각해 보세요:

"왜 스스로에게 1점이 아닌 6점을 주셨나요?"

1장에서 '변화대화'라고 불렀던 변화가 중요한 이유를 설명하는 내용이 답변으로 나옵니다.

"6점에서 7점 또는 8점으로 점수를 올리려면 무엇이 필요할까요?"

다시 말하지만, 선수들은 무엇이 변화의 동기를 끌어올릴 수 있는지 말해줄 것입니다.

"성공에 대해 얼마나 자신감이 있나요?"

이제 위와 같은 방법으로 자신감에 대해 질문할 수 있습니다. 예를 들어 선수가 3점을 받았다면 이렇게 질문할 수 있습니다:

"왜 1점이 아닌 3점을 주셨나요?"

선수의 내면에 어떤 자신감이 있는지에 대한 대답이 돌아올 것입니다.

"3점에서 4점이나 5점을 받으려면 무엇이 필요하죠?"

선수들은 무엇이 자신감을 높여 변화를 이끌어낼 수 있는지 이야기할 것입니다.

결론

이 전략을 사용할 때는 유연성이 핵심입니다. 어떤 선수는 자신감 부족과 변화의 '방법'에 너무 매몰되어 변화의 중요성이나 이유보다는 눈금과 숫자에만 집중할 것입니다. 다른 사람에게는 그 반대일 수도 있습니다. 어떤 사람은 척도에서 더 잘 반응하고, 어떤 사람은 그렇지 않을 수 있습니다. 선수와 좋은 관계를 맺고 있는 모든 상황에서 이 연습을 해보고, 몇 분 동안 선수의 변화 양상에 대해 자세히 살펴보세요.

동기 부여를 높이는 대화

이런 종류의 대화를 시도할 때, 가끔 운동선수들이 자신이 잘 아는 영역, 즉 방해 요소가 없고 순수한 집중력만 있는 영역에 들어가는 방법을 알아차려 보세요. 항상 그 영역에 도달하는 것은 물론 그 영역에 머무르는 것도 쉽지 않지만, 그 영역에 들어가면 서로가 함께 전진하고 있기 때문에 변화와 발전이 일어납니다.

어떤 면에서 연습은 코치로서 빛을 발하는 순간입니다. 많은 코치들은 팀이 경기장이나 코트에 나가면 "건초는 이미 헛간에 있다"는 식으로 생각합니다. 즉, 선수들을 준비시키는 진짜 일은 이미 다 끝났고 할 수 있는 것이 없다고 생각하죠. 하지만, 이러한 순간이야말로 변화의 '이유'와 '방법'을 연결하고 이끌어내는 연습을 할 수 있는 기회입니다. 이 전략은 선수들과 함께 변화의 이유와 방법을 이야기하는 이 간단한 '흐름'에 빠져들면 결코 손해 보지 않고 더 나아질 수 있다는 것을 알기에 이 순간에 동기면담을 연습하도록 권유하는 것입니다. 그렇게 하면 자신이 얼마나 잘하고 있는지에 대한 즉각적인 피드백을 받을 수 있습니다. 선수들이 자유롭게 이야기하면 제대로 하고 있다는 것을 알 수 있습니다. 만약 그들이 저항한다면, 어떻게든 기준점을 벗어난 것이므로 다시 연결하여 다시 한 번 시도하세요. 연습은 그런 것입니다. 연습을 한다고 해서 완벽해지지는 않지만, 연습을 통해 일관성이 향상되는 것은 사실입니다.

생각해볼 만한 질문

- 연습할 때마다 어떻게 동기를 부여할 수 있나요?
- 선수들이 지루하고 반복적이라고 생각하는 루틴에 더 몰입할 수 있도록 어떻게 도울 수 있을까요? 선수들에게 이런 질문을 해볼 수 있나요?
- 꼭 해야 한다고 생각하지만 어려움을 겪고 있는 삶의 변화에 대해 생각해 보세요. 신뢰하는 사람과 이에 대해 이야기하려고 합니다. 그 대화에서 어떤 점을 좋아하고 싫어할까요?

제 9 장

목표 설정 및 계획 세우기

진정한 마음과 열정 없이 시작하지 마세요.

- 19세 선수

핵심내용

+ 전략: (1) 연결하고 평가하기, (2) 목표 설정의 '이유', (3) 목표 설정의 '방법', (4) 목표 설정의 '내용'
+ 변화대화를 들으면 더 많은 경청 진술로 이를 반영하세요.

동기면담 기술을 사용하여 선수에게 정말 중요한 것을 도출하고, 의미 있는 공동 계획을 수립함으로써 목표 설정을 개선할 수 있습니다. 변화대화가 나오면 왜, 무엇을, 어떻게 개선할 수 있는지 더 많이 말하도록 격려하세요. 선수들의 계획은 곧 당신의 계획이기도 합니다.

킥오프

선수와 목표를 설정할 때, 그들이 계획을 세우고 실행하며 그 계획을 고수하는 비율은 몇 퍼센트일까요? 50-60% 정도일까요? 이런 비율은 특히 팀 스포츠에서 매우 흔합니다. 이 추정치와 더 높은 성공률 사이에는 동기면담이 당신의 기술과 선수들의 경기력을 향상시키는 데 어떻게 도움이 될 수 있는지를 생각해볼 기회가 있습니다.

흔히 저지르는 실수 중 하나는 왜 그런지 충분히 고려하지 않고, '무엇을' '어떻게' 해야 하는지에만 집중하는 것입니다. 또 다른 과제는 동기면담의 고유 영역으로, 선수들이 주인의식을 갖고 동기를 부여받아 목표를 설정하고 목표 달성을 위한 단계에 전념할 수 있도록 돕는 것입니다.

최전방에서 온 생생한 이야기

새로운 테니스 시즌이 시작될 무렵, 가장 재능 있는 선수 중 한 명인 아네트가 당신에게 다가와 자신의 플레이에서 중요한 부분을 "더 잘하고 싶다."라고 말합니다. 당신은 그녀에게 테크닉과 타이밍을 개선할 수 있는 방법에 대한 조언을 해주며, 이를 통해 달성할 수 있는 목표를 제시합니다. 그녀가 그 목표를 달성할 수 있을 것이라고 낙관적으로 생각합니다. 그러나 다음 시합에서 그녀가 당신이 알려준 좋은 방법을 전혀 활용하지 않는 것을 보고 깜짝 놀랍니다. 마치 당신과 나눈 모든 대화가 한 귀로 듣고 한 귀로 흘러나간 것처럼 보입니다.

목표를 계획하는 과정에서는 다양한 문제가 발생할 수 있습니다. 이 장에서는 관계와 동기면담을 가장 효과적으로 활용할 수 있는 방법을 살펴봅니다. 최고의 아이디어가 항상 코치에게서 나오는 것이 과연 현명할까요? 스포츠에서 동기면담의 특별한 위치는, 관계를 활용하여 선수가 자신의 전문성을 바탕으로 새로운 아이디어를 떠올리도록 이끄는 데 있습니다. 목표를 설정하는 방법이 목표 자체만큼이나 중요할 수 있습니다. 이 장에서는 '왜, 무엇을, 어떻게'라는 기본 틀을 안내자로 사용합니다. 이 체계를 선택한 이유는 아래에서 보시는 바와 같이 동기면담이 가장 잘 작동하는 방식과 밀접한 관련이 있기 때문입니다. 수렵 채집 시절로 거슬러 올라가면, 명확한 계획을 염두에 두고 다른 사람들과 함께 작업하고 협력하면 성공할 가능성이 더 높다는 생각에서 비롯된 것일 수도 있습니다. 또 다른 중요한 요소는 유연성입니다. 계획을 세우자마자 상황이 항상 변할 수 있기 때문에, 유연성은 필수적입니다. 선수에게 "이 목표를 잘 따라가자, 계속 노력하자."라고 말했더라도 상황이 다소 달라질 수 있습니다.

> 목표를 설정하는 방법도 목표만큼이나 중요합니다.

왜, 무엇을, 어떻게

'왜', '무엇을', '어떻게'라는 이 세 단어는 1970년대 Gerard Egan의 숙련된 지원에 관한 초기 연구(Egan, 2013 참조)에서부터 최근 리더십 분야의 적용에 이르기까지 목표 설정과 성과를 개선하는 데 널리 사용되어 왔습니다(Sinek, 2011 참조). 운동선수에게도 딱 들어맞는 이론입니다: 먼저 선수들이 실력 향상에 필요한 가장 중요한 요소를 파악한 후, 목표 설정의 이유, 내용, 방법 중 하나 이상을 실천하는 것입니다. 이 중에서도 '왜'가 중요한 경우가 많습니다.

앞으로 나아가기 위한 최선의 방법을 평가하는 것이 좋습니다(그림 9.1 참조). 물론 선수들의 요구는 매우 다양하기 때문에 그림 9.1에 제시된 작업 순서를 항상 엄격하게 따를 필요는 없습니다. 그러나 낮은 동기 부여가 선수들의 변화를 위한 노력을 방해하는 것처럼 보인다면, 이는 종종 선수들의 마음이 거기에 있지 않거나 '왜?'에 대한 질문이 적절히 해결되지 않았기 때문입니다.

연결하고 평가하기
"무엇이 당신에게 도움이 될까요?"

왜?
왜 그게 중요한가요? 마음을 사로잡으세요.

무엇을?
무엇을 하면 좋을지, 계획을 세워보세요.

어떻게?
어떻게 이루어낼 수 있을지 계획대로 실행하세요.

그림 9.1. 동기면담을 사용한 목표 설정의 핵심 작업

전략: 연결하고 평가하기

요약: 선수에게 필요한 것은 무엇인가요? 어디에서 막혔나요? 왜, 어떻게, 무엇을 해결해야 할 필요가 있나요? 선수가 혼란스러워하거나 성공에 대해 확신이 없거나 다른 목표를 세우고 싶어 하나요? 대화를 통해 상황을 명확히 파악하세요.

***꿀팁:** 명확하지 않은 부분이 있으면 선수에게 직접 물어보세요.*

위의 아네트의 이야기는 테니스에 관한 것이지만 거의 모든 스포츠에 적용될 수 있습니다. 계획대로 되지 않은 이유는 무엇인가요? 잠을 못 잤나요, 경쟁자가 더 높은 수준에 도달했나요? 운이 나빴나요, 자신감이 부족했나요, 아니면 다른

이유가 있나요? 코치가 그 과정을 너무 일방적으로 주도해서 그녀의 계획에 대한 주도권이 약해졌을까요?

실천 전략

코치: 안녕, 아네트. 어떻게 지내고 있는지 이야기 좀 해볼 수 있을까?

아네트: 네, 물론이죠. 이번 주는 정말 힘들었어요.

코치: 비록 경기는 졌지만 정말 열심히 잘 싸웠어.

아네트: 고마워요, 코치님. 2세트에서 거의 잡을 뻔했어요.

코치: 진짜 거의 다 잡았다니까.

아네트: 거의 그랬지만, 충분하지 않았어요. 중요한 순간에 집중력을 잃은 것 같아요. 그녀가 너무 강하게 밀어붙여서 대처할 수 없었어요.

코치: 어디서 집중력을 잃었는지 알 수 있을 것 같은데.

아네트: 맞아요, 코치님. 저도 그렇게 생각해요.

코치: 네트 앞으로 더 많이 들어오겠다는 목표는 어떻게 되었는지 물어봐도 될까?

아네트: 그거 물어보실 줄 알았어요. 좋은 생각이었지만, 그냥 얼어붙어서 자신감이 없었어요. 체중이 뒷발에 실려서 앞으로 나아갈 시간이 없었죠.

코치: 하고 싶은데, 실현할 수만 있다면 좋겠지?

아네트: 아마도 이번 주에 연습해 볼 수 있을 것 같아요. 더 많이 연습하면 확실히 도움이 될 거예요.

코치: 그 목표를 해보고 싶은가보네.

아네트: 네, 이 목표는 좋은 목표였어요. 이제 본격적으로 연습에 전념해서 해보려고요.

해설과 함께 다시 듣기

진술	설명
코치: 안녕, 아네트. 어떻게 지내고 있는지 이야기 좀 해볼 수 있을까?	*허락을 구하고 있습니다. 코치는 무엇보다도 먼저 시작하려고 합니다.*
아네트: 네, 물론이죠. 이번 주는 정말 힘들었어요.	
코치: 비록 경기는 졌지만 정말 열심히 잘 싸웠어.	*열심히 싸웠다는 긍정적인 인정으로 대화를 시작합니다.*

진술	설명
아네트: 고마워요, 코치님. 2세트에서 거의 잡을 뻔했어요.	*긍정적으로 반응하고 잘 해냈던 자신의 기억을 떠올립니다.*
코치: 진짜 거의 다 잡았다니까.	*간단한 [경청진술]을 통해 무슨 일이 있었는지 파악하고 대화의 주도권을 다시 아네트에게 넘깁니다.*
아네트: 거의 그랬지만, 충분하지 않았어요. 중요한 순간에 집중력을 잃은 것 같아요. 그녀가 너무 강하게 밀어붙여서 대처할 수 없었어요.	*아네트는 자신이 어디에서 잘못되었는지 명확히 설명합니다.*
코치: 어디에서 집중력을 잃었는지 알 수 있을 것 같은데.	*또 다른 간단한 [경청진술]*
아네트: 맞아요, 코치님. 저도 그렇게 생각해요.	*아네트는 코치의 [경청진술]이 정확한지 확인합니다. 연결이 명확하고 빠르게 이루어집니다.*
코치: 네트 앞으로 더 많이 들어오겠다는 목표는 어떻게 되었는지 물어봐도 될까?	*연결이 잘 이루어지자, 코치는 설정한 목표에 대해 물어보기로 결정합니다. 이것은 대화를 통한 비공식적인 평가입니다.*
아네트: 그거 물어보실 줄 알았어요. 좋은 생각이었지만, 그냥 얼어붙어서 자신감이 없었어요. 체중이 뒷발에 실려서 앞으로 나아갈 시간이 없었죠.	*그녀는 무슨 일이 있었는지 설명합니다.*
코치: 하고 싶은데, 실현할 수만 있다면 좋겠지?	*이것은 그녀의 동기에 대한 추측이지만, 코치는 아네트가 어떤 식으로든 확인하거나 명확히 할 수 있도록 유도합니다.*
아네트: 아마도 이번 주에 연습해 볼 수 있을 것 같아요. 더 많이 연습하면 확실히 도움이 될 거예요.	*아네트는 [변화대화]를 통해 이를 확인합니다.*
코치: 그 목표를 해보고 싶은가 보네.	*아네트가 "아마도"라고 말하자, 코치는 [경청진술]을 통해 그녀가 얼마나 간절히 원하는지 말할 수 있는 공간을 제공합니다.*
아네트: 네, 이 목표는 좋은 목표였어요. 이제 본격적으로 연습에 전념해서 해보려고요.	*그녀는 더 강력한 [변화대화]로 시도해 보겠다는 다짐을 확인합니다.*

결론

목표 설정은 매우 인간적인 과정이며, 먼저 관계를 형성한 다음 선수에게 취약성을 드러내고 상황을 솔직하게 말할 수 있는 기회를 주면, 관계가 중심이 될 수 있습니다. 평가는 사실과 전략을 확대하는 것만큼이나 감정을 확인하는 것이 중요합니다.

꿀팁: *선수가 안전하다고 느끼고 취약점을 공유하도록 도와주면 더 신뢰할 수 있는 평가와 더 나은 목표 계획을 세울 수 있습니다.*

전략: 목표 설정의 '이유'

요약: 동기 부여가 안되거나 목표가 흔들리고 있나요? 팀원들이 진정으로 원하는 것이 무엇인지 그리고 이 목표가 왜 중요한지 스스로에게 상기시킬 필요가 있을까요? 목표 설정 전략의 '이유'를 사용하여 무엇이 중요한지 말하도록 도와주세요.

과학과 전문 지식의 모든 지혜를 선수에게 전달할 수 있지만, 그 이면에는 선수의 마음, 가치관, 동기 부여, 그리고 의심도 자리 잡고 있습니다. 바로 이 부분에서 동기면담은 목표 설정과 선수 개인에게 적합한 것을 결합하는 데 도움을 줄 수 있습니다. 선수가 당신과 안전하게 대화할 수 있다고 느끼고, 자신이 왜 무언가를 하고 있는지, 이상적으로는 더 깊은 개인적 가치와 연결된 이유를 알고 있다면, 마음과 머리가 하나가 되어 목표를 달성하는 데 필요한 단계를 함께 밟아가면서 이 상태를 유지할 수 있습니다.

최전방에서 온 생생한 이야기

70대 후반의 안나 보타는 세계 챔피언의 코치입니다. 지구 반대편 나미비아에서 독학으로 코칭을 배워 세계 선수권 및 올림픽 단거리 스프린트 챔피언인 프랭키 프레데릭스를 지도했으며, 현재는 남아프리카공화국에서 400미터 단거리 세계 신기록 및 올림픽 신기록 보유자인 웨이드 반 니커크를 비롯한 스타 선수들과 함께 팀을 꾸려 활동하고 있습니다. 어떻게 그렇게 할 수 있었을까요? 그녀의 대답은 일관되고 명확합니다. "선수를 기계로 생각하면 무언가를 성취했다는 만족감을 느끼지 못할 것 같아요. 그저 한 인간이 목표와 꿈을 이룰 수 있도록 돕는 것이어야 합니다."

개인의 내면의 힘을 활용한다는 생각은 강력한 힘을 발휘할 수 있습니다. 목표 설정을 단순히 이성적인 논리로만 접근하는 것이 아니라, 선수의 마음, 스포츠에 대한 애정, 진정한 가치관에 따라 진행해야 합니다. 우리가 그 바람에 맞춰 돛을 세우면 목표를 향해 나아가는 데 더 확실한 진전이 있을 것입니다. 아래의 주요 질문 중 하나를 참고하면 시작하는 데 도움이 될 수 있습니다.

주요 질문

"어떤 목표를 달성하고 싶으신가요?"

이 질문은 선수들이 거울을 들고 자신을 들여다보는 것과 같습니다. 소통하고 경청할 수 있는 좋은 기회를 줍니다. 이 질문을 하면 선수를 단순한 운동선수가 아닌 사람으로 바라보게 된다는 것을 느낄 수 있습니다. 무엇이 선수의 마음을 움직이는지, 무엇을 소중히 여기고, 좋아하는지, 무엇을 즐기는지에 귀를 기울이세요. 목표를 개인적이고 가까운 범위 안에서 설정하고, 선수의 통제 범위 안에 두세요. 변화대화를 듣고 경청진술을 통해 선수의 동기를 더욱 끌어올릴 수 있습니다.

다른 유용한 질문: "달성 가능하고 성과를 향상시킬 수 있는 것은 무엇인가요?"; "무엇이 당신을 정말로 열정적으로 만들까요?"; "무엇이 당신이 최고가 되는 데 도움이 될까요?" 불명확한 그림도 괜찮습니다. 한 번에 모든 것을 명확하게 설명할 필요는 없습니다.

"이 목표가 중요한 이유는 무엇인가요?"

이것은 개인적인 가치를 탐색하는 지름길 같은 질문입니다. 성급한 계획을 피하고, 이 길을 유지하는 것은 매우 보람 있는 일입니다. 이 과정에서 강점을 발견할 수 있으며 이를 강조할 수 있습니다.

다른 유용한 질문: "이 목표가 실제로 당신에게 어떤 의미가 있나요?"; "이 목표를 달성하면 당신에게 어떤 의미가 있을까요?"; "이 목표를 달성하면 당신에게 어떤 변화가 생길까요?" 때로는 "더 말해 보세요"와 같은 문구로 선수를 자극하거나 "그리고 그것이 왜 당신에게 그렇게 중요한가요?"와 같은 질문으로 선수의 근본적인 가치와 연결될 수 있도록 도와야 할 때도 있습니다.

"얼마나 준비되셨나요?"

아직 준비가 되지 않은 것은 실패의 흔한 이유입니다. 선수들이 얼마나 전념하고 있는지를 반영하는 변화대화를 주목하세요. 확신이 서지 않으면, 선수들에게 직접 물어보세요.

다른 유용한 질문: "이 방향으로 얼마나 더 나아가고 싶으신가요?"; "더 준비되었다고 느끼는 데 무엇이 도움이 될까요?"; "더 준비되었다고 느끼게 하려면 제가 어떻게 도울 수 있을까요?" 이와 같은 질문은 선수가 목표 설정 과정을 주도하는 데 도움을 줍니다. 그렇지 않으면 코치로서 우리는 눈을 감고 과녁을 조준하는 것처럼 무엇이 도움이 될지 추측만 하게 될 것입니다.

실천 전략

선수가 목표에 대해 '예'라고 말했다고 해서 100% 전념한다는 의미는 아닙니다. '마음 다잡기'는 목표가 중요한 이유를 말하기 때문에 동기 부여에 유용한 방법이 될 수 있습니다. 다른 사람 앞에서 이런 말을 하는 것은 개인의 꿈과 취약점을 특별한 방식으로 공유하는 것이며, 코치라면 누구나 듣고 함께할 수 있는 특권을 가집니다. 또한 이렇게 하면 목표에 더 충실해지고 목표를 달성하기 위해 더 열심히 노력할 가능성이 높아집니다. 아래 아네트의 사례에서 코치는 "이 목표가 왜 당신에게 중요한가요?"라는 간단한 질문으로 대화를 시작합니다.

코치: 오늘 아침에 네트 앞으로 더 많이 들어오겠다는 목표에 대해 이야기했는데, 언제, 어떻게 할 것인지에 대해 이야기하기 전에 이 목표가 왜 중요한지 물어도 될까?

아네트: 하하. (웃음) 물론 더 많은 경기에서 이기기 위해서겠죠. 하지만, 진지하게 말하자면 과거에 제가 이걸 시도했다가 벌칙을 받은 적이 있어서 오랫동안 시도하지 않았어요.

코치: 그렇게 잘 되지는 않았지만, 지금 다시 시도해 보면 도움이 될 것 같다는 생각이 드는데.

아네트: 아, 그건 선수로서 정체되고 싶지 않기 때문이에요. 나이가 들어도 계속 새로운 것을 개발하고 싶어요.

코치: 여전히 배울 게 더 많다고 생각하는구나.

아네트: 네. 맞아요. 더 이상 배울 수 없다고 생각하면 정말 우울해져요. 저는 이 스포츠를 위해 많은 것을 희생했어요. 기술을 향상시키기 위해 미친 듯이 노력했던 제 자신에게 큰 빚을 졌다고 생각해요.

코치: 새로운 기술을 배우면서 경기에 새로운 활력을 불어넣고 싶다는 말로 들리는데.

아네트: 맞아요.

코치: 지난번에 얘기했을 때 네트 안으로 들어오는 공이 어디서부터 어려웠어?

해설과 함께 다시 듣기

진술	설명
코치: 오늘 아침에 네트 앞으로 더 많이 들어오겠다는 목표에 대해 이야기했는데, 언제, 어떻게 할 것인지에 대해 이야기하기 전에 이 목표가 왜 중요한지 물어도 될까?	*'마음다잡기'를 활용하고, '왜'라는 질문을 하기로 결정합니다(위의 '주요 질문' 참조).*
아네트: 하하. (웃음) 물론 더 많은 경기에서 이기기 위해서겠죠. 하지만, 진지하게 말하자면 과거에 제가 이걸 시도했다가 벌칙을 받은 적이 있어서 오랫동안 시도하지 않았어요.	*의구심에 대해 이야기합니다.*
코치: 그렇게 잘 되지는 않았지만, 지금 다시 시도해 보면 도움이 될 것 같다는 생각이 드는데.	*[경청진술]*
아네트: 아, 그건 선수로서 정체되고 싶지 않기 때문이에요. 나이가 들어도 계속 새로운 것을 개발하고 싶어요.	*그녀는 자신의 개인적인 가치에 대해 이야기합니다("나는... 하고 싶어요.").*
코치: 여전히 배울 게 더 많다고 생각하는구나.	*긍정적인 [변화대화]를 반영하는 [경청진술]은 그녀의 감정을 포착하기 위해 고안된 것입니다.*
아네트: 네. 맞아요. 더 이상 배울 수 없다고 생각하면 정말 우울해져요. 저는 이 스포츠를 위해 많은 것을 희생했어요. 기술을 향상시키기 위해 미친 듯이 노력했던 제 자신에게 큰 빚을 졌다고 생각해요.	*개인적 가치에 대한 강한 표현–더 많은 [변화대화]("제 자신에게 큰 빚을 졌어요...")*
코치: 새로운 기술을 배우면서 경기에 새로운 활력을 불어넣고 싶다는 말로 들리는데.	*그녀의 감정을 포착하기 위해 고안된 또 다른 [경청진술]입니다.*
아네트: 맞아요.	*아네트가 코치의 요약이 정확했음을 확인해줍니다.*
코치: 지난번에 얘기했을 때 네트 앞으로 들어오는 공이 어디서부터 어려웠어?	*코치는 이제 목표 자체로 초점을 옮기기로 결정합니다.*

결론

선수의 마음을 움직이고 목표를 달성하거나 설정하려는 이유를 명확히 파악할 수 있는 핵심 질문은 많이 있습니다. 위의 예에서는 단 한 가지 질문("이 목표가 왜 중요한지 물어봐도 될까?")만 사용했습니다. 코치가 군더더기 없이 깨끗한 마음으로 경청에만 집중했기 때문에(7장 빠르게 연결하기 참조) 아네트는 충분히 안전하다고 느꼈고 변화대화를 탐색하고 표현할 수 있었습니다. 동기면담은 이 변화대화를 다시 반영하고 선수가 더 많은 이야기를 할 수 있도록 격려하면서 반응하는 것을 포함합니다.

> 선수의 '예'라는 대답이 전념을 보장하지는 않습니다.

꿀팁: *변화대화를 들었을 때 주제를 바꾸지 말고 더 많은 경청진술로 반영하세요.*

전략: 목표 설정의 '내용'

요약: 선수는 목표를 설정하고 계획을 세울 준비가 되어 있고 동기가 부여되어 있나요? 도움이 될 만한 목표는 여러 가지가 있을 수 있습니다. 다양한 열린 질문이 올바른 목표를 찾는 데 도움이 될 것입니다.

요즘 스포츠에서는 코치가 선수 대신 속도를 정하고 변화를 위한 계획을 세우는 '과잉 코칭'이 자주 보고되고 있습니다. 동기면담을 활용하면 선수 스스로 무엇이 최선인지에 대한 답을 이미 가지고 있는 경우가 많기 때문에 이런 일이 자주 일어나지 않습니다. 구체적으로 어떤 모습일까요?

코치: 어떤 목표가 너에게 가장 의미 있을까?
선수: 적절한 순간에 손을 바꾸는 것을 시도해보고 싶어요. [변화대화]
코치: 그게 잘 되길 바라는구나. [경청진술]
선수: 확실히 그렇게 할 수 있을 것 같아요. [더 강력한 변화대화]
코치: 어떻게 할 계획인지 말해줄래?
선수: 내일 적절한 순간을 선택해서 시도해보려구요. [더 많은 변화대화]

선수의 아이디어에 의존한다고 해서 코치의 아이디어가 무의미해지는 것은 아닙니다. 이는 두 사람이 아이디어를 공유하고, 무엇이 가장 도움이 될지 선수가 선택하게 하는 것과 같습니다. 긍정적인 변화 대화는 선수를 행동으로 이끌 수 있는 신호이므로 강화할 가치가 있습니다. 올바른 계획을 찾기 위해 시작할 수 있는 몇 가지 주요 열린 질문이 있습니다.

선수의 아이디어에 의존한다고 해서 코치의 아이디어가 무의미해지는 것은 아닙니다.

주요 질문

"이 목표를 달성하는 가장 좋은 방법은 무엇인가요?"

목표 설정의 핵심질문입니다. 가능한 경로를 함께 지도처럼 시각화해보세요. 선수가 중요하고 관리하기 쉬운 경로를 선택할 수 있도록 도와주세요. 가능하면 정확한 세부 사항으로 범위를 좁히세요. 변화대화를 주목하고 강화하세요.

다른 유용한 질문: "실제로는 어떻게 될까요?", "가장 먼저 취할 수 있는 단계는 무엇인가요?", "과거에 무엇이 도움이 되었나요?", "다른 어떤 단계가 도움이 될까요?", "성공에 대해 얼마나 자신감이 있나요?", "효과가 있는지 어떻게 알 수 있을까요?"

"제가 아이디어를 제안해도 될까요?"

강요하는 것이 아니라 아이디어를 제안하면 선수들이 스스로 결정할 수 있습니다(4장 참조).

다른 유용한 질문: "이렇게 하면 도움이 될까요?"; "어떻게 생각하세요?"; "같은 포지션의 다른 선수들에게 도움이 된 아이디어가 있어요. 지금 공유하면 어떤 느낌이 드시나요?"

"이 계획에 얼마나 전념하고 있나요?"

얼마나 전념하고 있는지 말해주면 전념도가 높아집니다! 의문이 든다면 이유를 물어보세요.

다른 유용한 질문: "이 계획을 실제로 실행하는 데 무엇이 도움이 될까요?", "이 계획을 현장에서 실행하는 데 무엇이 도움이 될까요?", "우리가 같은 생각을 하고 있는지 확인하기 위해 당신의 계획을 어떻게 설명하시겠어요?"

실천 전략

다음은 새로운 것을 시도하고 싶다고 말하는 한 선수의 간단한 예시입니다.

이 사례에서는 경기 준비 방식을 바꾸는 것이 목표이며, 경기에 나가기 전에 호흡 운동을 해보는 것을 예시로 설명합니다.

코치: 이번 경기는 압박감이 있는데, 새로운 것을 시도해보고 싶다고 했었지.
선수: 맞아요, 타석에 들어서면 너무 흥분해서 머리가 핑핑 돌 때가 많아요.
코치: 좀 더 차분해지고 싶구나.
선수: 아니요, 차분해지고 싶다기보다는 더 집중하고 싶어요. 방해 없이 집중할 수 있는 상태에 있고 싶어요.
코치: 그렇다면 그 집중 상태에 들어가기 위해 가장 좋은 방법은 뭐라고 생각해?
선수: 제인과 이야기를 나눠봤는데, 제인은 경기 전에 호흡 운동을 해요. 그게 저에게도 정말 도움이 될 것 같아요.
코치: 그게 네 목표고, 그걸 시도해보고 싶다는 거구나.
선수: 네, 분명 달라질 거예요.
코치: 그럼 정확히 어떻게 할 생각이야?
선수: 호흡법을 배워서 경기 전에 혼자 조용히 해보려고 해요. 준비하는 데 1분 정도만 해봐도 효과가 있을 것 같아요.
코치: 내가 이걸 더 잘할 수 있는 방법을 제안해도 될까? 어떻게 생각해? (설명하며 여러 가지 옵션을 제안합니다.)

해설과 함께 다시 듣기

진술	해설
코치: 이번 경기는 압박감이 있는데, 새로운 것을 시도해보고 싶다고 했었지.	
선수: 맞아요, 타석에 들어서면 너무 흥분해서 머리가 핑핑 돌 때가 많아요.	*문제를 설명합니다.*
코치: 좀 더 차분해지고 싶구나.	*[경청진술]의 형태로 추측합니다.*
선수: 아니요, 차분해지고 싶다기보다는 더 집중하고 싶어요. 방해 없이 집중할 수 있는 상태에 있고 싶어요.	*추측이 정확하지 않아서 선수가 해명합니다.*
코치: 그렇다면 그 집중 상태에 들어가기 위해 가장 좋은 방법은 뭐라고 생각해?	*목표를 찾기 위한 열린 질문*

선수: 제인과 이야기를 나눠봤는데, 제인은 경기 전에 호흡 운동을 해요. 그게 저에게도 정말 도움이 될 것 같아요.	*[변화대화]를 통해 아이디어를 제시합니다("...그게 저에게도 정말 도움이 될 것 같아요.").*
코치: 그게 네 목표고, 그걸 시도해보고 싶다는 거구나.	*[변화대화]를 반영한 [경청진술]*
선수: 네, 분명 달라질 거예요.	*[변화대화]*
코치: 그럼 정확히 어떻게 할 생각이야?	*계획을 찾기 위한 열린 질문*
선수: 호흡법을 배워서 경기 전에 혼자 조용히 해보려고 해요. 준비하는 데 1분 정도만 해봐도 효과가 있을 것 같아요.	*[변화대화]*
코치: 내가 이걸 더 잘할 수 있는 방법을 제안해도 될까? 어떻게 생각해?	설명하며 여러 가지 옵션을 제안합니다.

결론

이러한 일반적인 대화는 동기 면담의 영향을 많이 받습니다. 목표 설정 과정에서 선수의 아이디어를 강화하는데, 간단한 열린 질문(예: "그렇다면 그 집중 상태에 들어가기 위해 가장 좋은 방법은 뭐라고 생각해?")과 변화대화가 나올 때 이를 강화하는 경청진술(예: "그게 네 목표고, 그걸 시도해보고 싶다는 거구나.")을 사용합니다. 목표 계획에는 정해진 공식이 없기 때문에, 핵심 질문 목록에서 선택하거나 선수에게 무엇이 도움이 될지에 대한 궁금증을 바탕으로 직접 다른 질문을 만들어 낼 수 있습니다.

> **꿀팁:** *유용한 핵심 질문을 선택한 다음, 답을 찾기 위해 그 질문을 따라가 보세요.*

전략: 목표 설정의 '방법'

요약: 목표는 명확하며, 이를 실행하는 가장 적합한 방법을 정확히 파악하는 것이 중요합니다. 세부 사항이 중요하며, 전념도 역시 중요합니다. 이는 가능한 한 많이 격려해주는 선수들의 변화대화에서 확인할 수 있습니다.

승리와 실수로부터 배우는 것이 성장을 이끄는 핵심 요소입니다. 이러한 과정을 함께 할 때 동기면담 기술이 실질적으로 도움이 될 수 있습니다.

핵심 질문

타이밍이 가장 중요합니다: 훌륭한 코치들은 어떤 질문을 하느냐보다 언제 하느냐가 더 중요하다고 말합니다. 어떤 선수들은 경기 직후에 자신의 경기력에 대해 이야기하고 싶어 하고, 어떤 선수는 충분한 수면을 취한 후에 분석하는 것을 선호하기도 합니다. 개인차를 관찰하고 고려하면 열린 질문의 효과를 높일 수 있는 적절한 타이밍을 잡는 데 도움이 될 것입니다.

"어떻게 지내세요?"

이 질문은 상대방의 경험과 당신의 관찰을 공유할 수 있는 시간을 줍니다. 처음에는 끊지 말고 경청하고 공감하세요. 선수가 이 계획에 얼마나 만족하고 있는지 확인하세요. 진행 상황이 괜찮다면 어떤 조정이 도움이 될지 생각해 보세요. 너무 많은 문제점을 이야기하지 말고, 어떻게 개선될 수 있는지에 대해 긍정적인 질문을 하세요.

다른 유용한 질문: "개선을 위한 가장 좋은 두 가지 아이디어는 무엇인가요?"; "가장 효과적이었던 부분은 무엇인가요?"; "다른 사람들이 여기서 효과를 본 방법이 있나요?"; "당신의 가장 큰 강점을 여기서 어떻게 활용할 수 있을까요?"; "해결책이 머릿속에 그려지나요? 아니면 상상할 시간이 필요할까요?"; "지금 당장 저에게 도움이 될 만한 것은 무엇인가요?"

"제가 제안해도 될까요?"

먼저 연결하고, 선택권을 제공하며, 선수가 자신에게 미칠 영향을 스스로 판단할 수 있게 하세요(조언하기 10장 참조).

"준비되셨나요?"

예를 들어 전념 여부를 확인합니다: "이 계획에 얼마나 전념하고 계신가요?", "다시 시도할 준비가 되셨나요?" 등의 질문입니다. 이와 같은 질문은 모두 변화대화를 이끌어내기 위한 것으로, 추가적인 경청진술로 이를 강화하면 전념의 의지는 더욱 강해질 것입니다.

실천 전략(코치의 목표 설정)

실패한 계획을 어떻게 되돌릴 수 있을까요? 소프트볼 팀의 주장이 연이은 패배로 자신의 리더십에 대해 걱정하고 있습니다. 코치와 선수는 "경기 후 리뷰 시간에 5-10분 정도 팀원들과 함께 시간을 보내면서 팀원들과 더 잘 소통하고, 그들의 고민을 듣고, 나의 기대치도 명확히 하고 싶다."라는 목표에 동의했습니다. 하지만 잘 되지 않았습니다. 그녀가 말을 많이 하면 할수록 선수들은 오히려 말수가 줄어들었습니다. 그 후 계획을 재검토했습니다.

코치: 어떻게 진행된 것 같아?

선수: 완전 대참사였어요! 팀동료들은 아무 말도 하지 않았고 저는 당황해서 계속 떠들기만 했어요. 정말 멍청한 생각이었죠. (긴장하며 웃음)

코치: 새로운 시도를 했는데, 팀동료들의 침묵 앞에서 용기를 내느라 정말 힘들었겠어.

선수: 맞아요. 절대 하지 말아야 할 것을 배운 것 같아요. (긴장하며 웃음)

코치: 목표가 조금 과했던 건 아닌가 싶어. 아니면 앞으로 회의를 개선하려면 다른 방법을 시도해보고 싶지 않아?

선수: 아니요, 지금은 잘 안 될 것 같아요. 팀 회의가 너무 형식적인 것 같아요.

코치: 팀원들과 더 잘 소통하고 그들의 고민을 듣고 싶지만 회의가 이를 위한 적절한 방식이 아닌 것 같다는 생각이 드네.

선수: 맞아요. 저는 그들과 더 잘 소통하고 싶다는 전반적인 목표는 유지하고 싶어요. [그래서 목표가 약간 조정되었습니다.]

코치: 이를 달성하기 위해 어떤 방법이 더 효과적일까?

선수: 저는 덜 공식적인 상황에서 더 잘하니까, 그 점을 활용하면 어떨까요?

코치: 어떻게 할 수 있을까?

선수: 괜찮다고 생각될 때마다 대화를 시작하고 그들의 고민을 들어주면 되나요?

코치: 그게 더 관리하기 쉬울 것 같아.

선수: 그렇겠죠. 내일부터 시작할 수 있어요.

코치: 일주일 정도 지나면 이 계획이 얼마나 잘 진행되고 있는지 알 수 있을 거야.

선수: 맞아요. 일주일 후에 다시 검토해 봐요. 일주일 동안 이 계획을 실제로 실행해 볼게요.

결론

마지막 대화가 이루어지기 훨씬 전부터, 선수가 안전하다고 느끼고 실패에 대해 기꺼이 취약성을 표현할 수 있도록 하는 대화들이 있었을 것입니다. 즉, 코치는 목표 설정이 시작되기 전에 선수와 연결되는 시간을 가졌습니다. 그런 다음 코치는 안내하기 스타일로 개선 방안을 함께 탐색하고, 동기 면담 기술을 사용하여 선수로부터 다음 단계에 대한 지혜를 이끌어내며 변화대화가 나올 때 이를 강화했습니다. 이 모든 것을 하나로 묶어주는 것은 바로 그들의 관계였습니다. 그들은 실험을 효과적으로 수행했고, 코치가 동기면담 기술을 사용하여 선수가 다음 단계가 무엇인지 말하게 함으로써 실패를 재앙이 아닌 배움의 기회로 만들었습니다.

꿀팁: *실험을 진행하고 선수에게 왜 그리고 어떻게 더 발전할 수 있는지 말하도록 격려하세요.*

그녀가 코치와의 대화를 시작하면서 자신을 나쁜 리더라고 자책하지 않고, 오히려 실패한 계획과 자신을 비웃으며 "정말 바보 같은 생각이었죠."라고 말한 것은 그녀의 강한 인성을 보여주는 척도였습니다.

관계 활용하기

어떤 목표는 구체적이고 공식화하기 쉬운 반면, 어떤 목표는 좀 더 개인적이라 선수가 무엇을 목표로 하고 싶은지, 왜, 어떻게 진전을 이루고자 하는지 파악하는 데 시간이 조금 걸립니다. 어느 쪽이든 선수와의 관계가 중요합니다. 우리는 선수의 진심 어린 욕구를 목표 설정의 기반으로 삼는 것에 대해 이야기합니다. 만약 선수가 당신도 이 과정에 진심으로 전념하고 있다는 것을 느낀다면, 결과는 더 만족스럽고 성공적일 가능성이 높습니다. 동기면담 기술은 이 여정을 함께하는 데 필요한 도구를 제공합니다.

진심 어린 소망: 목표 설정을 위한 기반

생각해볼 만한 질문

- 연습 루틴 중 "여기는 항상 그렇게 하니까."라는 이유만으로 그냥 하는 것이 얼마나 많나요?
- 스포츠 업무에서 더 잘하고 싶은 2-3가지는 무엇인가요? 더 잘하기 위해 어떤 계획을 세우고 있나요?

제 10 장

제대로 조언하기 및 정확한 피드백 주기

코치가 하는 가장 중요한 일은 피드백을 주는 것입니다.
- 보브 보우만, 수영선수 마이클 펠프스의 코치

핵심내용

+ 피드백을 제공하기 전에 먼저 선수와 연결되세요.
+ 선수의 선택을 존중할수록, 선수는 당신의 조언을 더 잘 받아들일 것입니다.
+ 조언을 한 후 경청하는 것은 선수가 조언을 받아들이고 변화할 수 있는 용기를 얻는 열쇠가 됩니다. 바로 여기서 동기면담의 유용성이 발휘됩니다.
+ 전략: 질문하고, 제안하고, 질문하기. 먼저 물어보고 그다음 조언한 후, 상대방이 어떻게 생각하는지 다시 물어보는 것입니다.

피드백과 조언을 제공할 때 중요한 것은 기술적인 지식만이 아닙니다. 어떻게 조언을 하느냐가 엄청난 차이를 만들 수 있습니다. 선수가 전체 과정에 더 적극적으로 참여하도록 유도하는 또 다른 전략이 있습니다. 이 전략은 이해하기 쉽고, 어떤 상황에서든 개인 선수나 팀에게 적용할 수 있습니다. 이 장은 바로 이 전략에 초점을 맞추고 있습니다.

킥오프

평범한 사람이 보기에 모든 코치의 궁극적인 꿈은 선수의 두뇌와 텔레파시로 연결되어 문제를 감지하고, 메시지를 전달한 다음 편안히 앉아 결과를 즐기는 것이 아닐까 생각할 수 있습니다. 하지만 문제는 선수도 각자의 독특한 방식으로 사물을 바라보는 사람들이기 때문에, 정보를 일방적으로 주입하는 방식으로는 잘 배우지 못한다는 것입니다. 결국, 좋든 싫든 선수들은 무엇이 최선인지 스스로 판단합니다. 작가이자 이야기꾼인 테리 프랫쳇이 "결국 조언을 구하러 갈 때, 나는 실제로 조언을 받기보다는 나 자신과 대화하는 동안 조언자가 곁에 있어 주기를 원한다."라고 말한 것도 바로 이런 이유 때문일 것입니다. 사람들은 종종 동기면담에서 '변화대화'라고 부르는 자신만의 최고의 조언을 스스로에게 할 수 있습니다. 그렇다면 선수 중심의 효과적인 조언을 제공하려면 어떻게 해야 할까요? 이를 실행하는 방법에 대해 얼마나 많이 알고 있나요?

> 단순히 정보를 일방적으로 주입받는 방식으로는 잘 배우지 못합니다.

이 장에서는 동기면담을 활용하여 관계 및 소통 기술을 향상시키는 방법을 다룹니다. 특히, 효과적인 조언과 정확한 피드백을 제공하기 위한 간단한 전략인 '질문하기-제안하기-다시 질문하기' 방법을 설명합니다.

최전방에서 온 생생한 이야기

어느덧 더위가 기승을 부리고 있습니다. 무더운 여름 저녁, 선수들은 경기장에 들어서기도 전에 이미 땀을 흘리고 있습니다. 이번 경기가 이번 시즌에서 가장 중요한 경기일 수 있다는 사실을 모두가 알고 있습니다. 특히 감독을 비롯한 모든 사람이 긴장하고 있습니다. 그는 반드시 이겨야 한다는 압박감을 느끼며 선수들에게 이렇게 저렇게 하라고 당부합니다. 코치는 특히 재능 있는 몇몇 선수들에게 집중하고 있는데, 이들은 모두 고개를 푹 숙이고 눈을 피한 채 그의 말이 끝나기만을 기다리는 듯합니다.

이 장면에서 몇 가지 의문이 생깁니다:

- 왜 선수들은 이러한 조언에 그다지 반응하지 않으려고 하는 걸까요?
- 선수들은 이 조언을 얼마나 받아들이고 있으며, 어떻게 받아들이고 있을까요?
- 이 상황을 더 잘 해결할 수 있는 다른 방법은 없을까요?

정보를 강압적으로 주입하는 것은 모든 수준의 코칭에서 흔히 볼 수 있는 현상입니다. 코치로서 우리는 메시지를 반복해서 전달하고, 그것이 제대로 전달되지 않는다고 느낄 때는 더 큰 소리로 반복하곤 합니다. 동기면담은 가장 긴박한 스포츠 상황에서도 팀이나 개별 선수와 함께 전략을 논의할 수 있는 새로운 접근법을 제시합니다.

당신이 코치와 달리기 경주 전략을 논의하는 선수이고 다음 중 한 가지 조언을 받을 수 있다면, 어떤 형태의 조언을 더 선호하며 그 이유는 무엇인가요?

"아니, 내 말 들어봐. 그게 아니야. 레이스의 그 지점에서 속도를 늦추지 말고 더 빨리 뛰어야 해. 그렇지 않으면 상대 선수들이 널 따라잡아 박스 안에 가둘 거야. 이해했니?"

"레이스의 그 지점에서 더 빨리 이동하는 게 어때? 그래야 상대 선수들이 널 박스 안에 가두는 것을 막을 수 있을 것 같아. 어떻게 생각해?"

자신의 반응을 판단하는 한 가지 방법은 첫 번째 문장을 다시 읽은 다음 멈춰서 즉각적인 반응이 무엇인지 확인해 보는 것입니다. 마치 누군가 나를 특정한 방향으로 밀어붙이는 것 같은 느낌이 든다면, "그래, 하지만 잠깐만 기다려 봐…"라고 생각하게 되지 않나요?

이 연습을 다른 종목의 선수들에게도 제시해 보면, 대다수가 두 번째 문장을 선택하며 "명확한 조언을 받는 것도 좋지만 스스로 의사결정에 참여하고 싶어요." 또는 "항상 이래라저래라 지시만 받는 건 싫어요."와 같은 의견을 나타냅니다. 조언이 강요로 변질되면 사람들은 반발하게 됩니다(1장 참조).

최전방에서 온 생생한 이야기

그래서 우리는 약속을 했습니다. 저를 포함한 코치들은 조니의 플레이 방식에 대해 더 이상 간섭하지 않기로 합의했습니다. 이제는 네트에서 공이 날 때마다 그립, 자세, 백리프트 또는 정렬을 바꾸라는 지원 스태프의 조언도 없을 것입니다. 대신 조니가 요청할 때만, 그리고 그날의 게임 계획에 따라 조언을 해 주기로 했습니다. 결국, 우리는 조니가 자신의 게임에 대한 책임을 질 수 있도록 지원했고, 그 결과는 바로 눈앞에 펼쳐졌어요.

\- 제이슨 길레스피, 요크셔 크리켓 코치(Gillespie, 2015)

선수들에게 조언과 피드백을 제공하는 방법에 대해 얼마나 많은 훈련을 받았나요? 이 업무에 대해 체계적인 지원을 받았다고 보고하는 코치는 거의 없습니다. 그래서 현장에서 언제 조언을 해야 하는지, 얼마나 많은 조언을 해야 하는지,

어떤 말을 해야 하는지, 그리고 선수가 그것을 행동으로 옮기도록 어떻게 동기를 부여해야 하는지를 배우고, 그런 신호를 읽어야 합니다. 피드백을 제공하는 데 많은 경험을 가진 코치도 있습니다. 하지만 우리 모두는 코칭의 달인이 되기 위해 더 나은 피드백 제공 방법을 찾을 수 있다는 것을 알고 있습니다. 좋든 싫든, 선수에게 정보를 전달하는 방식은 실제 조언이나 피드백을 제공하는 것만큼이나 중요할 수 있습니다. 우리가 코치들에게 자주 묻는 질문은 다음과 같습니다: "조언을 할 때 선택의 기회를 얼마나 자주 주시나요?", "조언 직후에 선수가 그 조언을 얼마나 받아들이고 있는지 궁금해 하시나요?"

> ***꿀팁:*** *선수들이 당신의 조언이나 피드백을 어떻게 받아들이는지에 대한 호기심을 키우세요.*

전략을 논의하기 전에, 왜 그리고 어떻게 선수들이 당신의 조언을 잘 받아들이지 않을 수 있는지 잠시 생각해 보세요.

무엇이 잘못됐다고 볼 수 있을까요?

코치: 아니, 잘 들어봐: 그런 게 아니야. 그 시점에서 더 빨리 움직여야 해. 안 그러면 상대가 널 따라잡아 박스 안에 가두게 돼. 이해했니?
선수: 알겠어요. 고마워요, 코치님.
코치: 그럼 다음번엔 어떻게 할 거야?
선수: 잘 모르겠어요. 아마도 상대가 누구냐에 따라 달라질 것 같아요.
코치: 음, 내가 제안한 걸 기억하고 한 번 시도해봐.
선수: 네. 고마워요, 코치님(걸어가며 "내가 정말 할 수 있을까?"라고 생각합니다.).

우리 모두 이런 상황을 겪어본 적이 있을 겁니다. 개선할 점이 보일 때, 피드백이나 조언을 제공하지만, 선수는 무표정한 반응을 보일 때가 있습니다. 고개를 끄덕이거나 "감사합니다."라고 답할 수 있지만, 어느 쪽이든 당신의 말이 얼마나 효과가 있었는지 알 수 없습니다. 선수를 변화시키도록 설득하는 것은 선수뿐만 아니라 코치에게도 어려운 일입니다.

왜 이런 일이 자주 발생할까요? 아마도 코치를 전문가로, 선수를 그저 코치의 조언을 수동적으로 받는 사람으로 여기는 전통적인 관점 때문일 것입니다. 보통 이런 관점은 선수의 결점이나 잘못된 부분에만 초점을 맞춥니다. 이는 마치 선수의 머리 위에 뚜껑을 열고 조언을 넣은 후 뚜껑을 닫고, 그 조언이 '제대로 전달되었는지' 확인하는 것과 같습니다. 선수의 결점을 고치느라 정작 배움의 기회가 뒷전으로 밀려날 수 있습니다. 당신이나 다른 코치들이 선수들과 진정으로 소통하여 효과적으로 조언을 제공했던 순간을 떠올려 보세요. 숙련된 조언이란 어떤 모습일까요? 그리고 이를 어떻게 재현하고 개선할 수 있을까요?

동기면담과 아래 전략을 개발하면서 우리가 찾은 짧은 해답은 선수가 조언을 제공하는 작업에 훨씬 더 적극적으로 참여할 수 있는 방법을 찾는 것이었습니다. 아래의 전략은 스포츠에 동기면담을 도입하고 코치들과 협력하여 가장 효율적인 조언 제공 방법을 도출하는 과정에서 발전한 것입니다. 이는 완전히 새로운 조언 제공 방식이라기보다는, 기존 방식 중 가장 효과적인 부분을 유지하고 개선한 방법에 가깝습니다.

전략: 질문하고-제안하고-질문하기

요약: 동기면담에서 20년에 걸쳐 개발되고 개선된 이 전략은 조언과 피드백의 활용도와 효과를 향상시킵니다. 이 전략에는 핵심 정보를 전달하기 전과 후에 경청하는 것을 포함합니다. 글상자 10.1에 이 전략이 요약되어 있습니다.

> 조언을 제공하기 전과 후에 확인해 보세요.

시간이 지남에 따라 경청진술 연습을 다듬고 효율성이 높아지면, 대화가 더욱 매끄러워지고 불필요한 말이 줄어들 것입니다. 이렇게 하면 시간을 절약할 수 있을 뿐만 아니라, 시간을 더 가치 있게 사용할 수 있습니다. 선수들의 반응은 더 많은 정보를 제공할지, 아니면 잠시 기다려야 할지 결정하는 데 중요한 단서가 됩니다. 다시 한번 강조하지만, 이 장의 어떤 내용도 새롭게 고안된 것이 아닙니다. 훌륭한 코치나 교사들의 사례는 어디에서나 찾아볼 수 있습니다. 여기서 소개하는 것은 다양한 환경과 조건에서 전 세계 사람들을 교육하는 데 사용된 전략입니다.

이 전략 자체는 엄격한 순서가 아니라 질문과 제안 사이를 자유롭게 이동하기 위한 지침입니다. 이미 알고 있는 내용일 수도 있습니다.

글상자 10.1. 효과적인 조언과 피드백을 위한 프레임워크

조언과 피드백을 더 효과적으로 제공할 수 있는 간단한 구조가 있습니다. 당신이 제공하는 정보에 대한 선수들의 의견을 묻는 것으로 시작하고 끝내면 됩니다.

질문하기
"이미 알고 있거나 시도해 본 것이 무엇인가요?"
"정말 알고 싶은 것은 무엇인가요?"

제안하기
아이디어를 정보에 입각한 제안으로 제시하세요. 가능하면 사실에 근거하고, 그 관련성을 명확히 하는 것은 상대방에게 맡기세요. 긍정적인 태도를 유지하세요("뒤로 기대지 마세요."보다는 "앞으로 기대는 게 어떨까요?"와 같이 하지 말아야 할 것보다는 할 것을 제안하는 방식으로 조언을 하세요. 조언을 할 때는 선택지를 제공하세요. "해야 한다."보다는 "할 수도 있다."와 같은 표현을 사용하고, "반드시 해야 하는 일"보다는 "혹시... ~인지 궁금합니다."와 같은 표현을 사용하세요.

질문하기
"제 제안에 대해 어떻게 생각하세요?"
"내 아이디어가 당신의 계획과 어떻게 맞아떨어지나요?"
"여기서 무엇이 가장 효과적이거나 비효과적일까요?"
"우리가 이야기한 내용을 고려할 때 어떻게 개선할 수 있을까요?"

먼저 확인하고 연결하세요. 지금 조언을 원하나요? 당신의 피드백이 그들의 연습에 어떤 영향을 미칠 수 있을까요? 그들에게 물어보고 들어보세요. 선수들이 경기력 향상에 대한 희망과 계획에 대해 긍정적인 이야기를 하는 것을 들을 수 있는데, 이를 변화대화라고 하며, 이러한 열망을 지지하고 강화하기 위해 동기면담을 사용할 수 있습니다.

꿀팁: *조언이 어떻게 전달되는지 잘 모르겠다면 선수들에게 물어보세요. 선수야말로 최고의 자원이니까요.*

예시

기술에 대한 조언 제공

기술적인 조언은 선수와 충분한 신뢰와 좋은 관계가 형성된 후에 하는 것이 가장 효과적입니다. 너무 이른 시점에 지나치게 많은 조언을 하는 것은 코치들이 흔히 범하는 실수 중 하나입니다. 코치에게 중요한 전환점은 선수의 결점을 찾아내는 탐정 역할에서 벗어나, 선수의 선택을 존중하는 전문가로 거듭나는 것입니다(2장 참조).

허락을 구하고 대화 시작하기(질문하기)

허락을 구하는 것으로 대화를 시작하는 것은 좋은 방법입니다. 예를 들어: "잠깐 몇 가지 얘기를 나눌 수 있을까요?" (허락 구하기) 또는 "[기술이나 전략]을 바꾸는 것에 대해 얼마나 생각해 보셨나요?" 이 질문은 두 사람 모두 개선에 대한 호기심을 불러일으키기 위한 것입니다. 예를 들어: "이 [기술]을 어떻게 하고 있다고 생각하세요?"; "어떤 아이디어가 있나요?". 선수들은 종종 새로운 영역에 도전하기보다는 자신에게 익숙한 것을 고수하기가 더 쉽기 때문에 이 시점에서 망설이는 경우가 많습니다. 새로운 것을 시도하는 것은 부정적인 결과, 당혹감, 비판에 노출될 수 있는 위험을 감수해야 하는 일입니다.

조언을 제공할 때 선택할 수 있는 자유를 보장하기(제안하기)

조언을 제공할 때는 가능하면 선수들이 그 조언을 받아들일지 말지를 선택할 수 있도록 하세요. 예를 들어: "다음 연습에는 몇 가지 옵션이 있는데, 무엇에 집중하면 좋을까요?"; "왼팔이 약간 미끄러지는 것 같은데 이렇게 하면 더 나을 것 같아요. [설명]아니면 지금 하고 있는 대로 계속할 수도 있어요." 당신의 표현은 정중하고 유연해야 합니다. 예를 들어: "이 조언을 따를지는 전적으로 당신에게 달려 있습니다." 선택할 수 있는 자유를 경험하는 것이 선수들이 조언을 가장 잘 받아들이게 하는 요인입니다.

꿀팁: *선수의 선택을 존중할수록 선수는 당신의 조언을 받아들일 가능성이 높아집니다.*

결정을 위해 선수에게 돌아가기(질문하기)

선수의 몸짓과 반응에서 어떤 점을 발견했나요? 선수는 당신의 피드백이나 조언에 대해 어떻게 생각하나요? "어떻게 생각해?" 또는 "어떻게 도움이 될 것 같아?"와 같은 질문을 통해 확인해 보세요('질문하기'). 이때 당신이 하는 경청이 선수의 변화의 용기를 불러일으키는 중요한 열쇠가 될 수 있습니다. 당신은 매우 일상적인 대화 속에서 동기면담을 사용하는 순간이 됩니다. 당신은 그들의 내면에 변화를 위한 불씨를 지피고 있는 것입니다.

***꿀팁:** 조언을 한 후 경청하는 것이 선수들이 변화를 일으킬 용기를 이끌어내는 중요한 열쇠가 될 때가 많습니다. 바로 이때 동기면담의 힘이 발휘됩니다.*

동기면담을 사용하여 대화를 진전시키기

코치: (조언을 한 다음) 어떻게 생각해? 어떻게 도움이 될 것 같아?

선수: 잘 모르겠어요. 이건 너무 큰 변화예요, 코치님.

코치: 이 결정으로 실수하고 싶지 않겠지? [경청진술]

선수: 맞아요. 그래도 한번 시도해보고, 잘 안되면 언제든지 예전 방식으로 돌아갈 수 있지 않을까 싶어요. [변화대화]

코치: 그런 결정을 내리는 것이 중요한 전환점이 될 수 있겠군. [경청진술]

선수: 네, 이 새로운 계획이 어떻게 진행되는지 지켜보고, 잘 안 되면 오늘 여길 떠나지 마세요. (웃음) [변화대화]

피드백 토론

공식적이든 비공식적이든 피드백을 제공하는 대화는 선수의 자신감을 높이고 '할 수 있다'는 태도를 기를 수 있는 좋은 기회입니다. 기본적으로 코치는 데이터를 이야기하고 선수는 그 데이터가 자신에게 어떤 의미가 있는지 이야기합니다. "이 피드백에서 가장 얻고 싶은 것이 무엇인가요?"와 같은 질문으로 시작하여 선수의 호기심을 자극하는 것이 매우 유용할 때가 많습니다('질문하기'). 그런 다음 가능한 한 관찰이나 사실에 충실하고('제안하기'), 한 발짝 물러나서 그 데이터가 선수에게 어떤 의미가 있는지에 대해 열린 질문을 사용합니다('질문하기'). 예를 들어 "1년 동안의 기록을 잠시 살펴봐도 될까요? [허락을 구하고 선수가 고개를 끄덕이거나 예라고 동의할 때까지 기다립니다.] "여기서 무엇을 볼 수 있을 것 같나요? 가장 관심 있는 부분은 무엇인가요?" [질문하기]

선수가 1-2분 동안 반응합니다. 그 다음 코치는 성과 데이터나 자신의 관찰을 제시합니다(제안하기). 코치가 제안에서 질문으로 넘어갈 때, 호기심 많고 비대립적인 태도가 중요합니다.

"여기 12월과 1월 동안 기록이 둔화되는 시기가 있는데, 다시 회복되는 모습을 볼 수 있어. [제안하기] 내가 생각해 둔 몇 가지 아이디어가 있는데, 어떻게 생각해?" [질문하기]

"이 일지를 보면 식단과 기록 사이에 연관성이 있는 것 같아. 이번 주를 보면 가족 모임과 파티가 있는데, 무슨 일이 있었을까? [제안하기] 여기서 무슨 일이 있었던 걸까?"[질문하기]

"어떤 선수는 연습을 무리하게 해서 피로를 느끼기도 하고, 어떤 선수는 균형을 찾기도 해. 지난달에 연습량이 가장 많았는데. 이것이 경기 기록에 영향을 미친 것 같아: 기록이 떨어지고 있는데, 혹시 다른 이유가 있을까?" [질문하기]

이 짧은 대화에서 "여기서 무슨 일이 벌어지고 있는 걸까요?" 또는 " 당신에게 가장 중요한 메시지는 무엇인가요?"와 같은 질문으로 잠시 멈춰서 다시 생각해보는 것이 중요합니다. [질문하기] 그러면 선수는 자연스럽게 변화에 대해 이야기하고, 그 변화가 어떻게 일어날 수 있는지 고민하기 시작할 것입니다(변화대화). 동기면담은 이러한 대화에서 특히 효과적입니다. 피드백의 목표는 문제를 해결하는 것뿐만 아니라 선수의 호기심을 키우는 데도 있습니다.

동기면담을 사용하여 대화를 진전시키기

코치: 연습량과 무리한 연습의 위험에 대한 이 데이터와 피드백을 어떻게 생각해?

선수: 제가 너무 열심히 하는 건가요? 그렇게 말씀하시는 건가요?

코치: 너무 열심히 하고 있는 건 아닌지 궁금해 하구나. [경청진술]

선수: 글쎄요, 누구든 스스로를 밀어붙이지 않나요? 그게 우리가 훈련받은 방식이잖아요.

코치: 맞아, 느슨하게 하는 것과 과도하게 하는 것 사이의 중간 지점을 찾는 게 쉽지는 않지.

선수: 그게 저예요. 저는 한쪽으로 치우치는데 균형을 잡는 게 더 능숙해져야 해요. [변화대화] 제 연습량이 가장 많았던 지난달에 기록이 떨어졌다고

하셨죠?

코치: 그럴 가능성이 있어. 어떻게 하면 이 균형을 더 잘 찾을 수 있을까? [변화에 대한 열린 질문, 동기면담을 활용한 변화대화]

선수: 제 몸을 이해하고, 상태가 좋지 않을 때 무리하지 않는 것이 중요할 것 같아요. 제 몸의 신호를 좀 더 들어야겠어요.

코치: 어떤 선수들은 연습 전에 트레이닝 코치와 상의해서 어느 정도 강도로 훈련할지 결정하더라고. 너에게는 어떤 방법이 가장 좋을까?

팀 피드백

팀 피드백은 일반적으로 선수와 코치가 경기에서 잘된 점과 잘못된 점을 검토하거나 다가오는 경기에 대한 전략을 논의하는 익숙한 루틴으로 발전합니다. 동기면담의 주요 원칙 중 하나는, 선수들이 자신의 생각과 느낌을 자유롭게 이야기하고 안전하게 개선 방안을 논의할 수 있을 때 피드백이 가장 효과적이라는 것입니다. 물론 코치는 피드백과 조언을 제공할 수 있지만, 결국 중요한 것은 선수들이 그 정보를 어떻게 활용하느냐에 달려 있습니다. 조용한 분위기는 존중의 표시일 수도 있지만, 선수들이 발언하는 것을 두려워하거나 참여도가 낮다는 신호일 수도 있습니다.

> 피드백은 호기심을 키우고 문제를 바로잡는 역할을 합니다.

대부분의 코치는 책임감을 강조합니다. 즉, 대부분의 코치들은 선수들이 경기장 안팎에서 자신의 행동에 책임을 지는 것이 중요하다고 생각합니다. 물론 매니저, 코치 또는 지원 스태프가 선수에게 책임을 물을 수 있지만, 동기면담에서는 선수들이 팀 환경에서 스스로 책임을 지는 것이 가장 강력한 팀 빌딩의 순간 중 하나라고 믿습니다. 이를 어떻게 장려할 수 있을까요? 이 장에서 다룬 전략이 이러한 그룹 세션에서 상황을 개선하는 데 어떻게 도움이 될 수 있을까요? 질문하고 제안하고 질문하기 전략은 잠재적으로 수동적인 피드백 세션을 훨씬 더 역동적인 시간으로 바꿀 수 있습니다. 먼저 선수들에게 경기가 어떻게 진행되었는지 물어보고(질문하기), 당신의 관찰 내용을 제공한 후(제안하기), 그 피드백에 대해 선수들이 어떻게 생각하는지 물어보는(질문하기) 방식으로 진행됩니다. 그룹 토론을 위한 기본 규칙도 중요합니다: 다른 사람을 비난하지 말고 자기 이야기만 하도록 해야 할까요? 어떻게 하면 긍정적인 분위기를 유지할 수 있을까요? 어떤 토론 구조가 회의실의 에너지를 끌어올리고 동기 부여를 높인 상태에서 토론을 이끌 수 있을까요? 이러한 질문들은 11장과

12장의 팀워크에서 다루고 있습니다.

결론

조언을 제공하고, 기술에 대해 논의하고, 피드백을 제공하는 것은 이 질문하고-제안하고-질문하기 프레임워크의 정신이나 본질을 잃지 않으면서도 간단하게 할 수 있습니다. 중요한 것은 단순히 지식을 전달하는 것이 아니라, 긍정적인 관계와 안내자의 마음가짐으로 대화의 틀을 짜서 선수들이 새로운 도전과 아이디어에 대해 실험할 수 있는 용기를 주는 것입니다. 이는 매 순간 실천할 수 있는 전략입니다.

생각해볼 만한 질문

- 선수에게 피드백을 주기 전에 선수의 생각을 물어보는 것이 얼마나 수월할까요?
- 다른 코치들이 교정반사를 너무 많이 사용하지 않도록 돕기 위해 나는 무엇을 하고 있나요?
- 조언이나 피드백을 제공할 때 대부분의 시간을 자신이 말하는 데 쓰고 있나요?

제 3 부

현장에서 활용하기

선수들이 실패나 처벌에 대한 두려움이 아니라 개인으로서, 그리고 다른 사람들과 함께 자신을 표현하고 즐길 수 있도록 도와주는 코칭을 원한다는 데 동의하실 거라 생각합니다. 자신감, 기꺼이 경청하려는 태도, 두려움으로부터의 자유가 순응보다는 더 중요할 것입니다.

우리는 경기장에서 이러한 목표를 달성하는 데 도움이 되는 관계를 구축할 수 있습니다. 부모와의 대화, 동료 및 선수들과의 비공식적인 교류에서 동기면담을 활용하면 선수의 자신감을 키우는 데 도움이 될 뿐만 아니라 팀이나 클럽의 문화를 부분의 합보다 훨씬 더 큰, 사람들이 모두 잘되는 곳으로 발전시키는 데도 도움이 될 수 있습니다.

말하자면, 이것이 제 3부를 소개하는 이론입니다. 이제 실습으로 넘어가겠습니다:

팀워크를 촉진하기 위해 동기면담을 사용하는 방법은 제 3부의 첫 장에서 다룹니다. 11장에서는 첫 번째 단계인 선수들이 자신의 생각과 감정을 표현할 수 있는 사회 기술을 향상시켜 팀워크를 발전시키는 방법을 다룹니다. 그런 다음 두 번째 단계는 이 토대 위에 구축됩니다. 즉, 선수들이 팀워크의 궁극적인 과제인 의사 결정을 함께 내릴 수 있도록 돕는 것입니다(12장). 유대감이 강화되면 경기 결과를 포함한 모든 종류의 의사 결정이 더욱 원활하게 이루어질 것입니다.

13장에서는 선수 행동 변화, 웰빙, 라이프스타일을 주제로 선수들과 이러한 주제에 대해 이야기할 때 확실한 진전을 이루는 데 사용할 수 있는 세 가지 동기면담 전략을 제시합니다. 건강과 웰빙은 이러한 목적을 위해 특별히 개발된 동기면담의 고유 영역입니다. 삶의 균형을 더 폭넓게 경험하는 선수는 더 나은 성과를 내고 팀 사기에도 큰 기여를 할 수 있습니다.

가난한 지역 사회에서 코칭하기(14장)에서는 빈곤 지역이나 어려운 환경에서 성장한 선수들과 함께 일하는 코치들이 동기면담을 활용하는 방법에 대해 다룹니다. 이 부분은 동기면담 트레이너이자 학교 교사로 어려운 환경에서 자라는 젊은이들과 오랫동안 함께 일해온 롭 마이트라와 공동 집필했습니다.

마지막 장에서는 소통의 개선이 스포츠에서 더 나은 결과와 문화 변화의 토대가 될 수 있는 방법을 다룹니다. 존중과 신뢰, 열린 소통의 분위기 속에서 일하고자 하는 모든 관계자의 열정에 힘입어 최정상에 오른 한 야구 클럽의 사례를 통해 동기면담의 이상적인 환경에 대해 알아봅니다.

제 11 장

함께 성장하는, 신뢰와 존중의 팀워크 1: 사회 기술 개발하기

팀워크는 다섯 명이 하나가 되어 움직이는 스포츠의 진정한 아름다움이라 생각합니다.
함께 하면 더 이타적인 사람이 되죠.
- 마이크 크르지브스키, 야구 코치

핵심내용

+ 관계가 좋아지면 팀워크도 좋아집니다.
+ 선수들이 자신의 생각과 감정을 표현하는 사회 기술을 향상시키는 것은 신뢰, 존중, 그리고 팀워크를 개선하는 지름길입니다.
+ 이 사회 기술을 향상시키기 위해 열린 토론에서 동기면담 기술(질문하기, 경청진술, 요약하기)을 활용하세요. 이 장에서는 가이드라인과 관련된 사례를 제공합니다.
+ 다음 장에서는 함께 의사 결정을 내리기 위한 가이드라인을 다루며, 한 단계 더 나아갑니다.

이 장과 다음 장에서는 동기면담을 사용하여 팀워크를 향상시키는 두 단계의 과정을 소개합니다. 첫 번째 단계로, 선수들이 사회 기술을 개발하고 그룹에서 자신을 표현하도록 돕는 방법(이번 장)과 두 번째 단계로, 이 기술을 활용하여 함께 의사 결정을 내리는 방법(다음 장)을 다룹니다.

킥오프

동기면담을 개인 선수들에게 사용할 수 있다면, 팀에서도 이를 사용하여 선수들이 유대감을 형성하고 결속력을 키우도록 도울 수 있을까요? 개인과 마찬가지로 선수들이 자신이 원하는 것과 필요한 것을 말하고, 하나로 뭉쳐 행동에 전념할 수 있도록 동기면담 기술과 안내자의 마음가짐을 사용할 수 있을까요? 다시 말해, 동기면담을 활용하여 팀워크를 향상시킬 수 있을까요?

팀워크를 개발하는 방법은 스포츠의 성배라고 불리며, 코치, 분석가, 심지어 과학자들까지도 여전히 그 수수께끼를 풀고 있습니다. 팀워크는 마치 사랑과도 같아서 사람들 사이에서 일어나는 긍정적이고 강력한 힘을 정의하기가 무척 어렵습니다. 이를 발전시키는 것은 또 다른 문제입니다. 선수들이 공동의 목표에 전념하기를 원할 수 있지만, 중요한 것은 마음속에 있는 것이기 때문에 강제로 단결시킬 수는 없습니다. 그들은 그 전념을 느끼고 기꺼이 행동에 옮길 수 있어야 합니다. 사람들의 마음에 접근하는 것은 어려운 일일 수 있습니다.

그럼에도 불구하고 팀들은 분명히 하나로 뭉쳐 놀라운 성과를 이뤄냅니다. 대부분의 스포츠인들은 이 장의 시작을 여는 크르지제프스키의 인용문처럼, 열린 마음으로 협력하여 의지력과 성과를 높이고, 전체가 부분의 합보다 더 크다는 '이타적인' 느낌을 잘 알고 있습니다. 한 평론가는 "[팀워크의] 화학 작용을 이해하는 것은 흥미로운 철학적 문제지만, 그것을 창조하는 것은 실용적인 문제"라고 말했습니다(Rowen, 2018).

최전방에서 온 생생한 이야기

한 대학 미식 축구 선수가 학교에서 교사와 말다툼을 벌여 징계를 받은 후 클럽 감독으로부터 또다시 처벌을 받는 일이 있었습니다. 코치는 '모두에게 교훈을 주기 위해' 선수단 전체를 집합시켜 처벌하기로 결정했습니다. 선수들은 운동장을 다섯 바퀴 뛰어야 했습니다. 그중 한 명은 구토를 했고, 다른 한 명은 천식 발작을 일으켰습니다. 우리 친구인 코치는 이 상황을 지켜보는 것이 힘들었습니다. 그녀는 감독보다 지위가 낮았지만, 처벌과 공포감 조성이 최선의 방법이 아니라고 생각했고, 이러한 처벌이 팀 사기에 미칠 영향을 우려했습니다. 하지만 그녀가 걱정할 필요는 없었습니다. 팀 주장이 그녀에게 라커룸에 들어오지 말라고 요청하면서, 문제를 팀이 스스로 해결할 수 있도록 했습니다. 그들은 그렇게 했습니다. 그 사건에 대해 느낀 점을 솔직하게 표현했고, 잘못을 저지른 팀원이 비난 대신 오히려 지지를 받는다고 느끼도록 도왔습니다. 그리고 선수가 학교 당국에 편지를 보내고, 팀 전체가 감독에게도 편지를 보내는 행동 방안에 모두 동의했습니다. 그들은 당당하게 고개를 들고 라커룸을 나섰습니다.

젊은이들은 일반적으로 학습 속도가 빠릅니다. 이 팀에서는 약 1년에 걸쳐 서로를 신뢰하고, 자신의 생각을 표현하며, 함께 의사 결정을 내리는 방법을 배웠습니다. 그리고 나서 그들은 단합하여 앞으로 나아갈 수 있었습니다. 그들이 이렇게 할 수 있었던 것은 코치인 우리 친구가 그들을 신뢰하고 1년 동안 그들이 이러한 사회 기술과 문제 해결 기술을 개발할 수 있도록 도와주었기 때문입니다.

두 가지 핵심 과제

위의 이야기에서 두 가지 대표적인 코칭 과제가 등장하며, 이 과제들은 모두 그룹에서 동기면담을 사용하는 것과 관련된 다음 두 장의 체계를 제공합니다:

- 1단계: 선수들이 그룹에서 자신의 생각과 감정을 표현하고 서로의 말을 경청하는 사회 기술을 개발하도록 돕습니다(이번 장).
- 2단계: 한 팀으로서 결정을 내릴 수 있도록 돕습니다(12장).

> 선수들이 편안함을 느낄수록 함께 결정을 내리는 것이 더 쉬워집니다.

이러한 각 과제는 소규모 및 대규모 그룹에서 선수들과 함께 동기면담을 사용하여 진행할 수 있습니다. 관련 기술을 더 많이 개발할수록 선수들은 자신의 취약점까지 공유하며 편안함을 느끼게 되고, 한 팀으로서 함께 의사 결정을 내리는 것이 더 쉬워질 것입니다. 이 장에서는 첫 번째 단계로, "동료 선수들과 함께 자신을 표현하는" 사회 기술을 개발하는 것부터 시작합니다. 다음 장에서는 동기면담을 활용하여 선수들이 함께 의사 결정을 내릴 수 있도록 돕는 방법을 살펴보겠습니다.

어떤 사회 기술이 필요한가요?

전설적인 팀들은 연구할 가치가 있습니다. 그들은 높은 수준의 사회 기술을 보여주는 것 같습니다. 2016년 시카고 컵스 팀이 그 좋은 예인데, 저널리스트 톰 버두치가 월드시리즈 우승에 대해 쓴 글에 눈에 띄는 메시지가 있습니다: 그들은 먼저 사회 기술과 인간관계를 연습하고 개선했습니다. 실제로 조 매든 코치는 이후 성공적인 팀의 여정을 이끈 원칙에 대해 질문받았을 때 그 목록의 1순위로 이것을 꼽았습니다: "먼저 개인적인 관계를 맺는다: 다른 모든 것은 그다음에 따라온다(Verducci, 2017, p.190)."

동기면담을 활용한 관계 구축은 사회 기술을 향상하고 팀워크를 개발하는 직접적인 경로이며, 선수들이 익혀야 할 핵심 기술은 글상자 11.1에 나열되어 있습니다.

매우 숙련되고 성공적인 코치들이 왜 겸손의 중요성과 사회 기술을 스스로 모델링하고, 다른 사람의 말을 경청하며, 자신이 틀릴 수 있고 이를 인정할 준비를 하고, 다른 사람을 인간으로서 존중해야 한다고 말하는지 이해하기란 어렵지 않습니다. 다음으로 중요한 것은 아마도 인내와 관용일 것입니다. 사람은 있는 그대로 받아들여야 하기 때문입니다. 각기 다른 성격과 배경을 가진 선수들은 사회 기술을 개발하는 속도도 다를 것입니다. 다름을 받아들이는 것 자체가 사회 기술입니다.

글상자 11.1. 선수 그룹에서 동기면담을 위한 핵심 사회 기술 목표

- 두려움 없이 자신의 생각과 느낌을 표현하세요.
- 다른 사람의 말을 경청하는 법을 배우세요.
- 불필요하게 다른 사람을 비난하지 않습니다.
- 서로를 먼저 사람으로, 다음으로 선수로 존중합니다.
- 가급적 끼어들기를 줄이세요.
- 조용한 동료 선수도 자신의 목소리를 낼 수 있도록 도와주세요.

최전방에서 온 생생한 이야기

세계 최고 수준의 엘리트 럭비 클럽에서 우리는 휴게 공간 곳곳에 놓인 병따개에 똑같은 질문이 새겨져 있는 것을 발견했습니다: "가장 좋아하는 취미는 무엇인가요?" "최근에 기억나는 가장 무서운 경험은 무엇인가요?" "가장 좋아하는 럭비 선수는 누구이며 그 이유는 무엇입니까?" 코치는 전략 회의에서 항상 병따개에서 새겨진 질문 한두 가지로 시작하여 팀원들이 자신을 표현하도록 장려한다고 말했습니다. 그런 다음 경기 전략으로 넘어가는 모습이 인상적이었습니다.

팀에서 이러한 사회 기술을 개발하기 위해 열린 토론에서 선택하는 주제는 선수들이 관심을 가지는 한 크게 중요하지 않습니다. 스포츠와 직접적으로 연관된 주제일 수도 있고 좀 더 개인적인 주제일 수도 있습니다. 위의 예처럼 다소 형식적으로 설정할 수도 있고, 바쁜 전략 토론 중간에 진행할 수도 있습니다. 연습장으로 가는 길에 두 명의 선수와 대화할 수도 있고, 좀 더 공식적인 대규모 팀 회의에서 이야기를 나눌 수도 있습니다.어떤 상황이든, 선수들은 자신을 표현할 기회를 갖게 되

고 당신은 이 장에서 설명한 동기면담 기술을 사용하여 좋은 사례를 보여줄 기회를 갖게 됩니다. '모든 대화가 중요하다'는 문구는 여기서 분명히 적용됩니다. 자신을 표현할 수 있는 선수는 다른 사람과 더 잘 생각하고, 소통하며, 더 좋은 관계를 형성할 수 있습니다. 이러한 토대 위에서 함께 의사 결정을 내리고 지속적인 팀워크를 만드는 유대감을 형성할 수 있습니다.

전략: 자신의 생각과 감정을 표현할 수 있도록 도와주세요.

요약: 선수들이 안전하다고 느낄 수 있도록 가이드라인을 제공하고, 동기면담 기술을 사용하여 열린 토론을 장려하세요.

실천 전략

코치가 팀원들 사이에서 풍선을 던져주고 열린 질문으로 토론을 시작한다고 상상해 보세요. 이 풍선은 대화를 의미하며, 코치가 가끔씩 개입하여 토론이 계속될 수 있도록 도와주면서 팀원들끼리 대화를 주고받는 것이 목표입니다.

아래 예에서 코치는 팀원들이 다가오는 경기에 대비하기 위한 최선의 방법에 대해 이야기하기를 원합니다.

코치: 사람마다 다 다른데. 아침에 일어났을 때 다가오는 중요한 경기를 준비하는 가장 좋은 방법은 뭘까?

선수 A: 저는 경기장에 도착할 때까지 아무 생각도 하지 않는 것이 침착함을 유지하는 가장 좋은 방법인 것 같습니다.

선수 B: 아니요, 그건 소용없어요. 모든 것을 차단하는 것 같아서, 경기 당일에는 뱃속에서 나비가 날아다니는데 그런 걸 무시할 수 없잖아요.

선수 A: 아, 그래도 너무 일찍 긴장하면 안 되잖아요.

코치: 다른 사람들은 어떻게 생각해? [토론을 장려하며]

선수 C: 저는 경기 준비 구역에 들어가면 집중해서 가장 중요한 것들로 짐 가방을 가득 채웁니다. 필요 이상으로 운동화를 닦기도 하지만, 그렇게 하면 바로 경기 모드에 들어갈 수 있어요.

선수 B: 저는 마음을 좀 진정시켜야 해서 아침을 먹으면서 음악을 들으며 차분히 마음을 가라앉혀요.

선수 D: 너희들 정말 웃기다. (웃음)... 그냥 경기장에 가서 경기를 하면 되잖

아. 그냥 하면 되는거야. 이 루저들아.

선수 A: 맞아. 너희들은 너무 생각이 많아.

코치: 방금 말한 내용 중에서 자신에게 도움이 되는 정보를 얻은 사람이 있나?

선수 B: 제가 장비 가방 싸는 걸 엉성하게 싸는 편이라, 집중해서 멋지게 싸는 게 좋은 아이디어인 것 같네요.

코치: 그럼 오늘 경기로 넘어가 보자. 가장 중요한 과제가 무엇일지 제안하고 싶은 사람 있나?

선수 E: 우리 팀의 단결력을 유지하는 것, 그것도 아주 단단하게 유지하는 것이 중요합니다.

코치: 그게 중요한 것 같은데.

선수 F: 끈끈하게 뭉쳐야 한다는 건 알지만 오늘은 조금 더 공격적으로 나서서 위험을 감수하는 게 어떨까요?

해설과 함께 다시 듣기

1-2분 정도 걸렸고 코치도 선수들이 자신의 생각과 느낌을 기꺼이 말하는 것 같아서 수월하게 진행했습니다. 선수들은 풍선을 아주 쉽게 주고받았습니다.

진술	해설
코치: 사람마다 다 다른데. 아침에 일어났을 때 다가오는 중요한 경기를 준비하는 가장 좋은 방법은 뭘까?	*열린 질문은 자연스럽게 열린 토론을 장려합니다.*
선수 A: 저는 경기장에 도착할 때까지 아무 생각도 하지 않는 것이 침착함을 유지하는 가장 좋은 방법인 것 같습니다.	
선수 B: 아니요, 그건 소용없어요. 모든 것을 차단하는 것 같아서, 경기 당일에는 뱃속에서 나비가 날아다니는데 그런 걸 무시할 수 없잖아요.	*동료 선수가 자신의 아이디어를 제시하고 코치는 개입하지 않기로 결정합니다.*
선수 A: 아, 그래도 너무 일찍 긴장하면 안 되잖아요.	
코치: 다른 사람들은 어떻게 생각해? [토론을 장려하며]	*코치는 토론을 더 활발하게 하기 위해 다른 질문을 던집니다.*
선수 C: 저는 경기 준비 구역에 들어가면 집중해서 가장 중요한 것들로 짐 가방을 가득 채웁니다. 필요 이상으로 운동화를 닦기도 하지만, 그렇게 하면 바로 경기 모드에 들어갈 수 있어요.	*취약점까지 표현합니다: "...필요 이상으로 운동화를 닦기도 하지만."*

진술	해설
선수 B: 저는 마음을 좀 진정시켜야 해서 아침을 먹으면서 음악을 들으며 차분히 마음을 가라앉혀요.	
선수 D: 너희들 정말 웃기다. (웃음)... 그냥 경기장에 가서 경기를 하면 되잖아. 그냥 하면 되는거야. 이 루저들아.	*다정한 어조의 농담으로 팀의 단합을 도모합니다.*
선수 A: 맞아. 너희들은 너무 생각이 많아.	*다른 사람들이 성찰하도록 격려합니다.*
코치: 방금 말한 내용 중에서 자신에게 도움이 되는 정보를 얻은 사람이 있나?	*[변화대화]를 불러일으키는 열린 질문*
선수 B: 제가 장비 가방 싸는 걸 엉성하게 싸는 편이라, 집중해서 멋지게 싸는 게 좋은 아이디어인 것 같네요.	*[변화대화]가 나옵니다.*
코치: 그럼 오늘 경기로 넘어가 보자. 가장 중요한 과제가 무엇일지 제안하고 싶은 사람 있나?	*코치가 초점을 전환합니다.*
선수 E: 우리 팀의 단결력을 유지하는 것, 그것도 아주 단단하게 유지하는 것이 중요합니다.	*[변화대화]를 시작합니다.*
코치: 그게 중요한 것 같은데.	*[변화대화]를 강화하고 이 선수 또는 다른 선수의 기여를 유도하는 간단한 [경청진술]*
선수 F: 끈끈하게 뭉쳐야 한다는 건 알지만 오늘은 조금 더 공격적으로 나서서 위험을 감수하는 게 어떨까요?	*[변화대화]*

코치는 그날의 경기 전략을 논의하기 위해 선수들의 마음을 풀어주는 공개 토론으로 시작했습니다. 스포츠에서 가장 좋은 동작 중 하나가 단순하고 복잡하지 않은 것이라면, 그룹 퍼실리테이션도 마찬가지입니다. 기본에 충실한 것이 이 코치가 한 일, 다시 말해 그녀가 하지 않은 것을 주목하는 것이 중요합니다. 그녀는 토론을 주도하거나 판단을 내리지 않았습니다. 그녀는 몇 가지 열린 질문을 던진 다음 자리에 앉아 선수들이 스스로 대화를 이어가도록 내버려 두었습니다. 그녀는 각자의 다른 견해를 용인했고, 오히려 선수들이 자신을 표현하도록 내버려 두는 것을 즐겼습니다. 그녀는 또한 마지막에 경청진술("그게 중요한 것 같은데.")을 사용했는데, 그 목적은 자신의 질문에 답을 얻기보다는 다른 사람이 더 마음을 열기를 바라며 풍선을 다시 던져주며 대화를 이어가도록 하는 것이었습니다. 사회 기술을 가르치는 가장 좋은 방법은 사회 기술을 직접 설명하기보다는 선수들

이 스스로 할 수 있도록 방해하지 않는 것입니다.

"시합을 준비하기 위한 쉬운 주제에 대해 이야기하고 있는데, 선수들이 화가 나서 서로 의견 충돌을 일으키면 어떻게 할까요?"라고 궁금해할 수도 있습니다. 우리가 사용하는 논리는 선수들이 쉬운 주제로 생각하고 느끼는 것을 말하는 데 익숙해지면 이 장의 뒷부분에서 다룰 주제인 힘든 상황이 닥쳤을 때 더 잘 대처할 수 있다는 것입니다. 그룹 토론에서 때때로 대화가 막히며, 풍선이 터지기도 합니다. 그럴 때마다 코치의 역할은 새로운 질문이라는 '풍선'을 던져, 다시 대화를 이어갈 기회를 제공하는 것입니다.

토론 제대로 하기

열린 토론이 항상 자연스럽게 또는 반드시 건설적으로 진행되지는 않기 때문에 선수들이 무엇이 유용하고 허용되는지, 무엇이 허용되지 않는지 알 수 있도록 명확한 가이드라인을 제공해야 합니다. 한 코치는 선수단에게 이러한 기본 규칙을 스스로 결정하도록 요청했고, 선수들은 허용되는 것과 허용되지 않는 것에 대해 합의하면서 팀 내에서 유대감을 형성하는 모습을 보였습니다. 앞으로 이 팀은 자신들이 정한 '규칙'을 따를 가능성이 더 높습니다. 코치들은 팀이 스스로 규칙을 정하도록 허용하면 규율의 부재를 불러올 수 있다고 우려할 수 있습니다. 그러나 팀이 자체 규칙을 만드는 것을 장려한다고 해서 코치가 필요할 때 규칙을 수정할 수 없다는 의미는 아닙니다.

> 선수들이 기본 규칙을 정합니다.

글상자 11.2는 원칙과 실천에 대한 개요를 제공합니다. 선수들에게 가이드라인을 상기시킨 후에는 코치가 토론을 통제하지 않는 것이 불편하게 느껴질 수 있습니다. 하지만 선수들이 말하고 경청하는 사회적 습관을 기르도록 하려면 이러한 통제권을 내려놓는 것이 중요합니다. 코치는 일시적으로 선수들에게 통제권을 맡기는 것이며, 언제든 원하면 다시 통제권을 되찾을 수 있다는 점을 스스로 상기할 수 있습니다. 사람들이 웃으면 방어벽을 낮추고 더 열린 마음으로 배우기 때문에 유머러스한 접근 또한 도움이 됩니다. 시간이 지남에 따라 열린 토론을 잘 활용하면, 팀워크의 기초 중 하나인 힘의 균형이 더욱 균등해지고, 선수들이 점점 더 안전하다고 느끼며 자신의 취약점을 기꺼이 표현하는 등 팀 내 상호 신뢰 문화를 발전시키는 데 도움이 됩니다.

> 사람들이 웃어야 배울 수 있습니다.

최전방에서 온 생생한 이야기

이 책의 저자들은 공개 토론에서 이런 문제를 여러 번 겪었습니다: 우리가 예상하지 못한 전혀 다른 답변이 돌아오는 경우도 있었습니다. 처음에는 이런 일이 일어날지도 모른다는 두려움 때문에 공개 토론을 아예 하지 않았습니다. 하지만 나중에는 선수들이 중심에서 벗어난 제안을 너무 많이 할 때, 다시 통제력을 되찾는 방법을 배웠습니다. 우리는 선수들의 말을 판단하거나 반박하지 않고 요약한 다음, 토론의 방향을 다른 열린 질문으로 더 건설적인 방향으로 이끌 수 있는지 안내합니다. 다른 모든 방법이 실패하면 우리가 직접 개입하여 문제를 해결합니다.

글상자 11.2. 공개 토론: 토론 제대로 하기

가이드라인

- 서로에 대한 존중은 중요한 가치입니다.
- 다른 사람에 대해 이야기하기보다는 자신과 자신의 느낌에 대해 이야기하세요.
- 끼어들지 말고 경청하세요.
- 아무 말도 하지 않아도 됩니다.
- 조용한 사람에게도 말할 수 있는 기회와 공간을 마련해 주세요.
- 우리는 한 팀으로서 함께 이 일을 하고 있습니다.

동기면담 기술

- 명확하고 열린 질문
- 경청진술
- 요약하기

코치 행동 지침

- 가이드라인을 상기시킵니다.
- 공통점에 대해 긍정적이고 열린 질문을 하세요.
- 끼어들거나, 판단을 내리거나, 문제를 해결하지 마세요.
- 경청진술을 사용하세요. 상대방이 말한 내용을 파악한 후 바로 다시 전달하고, 더 깊은 이야기를 할 수 있게 유도하세요.
- 모두가 조용해지면 "다른 의견은요?" 또는 "다른 사람들은 어떻게 생각하거나 느끼나요?"와 같은 질문을 고려하세요.
- 다음 주제로 넘어가기 전에 요약하세요.

우리는 종종 전체 회의 시간의 20%를 공개 토론에 할애하는데, 보통 이 시간을 회의 시작과 끝으로 나눠서 진행합니다. 이런 질문이 그저 '허튼 소리'라고 생각하며 눈을 흘기는 선수도 있을까요? 특히 처음 이 과정을 경험하는 선수라면 그럴 수도 있습니다. 하지만 당신의 임무는 당신이 진지하게 임하고 있다는 것을 보여주는 것입니다. 정말 심각한 문제를 해결해 달라고 요청할 때 그들은 그것이 허풍이라고 생각하지 않을 것입니다. 토론 중에 당신이 결론을 내릴 차례가 오면, 문제를 지적할 수도 있지만, 주된 임무는 팀원들이 공통적으로 언급한 내용을 강조하고 이를 팀원들에게 되돌려주는 것입니다. 예를 들어 연습 세션 직전에 팀 회의가 있다고 가정해 보겠습니다. "오늘 연습에서 가장 우선시하는 것은 무엇인가요?"와 같은 질문으로 회의를 시작합니다. 5분 동안 열린 토론을 한 후, "A와 B에 대해서는 잘 모르겠지만, 오늘 이 세션을 즐기고 팀으로서 협력하는 몇 가지 좋은 아이디어가 나왔습니다."라고 요약할 수 있습니다. 이 사이클은 다음과 같습니다: 질문하고, 선수들이 말하고, 경청진술을 하고, 선수들이 더 말하고, 마지막으로 요약에서 핵심을 강조합니다. 그 결과 팀워크와 유대감이 향상됩니다.

한 단계 더 나아가기: 분위기를 정리하기

당신과 선수들이 그룹에서 대화하는 기본에 익숙해지면, 힘들고 민감한 주제를 다루면서 팀워크를 쌓고 더 강하고 단합된 팀을 만들 수 있는 다음 단계로 넘어갈 수 있습니다. 예를 들어, 어떤 선수는 팀에서 제외된 것에 대해 정말 화가 나서 팀을 분열시키고 팀의 균열을 일으키는 작은 불만 그룹을 형성할 수 있습니다. 또는 팀이 다소 부진한 상황에서 선수들이 불평과 남 탓만 하는 것 같거나 경기장 주변에서 상황이 통제 불능 상태로 가고 있는 것을 발견할 수도 있습니다. 이때는 분위기를 정리해야 하며, 동기면담 기술이 도움이 될 수 있습니다.

최전방에서 온 생생한 이야기

스포츠는 크리켓이었지만 이런 상황은 너무 흔해서 코치들이 집단 갈등 관리에 대한 특별한 교육을 받지 않는 이유가 궁금할 수도 있습니다. 팀의 성적은 좋지 않았고, 위기는 고조되고 있었으며, 언론을 비롯해 팀 안팎에서 불똥이 튀고 있었습니다. 호주와 잉글랜드의 치열한 접전이 벌어진 '더 애쉬(The Ashes)'시리즈였습니다. 2013-14 투어에서 무엇이 잘못되었는지에 대해 많은 분석이 이루어졌습니다. 팀은 연전연패 중이었고, 선수들은 경기장에서 단합하지 못했으며, 라커룸은 불화로 가득했습니다. 한 핵심 선수는 스트레스 반응을 일으켜 집으로 돌아갔고, 또 다른 선수는 갑작스럽게 은퇴를 선언했습니다. 내부 소식통에 따르면, 이 분위기를 쇄신하기 위한 주요 회의가 건설적이지 못했다고 합니다. 선수와 코치 간의 공개적인 의견 차이는 좁혀지지 않았습니다. 일부는 서로에게 솔직하지 못하다고 느꼈습니다.

-톰 포다이스(2017), 스포츠 작가

그룹 토론에서 '뜨거운' 문제를 해결하기 위해 분위기를 전환하려면 자신과 타인에 대한 믿음이 있어야 하고, 건설적인 해결책을 찾을 수 있는 그룹 관리 기술이 필요합니다. 때때로 모든 참여자가 정말 중요한 대화를 피하고 문제를 둘러싸고 헛돌기만 하는 것처럼 보일 때가 있습니다.

우리가 사용하는 동기면담 전략 중 하나는 먼저 선수들이 생각하고 느끼는 것을 말하도록 따라가기 스타일(글상자 11.2 참조)을 사용하는 것입니다. 그런 다음, 더 많은 통제권을 가지고 안내하기 스타일로 전환하여 건설적인 답변을 끌어내기 위해 몇 가지 열린 질문을 던집니다: "이 회의를 어떻게 끝내고 싶나요?", "앞으로 나아가는 가장 좋은 방법은 무엇이라고 생각하세요?", "팀에 도움이 될 수 있는 제안은 무엇일까요?", "상황을 개선하기 위해 다른 사람들로부터 어떤 도움이 필요하나요?" 같은 질문들입니다. 이러한 질문은 간단하지만, 이에 대한 답변은 팀워크를 크게 향상시킬 수 있습니다. 마지막으로, 좋은 리더십의 본보기가 되어 고쳐주기 스타일을 사용하여 팀원들이 토론을 어떻게 진행하기를 바라는지 정확하게 설명할 수 있습니다. 그룹 내 문제를 관리하는 이 접근 방식은 개별 선수의 행동 문제를 해결하기 위해 8장에서 제시한 '따라가기-안내하기-고쳐주기' 전략과 유사합니다(그림 8.1 참조).

끈끈한 연결의 힘: 유대감과 결속력

전설적인 팀들은 이러한 관계 구축 대화를 통해 특별한 유대감이 얼마나 큰 차이를 만들었는지 이야기합니다. 코치들은 시간이 지나면서 선수들이 관계를 구축할 수 있도록 도왔기 때문에 한 팀으로서 훌륭한 집단적 결정을 내릴 수 있었습니다. 동기면담은 회의 중이든, 경기장에서든, 경기나 경기가 끝난 후든 관계를 개선하는 데 잠재적으로 강력한 도구로 사용할 수 있습니다. 작은 성공 하나하나가 팀의 단결력을 높이고 어떤 계획을 세우든 성공할 확률을 높일 수 있습니다.

생각해볼 만한 질문

- 선수들이 자신의 생각을 솔직하게 말할 자유가 얼마나 있다고 느끼나요?
- 글상자 11.2에서처럼 그룹 회의에 앉아 토론을 위한 지침을 제공한다고 상상해 보세요.
- 선수들이 파벌을 형성하고 다른 선수들이 동료들로부터 덜 중요하다고 느낄 때, 이에 대해 어떻게 대처할 수 있을까요? 당신은 이에 대해 어떤 조치를 취해야 할까요?

제 12 장

함께 결정하는, 공동목표와 책임감의 팀워크 2: 하나의 팀으로서 의사 결정하기

저는 항상 선수들에게 내면의 불씨인 열정을 찾으라고 말합니다.
- 클라우디오 라니에리, 축구 코치

핵심내용

+ 동기면담 기술을 사용하여 팀이 함께 의사 결정을 내릴 수 있도록 도와주세요.
+ 선수들이 익숙해질 수 있도록 쉬운 결정부터 시작하세요.
+ 열린 질문과 경청진술을 사용하여 합의에 도달하도록 유도하세요.
+ 효율성을 극대화하기 위해 소그룹과 '한 번에 한 명씩' 방식을 사용하세요.

11장에서는 동기면담을 사용하여 팀워크를 개선하기 위한 첫 번째 단계로 선수들이 서로 앞에서 생각하고 느끼는 것을 표현할 수 있는 사회 기술을 개발하도록 돕는 방법을 다뤘습니다. 이 장에서는 두 번째 단계로, 이러한 사회 기술을 사용하여 함께 의사 결정을 내릴 수 있도록 돕는 방법을 다룹니다.

킥오프

실력이 있고 팀 내에서 자신을 기꺼이 표현하려는 의지가 있는 선수는 팀으로서 더 쉽고 즐겁게 협력할 수 있습니다. 이것이 지난 장에서 다룬 핵심이었습니다. 그렇다면 다음 단계는 무엇일까요? 선수들이 함께 의사 결정을 내리는 것은 팀워크를 구축하는 두 번째 단계로, 이는 강력한 유대감과 동기 부여의 중요한 원천이 됩니다. 이는 공동의 이익을 위해 개인의 욕구를 한쪽으로 내려놓는 과정입니다. 비록 이것이 팀워크를 구축하는 빠르고 마법 같은 방법은 아니지만 시간이 지남에 따라 더욱 숙련될 수 있는 작업입니다. 많은 코치들은 팀 대화와 같은 다른 경로를 통해 영감을 주지만, 이 방법은 영감과 동기 부여가 내면에서 우러나올 때 가장 강력하다는 동기면담의 논리를 따르는 것입니다.

최전방에서 온 생생한 이야기

카를로 안첼로티는 매우 존경받고 성공한 엘리트 축구 감독입니다. 그는 시즌을 결정짓는 중요한 경기, 즉 시즌 마지막 경기를 앞두고 이렇게 말했습니다: "이번 경기가 시즌의 마지막 경기다. 우리는 우리가 무엇을 할 수 있는지 알고 있고 상대팀도 알고 있다. 어떤 전술이 있어야 한다고 생각하나?"

동료 코치 중 한 명인 폴 클레멘트가 이렇게 회상합니다:

카를로의 질문은 낯을 가리지 않는 선수들조차도 침묵하게 만들었습니다. 그들은 자신의 생각을 묻는 데 익숙하지 않았기 때문입니다. 하지만 점차 당황한 표정이 숙고하는 표정으로 바뀌었고, 손을 들기 시작했습니다.

저는 선수들의 아이디어를 기록하기 시작했습니다. 그날 밤 세 명의 주요선수가 결정적인 기여를 했습니다. 그리고 다른 사람들도 점차 이 아이디어에 공감하면서 더 많은 사람들이 참여했습니다. 저는 가능한 한 빠르게 메모를 적었고, 어느새 수비와 공격 전략 목록이 완성되었습니다.

그게 다였습니다. 전술이 결정되고 팀 토론이 끝났습니다. 다음 날 선수들이 경기에 나섰습니다. 1-0 승리를 거두었습니다. 역사적인 승리였죠. 선수 주도의 방식이 성공한 순간이었습니다(클레멘트, 2017).

아래의 전략을 도구 상자에 넣어 선수들의 의사 결정을 돕는 다양한 기법을 함께 연습할 수 있습니다. 먼저 전략 자체와 그 지침이 되는 원칙과 내부 작용 방식을 살펴본 다음, 다양한 상황에서 이 전략을 어떻게 활용할 수 있는지에 대한 구체적인 사례들을 다루겠습니다.

전략: 함께 의사 결정하기

요약: 안내하기 스타일을 사용하여 선수들이 결정해야 할 사안에 대해 생각하고 느끼는 바를 말하도록 돕고 합의에 도달하도록 지원하세요.

선수들에게 해결책을 찾을 수 있는 영감과 지혜가 있다고 믿는다면, 함께 결정을 내릴 수 있도록 도와주는 것은 믿음의 행동입니다.

실천 전략

어느 아이스하키 팀 이야기입니다. 경기에 집중해야 할 순간에 휴대폰이 경기를 방해하는 것은 거의 보편적인 문제입니다. 코치는 선수들이 스스로 결정을 내릴 수 있도록 도울 수 있을까요?

코치: 코칭팀은 라커룸 안팎에서 휴대폰 사용을 줄이기 위해 무언가를 해야 한다고 결심했어. 그 이유는 선수들이 함께 모여 웃거나 경기에 대해 진지하게 이야기하는 시간을 가졌으면 좋겠다고 생각했기 때문인데. 그렇게 하면 유대감이 향상될 거야. 우리가 대신 결정하고자 하는 것은 아니지만, 지금부터 모두가 머리를 맞대고 어떻게 가이드라인을 정해야 할지 함께 의견을 나누면 어떨까?

선수 A: 스미스 코치가 지난 주 브리핑 중에 카를로스가 휴대전화를 보고 있는 걸 봤기 때문에 그럴 줄 알았어요.

코치: 그래서 약간의 갈등이 생길 때가 있는데, 그걸 눈치 챘구나.

선수 A: 왜 카를로스 때문에 우리 모두가 피해를 봐야 하나요?

선수 B: 잠깐만, 카를로스뿐만 아니라 우리 모두 하루에 여러 번 휴대전화를 쓰고 있잖아.

선수 C: 글쎄요, 뭔가 해야 할 것 같은데 뭘 해야 할지 모르겠네요. 저는 그냥 우리가 함께 결정을 내리고 그 결정에 모두가 따르는 게 좋다고 생각해요.

코치: 그러니까 두 사람의 생각이 좀 다르구나.

선수 E: 저는 카를로스가 책임을 져야 한다고 생각해요. 왜 우리 모두가 고통을 받아야 하나요?

선수A: 나도 동의해. 카를로스, 난 팀 동료로서 널 좋아하지만 그건 도가 지나쳤어.

선수 F (카를로스): 모두에게 미안하다고 말했고, 그걸로 끝난 거예요.

선수 G: 카를로스, 사과 받아들일 테니 계속 진행하지.

코치: 최선의 결정이 뭔지 궁금해지는데?

선수 B: 해야 할 일이 있으니 어서 시작하자고.

선수 A: 좋아, 그럼 연습하기 전에 일단 휴대폰부터 꺼버리자.

코치: 이제 여러분이 앞으로 나아가기로 결심한 것 같네.

해설과 함께 다시 듣기

진술	해설
코치: 코칭팀은 라커룸 안팎에서 휴대폰 사용을 줄이기 위해 무언가를 해야 한다고 결심했어. 그 이유는 선수들이 함께 모여 웃거나 경기에 대해 진지하게 이야기하는 시간을 가졌으면 좋겠다고 생각했기 때문인데. 그렇게 하면 유대감이 향상될 거야. 우리가 대신 결정하고자 하는 것은 아니지만, 지금부터 모두가 머리를 맞대고 어떻게 가이드라인을 정해야 할지 함께 의견을 나누면 어떨까?	*명확한 질문을 던집니다. 문제를 해결할 수 있고 함께 해결할 것이라는 믿음을 전달합니다.*
선수 A: 스미스 코치가 지난 주 브리핑 중에 카를로스가 휴대전화를 보고 있는 걸 봤기 때문에 그럴 줄 알았어요.	*다른 사람을 비난하는 저항의 신호. [저항과 함께 구르기] 전략을 사용하는 것이 중요합니다*(6장 참조).
코치: 그래서 약간의 갈등이 생길 때가 있는데, 그걸 눈치 챘구나.	*저항과 함께 구르며 선수의 관찰력까지 인정하는 [경청진술]*
선수 A: 왜 카를로스 때문에 우리 모두가 피해를 봐야 하나요?	*선수 A는 계속해서 카를로스를 비난합니다.*
선수 B: 잠깐만요, 카를로스뿐만 아니라 우리 모두 하루에 여러 번 휴대전화를 쓰고 있잖아.	*두려움 없이 자신의 감정을 표현합니다*(11장 참조).
선수 C: 글쎄요, 뭔가 해야 할 것 같은데 뭘 해야 할지 모르겠네요. 저는 그냥 우리가 함께 결정을 내리고 그 결정에 모두가 따르는 게 좋다고 생각해요.	*[변화대화]*
코치: 그러니까 두 사람의 생각이 좀 다르구나.	*그룹 전체의 분위기를 파악할 수 있는 간단한 [경청진술], 코치의 압박 없이 선수 스스로 결정을 내릴 수 있도록 신뢰합니다. 이 진술은 또한 다음 선수가 자신의 견해를 표현하도록 초대하며, 다음 선수가 자연스럽게 대화를 이어가도록 유도합니다.*
선수 E: 저는 카를로스가 책임을 져야 한다고 생각해요. 왜 우리 모두가 고통을 받아야 하나요?	*카를로스를 비난하려는 또 다른 시도*
선수 A: 나도 동의해. 카를로스, 난 팀 동료로서 널 좋아하지만 그건 도가 지나쳤어.	*더 많은 비난*

진술	해설
선수 F(카를로스): 모두에게 미안하다고 말했고, 그걸로 끝난 거예요.	*개방적이고 솔직한 답변*
선수 G: 카를로스, 사과 받아들일 테니 계속 진행하지.	*상대방을 존중하는 태도. [변화대화]*
코치: 최선의 결정이 뭔지 궁금해지는데?	*코치는 변화에 대한 예리하고 열린 안내 질문을 통해 의사 결정을 내릴 수 있도록 유도합니다.*
선수 B: 해야 할 일이 있으니 어서 시작하자고.	*[변화대화]*
선수 A: 좋아, 그럼 연습하기 전에 일단 휴대폰부터 꺼버리자.	*선수는 새로운 합의에 도달하고, 한 발 물러서고, [변화대화]를 표현합니다.*
코치: 이제 여러분이 앞으로 나아가기로 결심한 것 같네.	*코치는 [경청진술]을 사용하여 [변화대화]를 강조합니다.*

여기서 유혹받기 쉬운 점은 고쳐주려는 것입니다. 선수들에게 필요한 것이 무엇이고 그 이유를 설명하는 것이죠. 하지만 이 코치는 교정반사를 거부하고 선수들의 선한 판단을 믿으며, 그들의 동기에 대한 호기심을 갖고, 문제를 대신 해결해 주지 않겠다는 인식을 바탕으로 동기면담의 모든 장점을 활용했습니다. 그가 사용한 열린 질문과 경청 진술은 선수들이 한 그룹으로 결속하고 결정을 향해 나아가도록 하는 초대장과도 같았습니다. 그는 이러한 초대를 풍선처럼 그룹에 던져 선수들끼리 마음껏 주고받도록 했으며, 자신과 선수들 사이에 개별적인 대화를 나누는 함정에 빠지지 않아야 한다는 점을 명확히 인식하고 있었습니다. 그것이 바로 그들이 해야 할 대화였습니다. 변화대화, 즉 동기면담의 성공 신호가 포착된 것은 불과 몇 분밖에 걸리지 않았습니다.

> 열린 질문과 경청진술은 초대장입니다.

의사 결정 제대로 하기

의사 결정에서 단결력을 키운다는 것은 명확한 목표를 염두에 두고 매우 집중적이고 목적의식을 갖는다는 것을 의미합니다. 공개 토론(11장 참조)에서는 발언을 독려하는 따라가기 스타일을 사용하지만, 팀 의사 결정에서는 합의를 이끌어내기 위해 안내하기 스타일과 동기면담 기법을 사용합니다. 이 과정에서 선수들을 자극하는 요소를 파악하고, 결정이 필요할 때와 개입이 필요한 시점을 알아차리는 데 시간을 할애해야 합니다. 선수들은 목적을 가지고 풍선을 주고받습니다. 글상자 12.1에는 이 과정이 요약되어 있습니다.

동기면담 기술과 관련된 마음가짐은 양질의 팀 의사 결정을 향상시키는 데 도움이 됩니다. "이번 대회를 가장 잘 준비하려면 어떻게 해야 할까요?"와 같은 질문에 사용되는 언어를 상상해 보세요. 이 질문은 그룹으로부터 긍정적인 대답, 즉 우리가 변화대화라고 부르는 대답을 유도합니다. 그런 다음 개인과의 대화에서와 마찬가지로 더 많은 답변을 요구하고, 더 적극적으로 이를 부추기고, 한 제안을 다른 제안과 연결하고, 가장 좋은 부분을 요약한 후 자신의 아이디어를 덧붙입니다.

글상자 12.1. 그룹 의사 결정: 제대로 하기

가이드라인

공개 토론과 동일합니다(11장 참조): 서로 존중하기, 자신을 위해 말하기, 남의 말을 끊지 않고 경청하기, 아무 말도 하지 않을 자유를 존중하기

동기면담 코칭 기술

- 개선과 결정에 초점을 맞춘 열린 질문하기
- 긍정적인 변화대화에 초점을 맞춘 경청진술하기
- 내용을 요약하고 정리하기

코치 행동 지침

- 가이드라인을 상기시키고 선수들의 지혜를 신뢰하세요.
- 결정에 대해 긍정적이고 미래 지향적인 질문을 던지세요.
- 끼어들거나, 판단을 내리거나, 문제를 대신 해결해 주는 것은 피하세요.
- 경청진술을 사용하여 의사결정에 도움이 되는 긍정적인 발언을 언급하고, 다시 선수들에게 논의를 넘겨 더 많은 의견을 제시하고 결정을 구체화하도록 하세요.
- 모두 조용해지면 "또 다른 의견은요?", "다른 사람들은 어떻게 생각하나요?" 또는 "이 문제를 어떻게 해결할 수 있을까요?"와 같은 질문을 해 보세요.
- 필요할 때 자신만의 해결책을 제안하세요.
- 다음 단계로 넘어가기 전에 내용을 요약하세요.

젊은 선수들을 위한 안내

이런 그룹을 안내하는 것은 나이든 선수들만 할 수 있다고 생각하기 쉽지만, 어린 선수들이 일반적으로 나이든 선수들보다 훨씬 더 호기심이 많다는 사실을 알게 되면 생각이 달라질 수 있습니다. 젊은 선수들은 대체로 더 유연하고 적응력이 뛰어납니다. 다른 사람들과 잘 지내는 법을 배우는 과정에서, 그룹에서 동기면담을 사용하는 것은 사회성 발달에 매우 강력한 수단입니다. 질문은 나이와 발달 수준에 맞게 조정해야 하지만, 이들과 함께하는 과정은 나이든 선수들보다 훨씬 더 쉬울 수 있습니다. 예를 들어, "이번 시합을 준비하기 위해 어떻게 하면 가장 잘할 수 있을까?"와 같은 질문을 나이든 선수들에게 한다면, 어린 선수들에게는 이를 더 간단한 질문으로 나눌 수 있습니다. "너희들은 우리가 가장 연습해야 할 기술이 무엇이라고 생각하니?", "멋진 생각이야! 이번 주 시합 전에 X, Y, Z 중에서 가장 중요하게 연습해야 할 것은 무엇일까?"와 같은 질문을 던져보세요. 그러면 당신은 "좋아. Y부터 시작해서 시간이 있으면 Z와 X로 넘어가는거야. 훌륭한 시합 계획이었어. 우리팀 멋지다. 승리를 향해 가자 화이팅!"라고 말할 수 있습니다. 이 방법은 중요한 사항이 빠졌을 경우, 나중에 다른 제안을 추가할 여지를 남겨둡니다.

바다가 점점 거칠어질 때

선수들이 서로 갈등을 빚거나 코치가 반항적인 선수, 동료 또는 경영진과 갈등을 빚어 팀워크가 무너진다는 이야기를 얼마나 자주 들어 보셨나요? 경기에서 패배하거나 자존심, 돈, 또는 이 세 가지를 모두 잃게 되는 상황이 올 때 이러한 갈등은 독이 될 수 있습니다. 우리는 종종 '이기면 대부분의 문제가 다 해결된다'는 말을 듣습니다. 그 반대의 경우도 마찬가지입니다. 위협을 받으면 사람들은 반응하거나 물러서고, 상황은 점점 악화될 수 있으며, 그 여파는 치명적일 수 있습니다.

하지만 팀과 코치가 성숙하고 건설적인 방식으로 갈등을 화해하고 해결했다는 소식을 얼마나 자주 들어봤나요? 모든 수준의 스포츠에서 일하는 사람들은 이렇게 대처하는 기술을 가지고 있을까요? 동기면담은 어떻게 이를 도울 수 있을까요? 갈등을 단순히 파괴적인 것으로만 보지 않고, 배우고 앞으로 나아갈 기회로 볼 수 있는 방법이 있을까요? 실제로 갈등이 심한 그룹 회의의 내부를 들여다보고 동기면담을 통해 어떻게 이러한 상황을 개선할 수 있는지 살펴보겠습니다(6

장 저항과 함께 구르기에서 이 주제를 더 자세히 다루고 있습니다.).

"당신은 내가 시도를 하지 않았다고 비난할 권리가 없어요. 그건 거짓말이에요!" 라커룸에서 팀원들과 경기 후 결과를 검토하고 분석하는 도중에 한 선수가 이렇게 외칩니다. 당신은 방금 빠른 휴식 직후 경기장에서의 재편성 지연에 대한 사례를 들었는데, 이 선수는 당신의 언급을 자신을 질타하는 것으로 받아들인 것입니다. 이런 순간이 오면 회의가 침체되거나 해결되지 않은 채로 끝날 수 있습니다.

선수: 당신은 내가 노력하지 않는다고 비난할 권리가 없어요. 그건 거짓말이에요!

코치: 너한테 모든 책임을 돌리는 건 부당하다고 느끼고 있구나. [경청진술을 사용하여 '저항하며 구르기']

선수: 네, 맞아요. 우리는 오늘 정말 최악이었어요... 우리 중 일부는 다른 사람들보다 더 최악이었죠.

코치: 최선을 다하지 못하는 것은 힘든 일이고, 팀으로서 그런 상황에 직면하는 것은 더 힘든 일이야. [경청진술]

선수: (책에 담을 수 없는 욕설) 우리는 이기지 못하고 있어요. 이 전략은 우리에게 도움이 되지 않는다구요.

코치: 지금 당장은 효과가 없는 것처럼 보이나 보구나. [또 다른 경청진술]

선수: 네, 너무 흥분해서 미안해요. 그냥 너무.... 우리가 더 잘했으면 좋겠어요. 선수는 이해받았다고 느끼고 논쟁에서 한 발 물러나 [변화대화], 즉 "우리가 더 잘했으면 좋겠어요."로 응답합니다.

코치: 넌 우리 모두에게 어떤 변화가 필요한지 고민하고 있구나. 다른 팀원들은 이번 일에 대해 어떻게 생각하나?

코치가 경청진술을 할 때마다 선수의 말을 어느 정도 인정하거나 선수와 함께하는 모습을 보여주세요. 이를 통해 선수는 자신의 말을 듣고 있다고 느끼고 진정할 수 있습니다. "이런 식으로 '저항하며 구르기'를 하려면 용기가 필요한데, 이는 코치가 주도권을 잡고 고쳐주기보다는 명확하게 설명하도록 유도하면서 공을 다시 선수들에게 던져주는 것이기 때문입니다. 이렇게 함으로써 당신은 선수들이 서로에게 더 정중하게 행동할 수 있는 능력을 존중한다는 것을 보여줄 수 있습니다. 이것은 팀워크를 약화시키는 것이 아니라 강화하는 것입니다.

도움이 되지 않는 토론을 피하려면 다음 핵심 가이드라인을 염두에 두세요:

- 사람들의 마음을 안정시키도록 돕는 가장 효율적인 방법은 상대방의 말을

경청하는 것입니다.

- 문제에 대해 강경한 태도를 유지하더라도 서로 존중하는 태도를 유지하세요.
- 최대한 침착하고 느긋한 태도를 유지하세요(2장 중요한 마음가짐 참조).
- 맞서 싸우기보다는 논리를 가지고 토론하세요. 저항에 정면으로 맞서면 대개 상황이 악화되거나 더 나쁜 상황으로 치닫게 됩니다(6장 참조).
- 선수의 공격적인 표현을 통해 그 선수의 마음을 잘 헤아리도록 노력하세요.
- 문제 해결에 전념하더라도 상대방에게 화를 낸 것에 대해 사과하는 것도 고려하세요.

팀 의사 결정의 사례

아래에 제시된 사례들은 모두 실제 사례로, 참가자의 신원은 보호되었습니다. 이 사례들은 코치들이 동기면담을 사용하여 선수들이 자신을 표현하고 함께 의사결정을 내릴 수 있도록 안내하는 능숙한 방법을 강조하고 있습니다. 일부는 전체 그룹을 대상으로 하는 반면, 일부는 소그룹 또는 '한 번에 한 명씩' 방법을 사용합니다(글상자 12.2 참조). 모든 경우에서 코치들은 선수들로부터 긍정적인 변화대화를 유도하고, 이를 요청하고, 강화하며, 격려합니다. 요약은 떠오른 변화대화를 모으는 데 특히 효과적입니다. 이는 팀의 단합을 더욱 확고하게 하고 신속한 의사결정을 촉진하는 효과가 있습니다.

팀 규칙을 결정하는 선수들

선수들에게 잔소리를 하는 것은 지루하고 귀찮은 일이며 종종 비효율적입니다. 가장 흔한 잔소리 중 하나가 훈련이 끝난 후 정리 정돈을 잘하라는 것입니다. 직접 결정을 내리는 대신, 동기면담을 사용하여 이러한 유형의 팀워크를 장려할 수 있습니다. 선수들은 스스로 합의한 사항을 더 잘 지킬 가능성이 더 높습니다. 이를 위한 간단한 3단계 방법은 다음과 같습니다:

1. 팀을 모읍니다. 과제를 설명하고 질문을 던집니다("연습 후 뒷정리는 어떻게 해야 할까?").
2. 팀원들이 이에 대해 어떻게 생각하는지 공개적으로 토론하게 합니다(11장의 1단계 참조).

3. 그룹 결정을 내리도록 격려합니다(2단계 참조).

이것은 내부로부터의 팀 빌딩을 하는 과정을 보여줍니다. 처음에는 서로의 말을 경청하는 법을 배우고, 너무 빨리 주도권을 잡지 않으면서 해결책을 모색하는 과정에서 혼란스러워 보일 수도 있습니다. 이러한 과정은 선수들이 사회 기술을 배우는 데 도움이 됩니다. 어느 시점에서는 당신이 개입하여 문제 해결을 도울 수도 있습니다. 이때 떠오른 아이디어를 요약하거나, 몇 가지 옵션에 대해 투표를 요청하거나, 직접 결정을 내릴 수도 있습니다. 어떤 방법을 사용하든, 팀원들은 한 팀으로서 함께 일하게 됩니다. 선수들은 경청하고 배우면서 결국 스스로 문제를 해결하게 됩니다. 한 번은 고등학교 농구 선수 두 명이 다른 선수에게 어떻게 하면 제시간에 연습에 더 자주 올 수 있는지 물어보는 것을 우연히 들은 적이 있습니다. 이것이 바로 팀워크이며, 이는 배울 수 있는 것입니다.

갈등에서 배우기: 팀원 간의 싸움이 발생했을 때

팀원 간의 싸움이나 갈등과 같은 불미스러운 일이 발생했을 때 권위를 행사하고 처벌을 가하는 것은 일반적으로 득과 실이 엇갈리는 경우가 많습니다. 조직의 질서는 다시 확립될 수 있지만, 가해자는 체면을 잃고 반드시 교훈을 얻지 못할 수도 있습니다. 제니는 빈민촌의 소프트볼 코치로, 처벌 위주의 마음가짐에서 벗어나 싸움을 하는 아이들이 그 경험을 통해 배울 수 있도록 돕는 안내하기 스타일을 사용했습니다. 그녀의 접근 방식은 모든 수준의 스포츠 종목에 적용될 수 있습니다. 여기 그녀의 사례를 소개합니다.

16-17세 청소년들로 구성된 팀에서 한 선수가 연습이 끝난 후 모인 자리에서 다른 선수에게 팔을 휘두르지 말라고 요청했습니다. 그러나 그 선수는 요청을 따르지 않았고, 그의 팔이 우연히 제니의 머리에 닿았습니다. 제니는 이 행동을 고의적이라고 생각해 어른들이 싸움을 말려야만 했습니다. 제니는 다른 코치에게 두 선수를 따로 불러 두 가지 질문에 답해 달라고 요청했습니다: "무슨 일이 있었던 거야?" 그리고 "어떻게 이 피해를 복구할 수 있을까?"라고요. 동시에 제니는 전체 팀을 모아 모두가 서로의 어깨에 팔을 얹고 같은 질문에 하나씩 대답하도록 독려했습니다. 두 번째 질문은 변화와 대처 방안에 초점이 맞춰져 있었기 때문에 제니가 대답으로 들은 것은 변화대화였고(3장 참조), 이를 알아차린 그녀는 '[자신의] 동기면담 모자를 쓰고 그들의 제안에 대한 대답으로 경청진술을 하는 데 집중하기로' 결심했습니다. 아이디어는 그룹에서 자유롭게 나왔고, 두 선수에게 즉시 팀에 다시 합류하라는 메시지를 전달하기로 결정했습니다: "사고였든 아니든,

우리는 한 팀이므로 함께 똘똘 뭉쳐야 한다."

세션이 끝난 후 동료 코치는 제니에게 두 선수가 사과 편지를 쓰기로 합의했다고 전했습니다. 전체 팀은 자신의 의견을 표현하고(1단계) 함께 결정을 내릴 수 있었으며(2단계), 팀워크도 개선되었습니다. 두 선수는 체면을 살리고 동료와의 갈등을 해결하는 방법을 배웠습니다.

> 아이디어가 그룹에서 자유롭게 나올 수 있게 하세요.

질문하고- 제안하고-질문하기 전략을 사용하여 경기 검토하기

흔한 상황을 예로 들어보겠습니다. 다가오는 시합을 앞두고 연습 전에 계획을 검토할 시간이 약 30분 주어졌습니다. 이 시간 동안 팀원들이 전략 수립에 큰 발언권을 가지길 원한다고 가정해 보겠습니다. 어떻게 하면 선수들이 명확하고 단합된 마음으로 자신들이 결정한 사항에 대해 책임감을 갖고 실천할 수 있도록 도울 수 있을까요? 다음 단락에 소개된 코치는 질문하고-제안하고-질문하기 전략을 사용해 이를 성공적으로 달성했습니다 이 전략은 선수들이 스스로 답을 찾고 결정을 내리도록 유도하는 동기면담 전략입니다(10장 참조).

코치는 세션을 시작하며 모두에게 동등한 발언권을 주고, 서로를 존중하는 것과 모두가 전념할 수 있는 의견을 내는 것의 중요성 등 팀의 가치를 상기시켰습니다(글상자 11.2 참조). 그가 팀원들에게 던진 핵심 질문은 "토요일의 중요한 시합에서 우리가 가져갈 수 있는 가장 중요한 것은 무엇일까요?"였습니다. 이 훌륭한 안내하는 질문을 던진 후, 그는 팀이 질문에 대한 답을 찾는 데 도움이 되도록 설계된 경청진술을 계속 사용했습니다.

코치: 다시 물을게. 토요일 중요한 시합에서 우리가 가지고 갈 수 있는 가장 중요한 것이 무엇일까? [팀이 개선하고자 하는 바를 논의하기 시작할 수 있도록 분위기를 띄우는 열린 질문이며, 변화대화를 이끌어냅니다.]

선수 1: 저는 강렬함이 중요하다고 생각합니다. [변화대화]

선수 2: 지난번에 우리가 모두 집중하고 있었던 그 모습이 좋았어요. 모두가 집중해서 최대한 빨리 점유율을 회복했었죠. [동료 선수들를 인정하기]

선수 3: 잘 모르겠지만, 공을 가지고 있든 없든 항상 서로를 응원해야 한다고 생각해요. [변화대화]

코치: 단합되었다고 말하는군. 정말 진지한 표정이네. [경청진술]

선수 4 (주장): 우리가 상대하는 팀에 대해 명확히 알아야 해요. 오늘은 그게

필요해요, 코치님. [변화대화]

선수 2: 네, 동의합니다. 코치님, 전략이 뭔가요?

코치: 잠시 후에 전략에 대해 이야기하겠지만, 강렬함이 무엇을 의미하는지 궁금해. 그게 다들 뭐라고 생각해?

선수 1: 저에게 강렬함이란 무엇이든 할 준비가 되었을 때, 정말 준비가 되었을 때 편안한 마음으로 경기에 임하는 것입니다.

선수 3: 저에게 강렬함이란 우리가 하나의 팀으로 일하는 것을 의미합니다.

선수 4: 다 같이 힘을 내서 집중하면서 편안하게 버텨보자고요, 그렇죠? (*주먹을 불끈 쥐고 몸을 선수들을 향해 돌립니다.*) [변화대화]

선수들 다같이: 네, 네, 맞습니다.

코치: 자네들은 집중하고 싶고, 명확한 전략을 원하겠지.

선수들 일제히: 네, 그렇습니다. (웃음)

이 대화는 불과 1-2분밖에 걸리지 않았습니다. 코치는 선수들이 주도권을 잡고 대화를 이어가게 한 다음, 지금까지 나온 모든 내용을 하나로 묶어 "자네들은 집중하고 싶고, 명확한 전략을 원하겠지."라는 경청진술로 정리했습니다.

그런 다음 그는 방향을 전환했습니다. 이제는 전략 자체를 명확히 할 시간이 되었고, 이를 위해 질문하고 제안하고 질문하기 프레임워크를 사용했습니다. 그는 먼저 선수들에게 어떤 전략이 합당한지 물어본 다음(질문하기), 그들의 제안을 모아 판단하지 않고 자신의 생각을 강요하지 않으며 다시 되돌려주었습니다(제안하기). 말이 적을수록 진행 속도가 빨라집니다. 그런 다음 그는 그들의 핵심 요점을 요약하고 선수들의 아이디어와 자신의 아이디어를 간단한 세 가지 요점으로 결합한 명확한 전략을 만들었습니다(제안하기). 그러고 나서 다시 "이번 회의에서 무엇을 가져갈 수 있을까? 그것이 우리 모두에게 활력을 불어넣을까?"라고 물었고(질문하기), 선수들은 개인적으로나 팀 차원에서 결론을 도출했습니다. 코치는 회의 요약본을 휴대전화 메시지로 모두에게 보내기로 약속하고, 합의된 전략의 세부 사항을 시뮬레이션할 지원자를 요청하면서 회의를 마무리했습니다. 그리고 곧바로 현장에 나가서 연습할 것을 지시했습니다.

마르코 코치는 조용한 카리스마를 지녔지만, 그 이면에는 선수들에게 해결책을 강요하기보다 스스로 동기를 부여하고 주인의식을 가질 수 있게 동기면담을 활용하는 기술과 경험이 있었습니다. 선수들은 대부분의 시간을 서로의 이야기를 경청하며 보냈고, 그의 지도 아래 서로의 생각을 공유할수록 더 명확해졌습니다. 방 안에서 팀워크가 형성되고 있었습니다.

팀 토의 및 '한 번에 한 명씩' 토론하기

경기 하프타임과 같은 짧은 회의에서도 *모든 사람*이 발언권을 가질 수 있을까요? "한 번에 한 명씩" 토론하는 기법을 사용하면 가능합니다. 사람들이 둘러앉아 모두에게 말할 시간을 주는 이 방법은 줄루어(Zulu)로는 *인다바*(Indaba)라고 하며, 교육 및 기타 환경에서도 널리 사용됩니다. 이 방법은 이 장과 이전 장에서 설명한 두 가지 전략의 목표, 즉 선수들이 자신의 생각과 감정을 표현할 기회를 주고(11장 1단계), 한 팀으로서 결정을 내리도록 돕는(이 장의 2단계) 목표를 거의 확실하게 달성할 수 있는 방법입니다.

스마트한 하프타임 팀 대화를 실험하는 안나 코치

대학 필드하키팀의 코치인 안나를 만난 날, 그녀는 짧은 하프타임 팀 대화에서 '한 번에 한 명씩' 기법을 사용해 모든 사람이 발언권을 갖도록 했습니다. 또한, 동기면담에 익숙한 만큼 선수들이 왜 또는 어떻게 개선할 수 있을지에 대해 이야기하도록 했습니다. 그녀는 팀원들로부터 후반전에 대한 변화대화를 이끌어냈습니다. 그 짧은 시간에 변화가 있었을까요? 그리고 분명히 그녀는 자신이 전하고 싶은 메시지가 있었을 것입니다. "가끔 그렇습니다." 그녀는 말했습니다. "하지만 일단 익숙해지면 얼마나 빨리 진행되는지 놀라실 겁니다. 제게는 문제를 해결하려는 충동을 조절하는 것이 과제입니다. 어쨌든 제 메시지를 전달할 시간은 보통 몇 분 정도밖에 없습니다."

안나는 몇 달 전 하프타임에 선수들에게 "후반전에 어떻게 하면 더 나아질 수 있을까?"와 같은 열린 질문을 던지는 것으로 이 여정을 시작했다고 말했습니다. 하지만 몇 명 선수들이 토론을 주도하고, 때로는 몇 분밖에 이야기할 시간이 없는데도 대놓고 서로 의견을 달리하는 경우가 많아 이 질문은 그녀를 곤혹스럽게 만들었습니다. 그때 그녀는 장시간의 경기 분석이나 전략 회의에서 좋은 효과를 거두었던 '한 번에 한 명씩' 기법을 사용해야겠다고 생각했습니다. 이 기법의 핵심은 서로 방해하거나 끼어들지 않고 모든 사람이 대답할 기회를 얻을 수 있는 질문을 하는 것입니다. 그 질문이 변화나 개선에 관한 것이라면 모두 변화대화를 표현하기 때문에 동기면담으로 가는 지름길과 같습니다. 글상자 12.2에는 관련 내용이 요약되어 있습니다.

'한 번에 한 명씩' 방식은 경기나 시합 평가와 같은 긴 회의를 할 때 스포츠에서 가장 널리 사용됩니다. 스포츠 이외의 분야에서는 갈등이나 어려운 결정을 해결하기 위해 모든 관련 당사자가 모여 여러 가지 질문에 대한 답변을 할 기회를 가질 때 사용됩니다. 예를 들어, 스포츠와 관련된 질문에는 "무슨 일이 있었나?", "경기나 시합에 대해 어떻게 생각하고 느끼는가?", "내가 최선의 기량을 발휘하려면 팀으로부터 어떤 도움이 필요한가?", "우리 팀이 더욱 단합하여 최고의 성과를 내기 위해 내가 팀에 어떤 도움을 제공할 수 있는가?" 등의 질문이 포함될 수 있습니다. 위의 예에서 안나는 한 가지 질문만 했습니다: "후반전에 우리가 더 잘하려면 어떻게 해야 될까?" 팀원들이 이 접근법의 원칙에 대해 잘 이해하고 있었기 때문에 그녀는 진심 어린 아이디어를 많이 얻을 수 있었습니다. 그녀의 요약과 마무리 메시지는 간단하고 명료했으며, 팀의 핵심 메시지 몇 가지를 포함하고 있었습니다.

글상자 12.2. 동기면담과 '한 번에 하나씩' 방법

무엇을?

한 가지 질문을 던지고, 선수들이 차례로 한 명씩 대답합니다. 한 라운드가 두 번 이상 진행될 수 있으며, 각 라운드마다 다른 질문이 주어질 수 있습니다. 한 그룹에 속한 모든 사람이 질문에 답할 기회를 갖지만, 원하지 않는 사람은 말하지 않아도 되며 마지막에 요약할 기회가 주어집니다. 이 과정에서 대부분의 시간 동안 사람들은 서로의 말에 귀를 기울입니다.

어떻게 하나요?

각 질문에 대해 한 라운드씩 허용합니다. 질문을 던진 후 첫 번째로 대답하는 선수에게 대화를 넘깁니다. 그 선수가 말을 마치면 다음 선수에게 과제를 넘기는 식으로 순서를 넘기며, 모든 사람이 말할 때까지 계속 진행합니다. 그런 다음 마지막에 요약합니다. 일부 그룹에서는 공이나 지휘봉과 같은 물체를 발표자에게 주고, 발표자는 발언을 마치면 이를 다음 사람에게 전달합니다.

가장 자주 사용되는 가이드라인은 긍정적인 태도로 임하기, 자신의 감정을 다른 사람 대신 자신에 대해 표현하기, 달성 가능한 것에 집중하고 다른 사람을 비난하지 않기, 말하고 싶지 않으면 발언권을 넘겨주기, 중간에 말 끊기나 중복 발언하지 않기, 즉 발언권을 가진 사람만 발언할 수 있다는 것입니다.

적용 사례

하프타임 팀 대화에서는 한 라운드에 한 가지 질문만 할 수 있는 시간이 주어집니다. 더 긴 회의에서는 팀의 규모에 따라 두세 라운드 이상 진행할 수 있습니다. 요약은 진행자나 선수 중 한 명이 할 수 있습니다.

소규모 그룹 활용하기: 가치에 대한 토론

팀이나 그룹이 공통된 가치에 동의하고 벽에 걸린 슬로건을 뛰어넘는 것은 강력한 경험이며, 팀워크에 무한한 이점을 가져다 줍니다. 이 방법은 짐이 대규모 수영 클럽에서 수석 코치로서 수행한 역할입니다. 그는 어린 수영 선수들도 쉽게 가치를 표현할 수 있으며, 이를 조기에 유도할수록 더 좋다고 말합니다. 연초에 이 연습을 하면 나중에 모임에서 단 몇 초만 투자하면 이러한 가치를 상기시킬 수 있기 때문입니다. 마치 성공을 위한 그들만의 속기 언어를 사용하는 것과 같습니다.

> 팀 가치에 동의하는 것의 장점은 무궁무진합니다.

짐은 동기면담의 원칙에 상당히 익숙했고, 토론이 안전하고 재미있으면서도 선수들이 긍정적인 변화에 대해 이야기할 수 있도록 짝과 소그룹을 활용하는 데 매우 탁월한 안목을 가지고 있었습니다. 그는 소규모 그룹으로 작업하여 모든 사람이 경청하고 구체적인 질문에 답할 수 있는 기회를 갖도록 하는 것을 중시했습니다. 가치에 대해서는 이렇게 말했습니다: “우리처럼 규모가 큰 클럽의 리더십이 클럽의 가치에 동의할 수 있다면, 저는 이러한 가치가 일종의 보편성을 가진다고 생각합니다. 따라서 연령대별 팀 수준으로 내려가 이 주제를 논의할 수 있습니다.”

짐이 30분 이내에 가치에 대해 이야기한 방법은 이렇습니다. 그는 계영를 하는 25명의 연령대별 수영 선수들을 모아놓고 훈련의 취지를 설명한 다음, 각자가 그날 수영을 하며 어떤 기분이었는지 한 마디씩 발표해 달라고 요청했습니다. 말을 하고 싶은 사람에게 공을 던져주는 것이 과제였습니다. 이것이 서로 연결해주는 준비 운동이었습니다. 그런 다음 5명씩 소그룹을 만들어 위에서 설명한 ‘한 명씩 돌아가면서’ 이 문장을 완성하도록 요청했습니다: “내가 들은 가장 강력한 말은 바로 __________” 마지막으로 대그룹에서 그는 수영 선수들에게 이 문장을 완성하도록 요청했습니다: “이 클럽의 팀워크는_______를 의미한다.” 공 던지기 과제는 발표자 간의 연결고리 역할을 했습니다. 상위 4-5개의 점수는 클럽 경영진이 합의한 가치에 잘 부합한 것 같았지만 완전히 일치하지는 않았습니다. 그래서 짐은 예외 사항들을 다음 운영진 회의에 가져가서 재검토하도록 했습니다. 짐은 이와 같은 방식으로 공유된 가치가 클럽의 DNA의 일부가 되기 시작했다고 말합니다.

모든 스포츠에서 짐이 사용한 방식과 유사한 훈련을 채택할 수 있습니다. 예를 들면 쿼터백과 와이드 리시버, 투수와 포수, 또는 공격수와 수비수 그룹이 함께 할 수 있습니다. 주제는 전술, 개인의 강점 또는 동기 부여에 대한 고민일 수 있습니다. 소규모 그룹의 분명한 강점은 사람들이 더 많은 시간을 이야기할 수 있다는 것입니다. 또한 일반적으로 선수들에게 구체적인 질문을 제시하여 그들이 생각하고 느끼는 바를 말하고 필요한 경우 결정을 내릴 수 있도록 하면 더 쉽고 생산적으로 진행할 수 있습니다.

결론

결속력과 단결력은 조직과 스포츠 성과 실행을 둘러싼 일상적인 혼란 속에서 쉽게 와해될 수 있습니다. 동기면담 사용에 능숙하지 않더라도 의사 결정에 동등하게 기여할 수 있는 방법은 여러 가지가 있습니다.

동기면담을 사용하여 팀이나 팀원 간의 관계를 개선하면 '내부로부터' 단결력을 키울 수 있습니다. 자신을 표현하고 의사 결정에 참여할 수 있는 기회가 많아질수록 선수들은 그 결정에 따라 행동할 가능성이 높아집니다. 이 논리는 개인과 그룹에서 동기면담을 사용하는 원동력이 됩니다.

생각해볼 만한 질문

- 선수 그룹이 한 팀으로서 결정을 내리는 빈도는 얼마나 되나요?
- 선수들이 함께 결정하도록 허용할 수 있는 가장 쉬운 결정은 무엇인가요? 이를 위해 선수들을 어떻게 안내하시겠습니까?
- 팀 토론을 계속 진행하기 위해 요약하는 데 얼마나 능숙하다고 생각하나요?

제 13 장

행동과 생활 습관 개선하기

우리는 자신의 '해야 할 일' 목록에서 우리 자신에게 더 높은 우선순위를 부여하는 일을 더 잘해야 합니다.

-미쉘 오바마

핵심내용

+ 전략: 우선순위 매기기: 어떤 변화를 원하나요? 우선순위 지도를 작성하여 선수들이 어떻게 하면 삶의 균형을 더 잘 맞출 수 있을지 스스로 생각해보도록 도와주세요.
+ 전략: 변화의 장단점: 왜 변화해야 할까요? 선수들이 스스로 동기를 부여하여 라이프스타일을 변화시킬 수 있도록 도와주세요.
+ 전략: 그냥 물어보세요! 연결하고, 허락을 구하고, 동기면담을 사용하여 선수들이 라이프스타일 변화를 모색할 수 있도록 지원해 주세요.

킥오프

운동선수를 한쪽으로 불러서 그의 행동이나 생활 방식에 대해 '한 마디 하려는' 순간의 망설임을 느껴본 적이 있나요? 마치 상대방의 반응이 좋지 않을 수도 있다는 것을 알고 있는 것처럼 말이죠. 이러한 상황은 동기면담이 탄생하게 된 배경이 되었습니다. 습관과 생활 방식 변화에 관한 어려운 대화를 보다 건설적으로 해결할 수 있는 방법을 찾기 위해서였습니다.

라이프스타일의 균형을 맞추는 일은 누구에게나 어려울 수 있습니다. 운동선수들은 단지 운동을 잘하는 것뿐만 아니라 학업을 따라잡고, 친구들과 즐거운 시간을 보내고, 집에서도 잘해야 한다는 부담을 느낍니다. 이것은 매우 개인적인 문제로, 항상 쉽게 말할 수 있는 주제가 아닙니다. 그래서 이러한 활동에 시간을 배분하고, 식습관, 음주, 수면, 인터넷 사용과 같은 관련 생활 습관에 대해 결정을 내리는 것은 어렵게 느껴질 수 있습니다. 우리에게는 사소한 문제로 보일 수 있는 작은 변화도 선수들에게는 크게 다가올 수 있습니다. 스포츠를 그만두거나 은퇴하는 전환은 많은 환경에서 상당히 중요한 우선순위로 여겨지고 있습니다. 어떤 상황에서든 변화에 대한 대화는 쉽지 않으며, 행동 변화에 초점을 맞추는 경우가 많습니다.

> 선수들은 운동과 나머지 삶의 균형을 맞추는 데 어려움을 겪습니다.

최전방에서 온 생생한 이야기

코칭 팀은 목표를 세우고 매주 계속 반복되는 현상을 발견했습니다: 바로 제니의 과체중이었습니다. 코칭팀은 제니에게 이 사실을 알리고 체육관에서 몸무게를 측정하고 기록하여 문제 해결에 도움을 줄 것을 제안했습니다. 하지만 제니는 그 조언을 따르지 않았습니다. 제니는 스포츠 생활에서 '해야 할 것과 하지 말아야 할 것'이 너무 많아서 스트레스를 해소할 방법이 없다고 느꼈습니다. 가끔씩 폭식을 하는 것이 그녀의 스트레스 해소 방법 중 하나였습니다. 그러다 대화가 어려워졌습니다. 연습을 앞둔 어느 날, 한 코치가 그녀에게 "당신은 잠재력이 큰 선수이고, 우리는 당신에게 많은 투자를 해왔는데 체중 문제를 당장 해결하지 않으면 당신의 미래가 불투명해질 것"이라고 직설적으로 말했습니다. 다음 날 그녀는 팀을 탈퇴하겠다고 결심했습니다. 유망한 선수에 대한 좋은 의도가 나쁜 방향으로 바뀐 것입니다. 여기서 중요한 것은 코치들이 발견한 문제뿐만 아니라 그 문제를 어떻게 처리했는지도 중요해 보였습니다. 동기면담은 바로 이러한 어려운 주제를 제기하고 건설적으로 다루기 위해 개발되었습니다. 코치는 변화를 강요하는 대신 선수와 함께 소통하고 연결하고, 관찰한 내용을 공유하며, 선수가 스스로 해결 방법을 찾도록 격려합니다. 그러면 더 나은 결과를 얻을 수 있을 것입니다.

라이프스타일 균형에 대한 이러한 질문은 스포츠의 모든 측면에서 찾아볼 수 있습니다:

"그는 훌륭한 선수지만 집에서는 지루해하고 간식을 너무 많이 먹는 것 같아요. 변화를 이끌 역량도 없고 기꺼이 변화할 의지도 없는 것 같아요."
"아이는 운동을 그만두는 것을 전혀 고려하지 않는 것 같습니다."
"얘는 착한 아이지만 못된 친구들과 어울려요."
"왜 모든 것을 내팽개치고 다시 경찰에 체포될까요?"
"늦게까지 깨어 있는 것 때문에 경기력이 떨어지고 있어요. 잠을 더 잘 자야 한다고 말했어요."

"주머니에 돈이 생기면 뭐가 되겠어요? 휴대폰에 집착하고, 도박에 빠지고, 정신이 산만해진 것 같아요. 이제 이 문제를 해결해야 합니다."

"즐기는 것과 자주 만취하는 것은 다릅니다. 문제가 생기고 있고, 우리가 어떻게 해결해야 할지 모르겠어요."

"이 젊은 여성은 분명히 학업에 대한 집중력을 잃어 가고 있습니다."

세상에 완벽한 사람은 없습니다. 코치로서 우리는 문제를 볼 수 있지만 선수들은 그것을 어떻게 바라볼까요? 이 장에서는 간단한 대화나, 조용하고 집중적인 토론을 통해 동기면담이 선수의 문제를 해결하는 데 어떻게 도움이 될 수 있는지 설명합니다. 간단히 말해, 당신의 역할은 선수의 변화를 이끌어내는 전문가가 되는 것이 아니라, 선수가 스스로 전문가가 될 수 있도록 도와주는 도구를 제공하는 것입니다. 현재 상황을 이해하고 더 나은 균형을 이루기 위한 계획을 세우거나 미래에 대한 결정을 내릴 수 있도록 돕는 것이죠. 누구나 선수가 자신의 삶에서 잘못하고 있는 부분을 지적할 수 있습니다. 하지만 숙련된 코치는 선수들이 지속적인 변화를 위한 용기를 내도록 도울 수 있습니다.

전략 선택하기

상대방과 연결하기 위한 출발점은 무조건 공격적이지 않은 스타일이어야 합니다. 이러한 토대 위에서 세 가지 전략 중 하나를 선택할 수 있습니다(아래 참조). 이 전략은 반드시 그대로 따라야 하는 것은 아니며, 좋은 성과를 내기 위한 가이드라인에 가깝습니다:

- 선수가 한 발짝 물러서서 라이프스타일 변화나 향후 조정을 위한 다양한 요소를 모두 살펴보는 것이 도움이 된다면, 우선순위 매핑 전략이 효과적일 수 있습니다. 게다가 선수가 방어적으로 느낄 수 있는 민감한 주제를 제기하고 싶다면 이 전략이 이상적입니다. 선수의 라이프스타일 전반과 연결하면 은밀한 도박이나 음주 문제와 같은 어려운 주제를 더 쉽게 제기할 수 있습니다.
- 양측 모두 이야기할 주제가 명확하지만 선수의 변화 동기가 낮다고 여겨지는 경우, 변화의 장단점 전략이 적합합니다. 이 전략은 코치가 아닌 선수가 변화를 주장하도록 유도하는 데 효과적입니다.

- 라이프스타일 변화에 대해 이야기하는 데 특별한 장애물이 없다면, 그냥 물어보는 것도 하나의 방법입니다. 이는 세 번째이자 마지막 전략에 설명되어 있습니다.

전략: 우선순위 지도 만들기

요약: 지도를 사용하여 선수가 가장 중요한 변화의 영역을 선별하고 선택할 수 있도록 도와주세요.

어떤 변화가 선수가 더 나은 균형을 찾는 데 가장 도움이 될까요? 예를 들어, 운동이나 식단, 둘 다일까요? 아니면 다른 변화가 필요할까요? 강좌에 등록하거나 일자리를 찾는 것일까요? 한 걸음 물러나서 선수의 라이프스타일과 활동을 재검토하고 싶다면 이 우선순위 매핑 전략이 도움이 됩니다. 이 전략은 현재 의료 및 기타 환경에서 널리 사용되고 있으며(Gobat et al., 2018; Miller & Rollnick, 2012), 운동선수와의 대화에서도 유용하게 활용될 수 있습니다. 이 전략은 단순히 변화해야 한다는 말을 듣는 것보다 더 나은 결과를 약속하는 명확한 방법을 찾아내고 합의하는 것입니다.

문제는 선수의 균형을 무너뜨리는 여러 가지 우선순위가 종종 경쟁적으로 얽

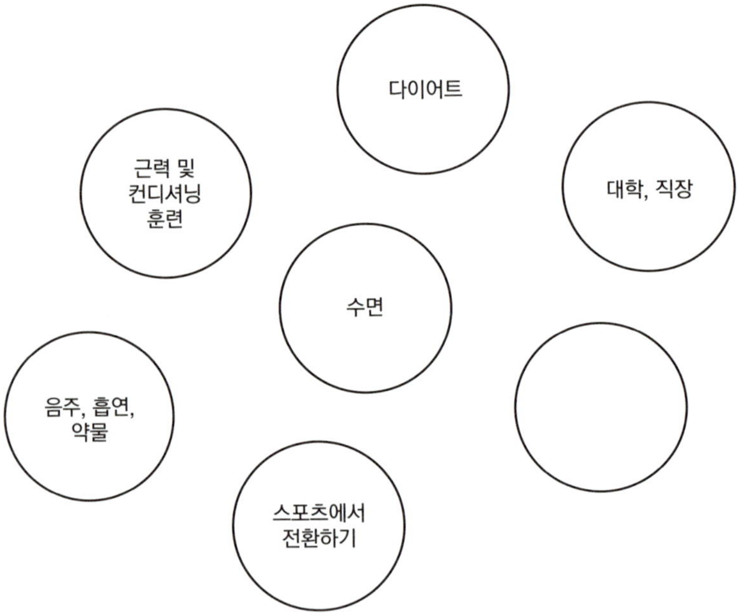

그림 13.1. 우선순위 설정을 위한 맵

혀 있다는 점입니다. 해결책은 한 발 물러서서 큰 그림을 보고 우선순위를 매핑하여 현명한 계획을 함께 세우는 것입니다. 그림 13.1은 전략이 어떤 모습인지 보여주는 예시로, 실제로 종이를 사용하여 지도를 구성한 것입니다. 이 전략은 펜과 종이 없이도 쉽게 적용될 수 있으며, 관련된 작업에 익숙해지기만 하면 됩니다. 이 장에서는 라이프스타일 변화의 예를 사용했지만, 이 전략은 스포츠 활동에서 은퇴하는 전환에 대한 논의에서도 분명 유용합니다.

1단계: 지도 만들기

• *코치의 과제*: 전략을 소개합니다("한 걸음 물러나서 당신이 직면한 과제들을 한번 살펴볼 수 있을까요?"). 그림 13.1과 같이 우선순위 몇 가지를 동그라미 안에 단어로 적어볼 수도 있습니다. 선수가 선택할 수 있는 주제를 위해 동그라미 하나를 비워둡니다.

• *선수의 과제*: 선수가 당신이 파악한 변화의 우선순위에 대해 의견을 말하고 새로운 우선순위가 있는지 확인합니다(빈 동그라미).

2단계: 개선 경로에 관하여 질문하기

• "라이프스타일의 이 부분들에 대해 어떻게 생각하세요?", "어떤 부분을 개선할 수 있을까요?", "제가 놓친 부분이 있나요(빈 원을 가리키며)?", "여기[특정 주제를 가리키며] 개선이 필요해 보이는데, 어떻게 생각하세요?" 등의 질문을 사용하여 개선이 가능한 부분을 강조하고 지목하세요. "아마도"와 "궁금합니다." 등의 표현은 권위적이고 경직된 태도에서 벗어나 선수가 자신의 생각을 자유롭게 말할 수 있도록 도와줍니다.

• 선수가 결정을 내릴 수 있도록 대화를 유도하세요. 선수는 특정 영역에서 실행 계획을 세울 준비가 되어 있을 수도 있고, 그렇지 않을 수도 있습니다. 적어도 우선순위를 매핑하여 대화를 시작하면, 앞으로 더 건설적인 대화를 위한 씨앗을 뿌린 셈입니다.

다음은 코치와 선수가 선수의 스트레스와 생활의 균형을 맞추는 어려움에 대해 이야기하는 예시입니다.

코치: 현재 어떤 문제를 겪고 있는지 꽤 명확하게 말해 주었는데, 먼저 무엇에 집

중해야 할지 좀 더 자세히 알아보고 계획을 세워볼 수 있을까? [매핑 소개]

선수: 네, 물론이죠. 하지만, 지금은 조금 부담스럽습니다. 전혀 나아지고 있는 것 같지 않아요.

코치: 식단, 훈련, 학업의 세 가지 영역 중에서 가장 관리하기 쉽고 집중하는 데 가장 도움이 될 것 같은 영역은 어디일까? [가능성 매핑하기]

선수: 글쎄요, 음, 제 생각엔 식단과 식습관이 제가 더 통제할 수 있는 부분인 것 같아요. [옵션 선택하기-변화대화]

코치: 우선은 그 부분에 집중하는 게 좋을 것 같아. [변화대화에 대한 경청진술]

선수: 식습관을 관리할 수 있는 계획을 세우는 게 좋을 것 같아요. 그 부분을 제대로 맞추는 게 정말 중요하거든요. [변화대화]

코치: 식단 측면에서 지금 당장 달성할 수 있는 것은 무엇일까? [동기부여가 된 선수와의 계획 세우기에 관한 열린 질문]

이 질문은 대화의 끝이 아니라 실행 계획을 세우기 전 중요한 단계입니다. 하지만, 합의된 의제와 그에 따른 초점이 없었다면 실행 계획과 같은 단계로 나아가는 데 필요한 토대를 마련하지 못했을 것입니다.

대화 주제를 꺼내는 것조차 어려울 때

위의 예시는 충분히 쉬웠고 선수는 변화대화에 쉽게 반응했습니다. 하지만 항상 그렇게 간단한 상황만 있는 것은 아닙니다. 사람들은 자신의 생활 방식 중 일부가 너무 문제가 되어 이야기하고 싶지 않거나, 심지어 어떤 주제를 어떻게 꺼내야 할지 모를 때 엉킨 실타래처럼 혼란스러워 할 수 있습니다. 한 운동선수가 은밀한 도박 문제를 키워가다 결국 다른 사람들에게 발각된 어려운 상황에서 우리는 매핑 전략을 사용했습니다. 우리는 매핑 전략을 통해 대부분의 선수에게 영향을 미치는 일반적인 생활 습관을 소개하고, 그 중 하나의 예로 도박 문제를 포함시켰습니다. 이 선수는 방어적인 태도로 슬픈 표정을 지으며 자신이 도박에 연루되어 있다는 사실을 인정했습니다. 이러한 전략을 사용하여 도박이 그의 웰빙에 어떤 영향을 미치고 있는지 부드럽게 물어볼 수 있었습니다. 마음의 문이 열리고 본격적인 변화의 여정이 시작되었습니다. 상담사 같은 사람이 이 대화에 도움이 되었을 수도 있지만(글상자 13.1 참조), 라이프스타일은 친구, 코치, 심지어 부모와도 이야기할 수 있는 평범한 주제입니다.

전략: 변화의 장단점

요약: 선수들에게 현재 직면한 특정 생활 습관이나 결정사항의 장단점을 스스로 설명하도록 요청하세요. 이를 통해 선수들은 여러 옵션을 검토하고 보다 건강하고 균형 잡힌 방법을 찾을 수 있습니다.

변화에 대해 망설이거나 불확실성이 있는 상황에서 장단점을 논의하는 것은 선수들이 해결책을 찾는 데 도움이 됩니다. 이 전략에는 음주, 식단, 훈련, 학업, 운동 종목 전환 등의 주제를 연결하여 제기하는 것을 포함합니다. 설득의 함정에 빠지지 않고 선수 스스로 장단점을 검토할 수 있는 기회를 제공합니다.

음주를 중심으로 사례를 살펴보겠습니다. 먼저 선수에게 다가가 연결한 후 '음주 문제에 대해 이야기를 나눠도 될지' 허락을 구했다고 가정해 보겠습니다.

코치: 다른 많은 사람들과 마찬가지로 자네도 술을 즐기는 것 같은데, 음주를 할 때 어떤 점이 좋아? 어떤 점을 즐기는 것 같아? [술의 장점에 대해 묻기]

선수: 네, 다른 사람들과 똑같아요. 머리를 식힐 수 있고, 항상 야구 생각만 할 필요가 없다는 점이 좋아요.

코치: 휴식을 취하는 것이 자네에게 중요하고, 술도 그 중 하나군. [경청진술]

선수: 저도 집에서 마냥 쉬는 것도 아니고요, 거기서도 스트레스를 받으니 집 밖으로 나가야죠.

코치: 스트레스를 푸는 방법 중 하나가 술일 수도 있겠네. [경청진술의 형태로 맞혀보기]

선수: 알았어요, 코치님, 하지만 제가 술을 마시는 방식이 걱정되시면...

코치: 자네가 보기에 음주의 단점이 어떤 게 있어? [단점에 대해 묻기]

선수: 단점이요?

코치: 그래, 술 마시는 방식에 대해 네가 별로 좋아하지 않을 수도 있는 것들이 뭐가 있을까?

선수: 이른 아침에 연습장에 가면, 전날 밤에 너무 많이 마셨다는 농담을 듣곤 하죠. 확실히 제 플레이에 영향을 미쳐요. [변화대화]

코치: 숙취가 좀 있다고 했는데, 또 어떤 점이 신경 쓰이나? 또 술을 마시면 안 좋은 점이 뭐가 더 있을까? (선수가 술을 마시면 싸우고 싶을 때가 더 많다고 말하며 변화대화를 이어가자 코치가 정리합니다.) 그럼 이제 내가 요약을 해볼게. 술은 긴장을 풀고 스트레스를 해소하는 데 도움이 되지만, 숙취로 인해 경기력에 영향을 미칠 수 있고, 무엇보다 싸움이 일어나지 않도록

각별히 유의할 필요가 있겠어.

선수: 네, 알겠습니다, 코치님.

코치: 그럼 음주를 어떻게 해야 할까? 이 상황에서 어떤 것이 최선이라고 생각해? [선수에게 변화에 대한 결정을 명확히 하도록 유도하는 열린 질문]

선수: 술을 줄여야죠, 코치님. 일주일에 이틀 정도는 나가지 않고 집에 있어야겠어요. [더 강력한 변화대화-변화를 위한 결정]

코치: 술을 줄이면 어떤 효과가 있을지 지켜볼 수 있겠네. [변화대화]

판단 없이 솔직하고 연결된 대화를 나누고 사람들에게 선택권을 주면, 사람들은 종종 자신에게 가장 좋은 것을 선택하게 됩니다. 긍정적인 부분에 대해 먼저 물어보는 것은 연결을 강화하는 데 도움이 되며, 해당 행동을 부정적인 문제만으로 보지 않고 균형의 문제로 바라보고 있음을 보여주기도 합니다. 다음은 변화의 장단점에 대해 질문할 때 어떤 것들이 포함되는지 요약한 것입니다:

1단계: 긍정적인 측면(장점)에 대해 질문하기

호기심을 갖고 편견 없는 태도를 유지하며 "음주의 장점을 어떻게 보시나요?" 같은 질문을 던져보세요. 음주가 당신에게 무슨 도움이 되나요?" 경청진술을 하고 다른 이점에 대해 물어보는 것도 고려해 보세요.

2단계: 부정적인 측면(단점)에 대해 질문하기

반대편으로 시선을 돌려 "음주의 단점은 어떻게 보시나요?"와 같은 질문을 던집니다. 여기서 잠시 시간을 내어 음주가 도움이 되지 않는 여러 가지 이유를 탐색하고, 나타나는 변화의 징후에 주목하세요. 선수는 변화가 왜 좋은 생각인지 말하고 있습니다. 이 언어는 주저하는 표현일 수도 있고 힌트에 불과할 수도 있지만, 무언가 문제가 있을 수 있다는 것을 인정하는 시작입니다.

3단계: 요약하고 "다음 단계는 무엇인가요?" 질문하기

지금이 아주 결정적인 순간입니다. 선수는 변화에 대한 해답과 동기 부여의 대부분을 내면에 가지고 있습니다. 이것을 믿어 보세요. 판단을 내리지 말고 가능한 한 '나'보다는 '당신'과 '너'를 사용하여 주요 장단점을 최대한 간략하게 요약하세요.

그런 다음 “앞으로 어떻게 하실 건가요?” 또는 “이제 이 문제에 대해 어떤 생각이 드세요?”와 같은 질문을 하세요. 이때 변화를 위한 결정이 도출될 수 있으며, 그렇지 않더라도 나중에 한 걸음 더 나아갈 수 있는 탄탄한 이해의 발판을 마련할 수 있습니다.

전략: 그냥 물어보세요!

요약: 동기면담을 사용하여 행동 변화를 유도하는 간단하고 직접적인 방법은 선수들에게 특정 변화에 대해 어떻게 생각하는지 물어보는 것입니다. 이를 통해 선수들은 왜 그리고 어떻게 이런 변화가 일어날 수 있는지 설명할 수 있습니다.

이 장의 세 번째 전략은 간단하지만 매우 효과적입니다. 선수들에게 특정 변화에 대해 어떻게 생각하는지 물어보고, 동기면담을 사용하여 변화대화가 나올 때 주의 깊게 관찰하세요(3장 참조). 선수들은 자신이 직접 말한 변화에 대해 주인의식을 갖고 참여할 것입니다.

모든 일이 그렇듯, 간단한 일도 연습이 필요합니다. 동기면담도 먼저 선수와 연결된 뒤, 선수가 어떻게 느끼는지 명확히 한 다음, 변화를 향한 대화를 이끌어 나가야 합니다. “지난 주 훈련에 참석하지 않은 이유가 뭐야?” 또는 “식단에 대해 뭔가 조치를 취해야 하는데, 매주 체중을 재러 올 수 있겠니?”와 같이 직설적인 질문은 피하는 것이 좋습니다. 먼저 연결하지 않으면(8장 참조) 선수가 곧바로 방어적이거나 저항하게 될 수 있습니다.

> 변화에 대해 선수들이 어떻게 생각하는지 그냥 물어보세요.

다음은 연습에 빠지고 압박감에 시달리는 한 어린 선수와의 짧은 대화입니다. 선수의 말에 이의를 제기하거나 반박으로 시작하기보다는, 먼저 선수와 연결하고 그가 느끼는 압박감을 이해하려는 노력을 해보는 것이 좋습니다.

코치: 지난주에는 학업 때문에 연습에 오지 못한 것 같더라. 요즘 어떻게 지내니? [열린 질문]

선수: 네, 학교와 시험 때문에 너무 바빠요.

코치: 운동은 잠시 뒤로 미뤄야 할 것 같은데. [경청진술]

선수: 아니요, 꼭 그런 건 아니에요. [변화대화] 부모님은 제가 운동을 덜 하고 학업에 더 집중하길 바라세요.

코치: 그러니까 넌 계속 운동에 참여하고 싶지만 부모님은 다르게 생각하시는

구나. [딜레마에 대한 짧은 요약과 같은 경청진술]
선수: 네, 하지만 저는 둘 다 하고 싶어요. [강한 변화대화]
코치: 그러니 모두가 만족할 수 있는 방식으로 잠재적인 갈등을 해결할 방법을 찾아야겠구나. [경청진술]
선수: 네, 맞아요. 저는 두 가지를 모두 해내고 싶어요. [매우 강한 변화대화]
코치: 어떻게 하면 좋을까? 우리가 어떻게 도울 수 있을까? [실행 계획으로 대화 전환]

이 대화는 연결되는 데 약 1분밖에 걸리지 않았고 이제 그 딜레마를 이해하게 되었습니다. 이러한 접근 방식을 취함으로써, 선수는 부모와 자신의 잠재적으로 다른 목표를 충족시키기 위한 전략을 계획하고 실행하는 과정에서 자신의 역할을 생각하기 시작했고, 그 과정에서 갈등이 줄어들고 더 많은 수용과 기꺼이 참여하려는 태도를 보이게 되었습니다. 이 짧은 상호작용 후에, 선수는 자신이 무엇을 할 수 있는지, 그 계획은 어떤 모습일지 탐색할 수 있으며, 코치와 부모의 지원을 받아 책임감을 가지고 주도적으로 계획을 수립할 수 있습니다.

변화대화를 이끌어내는 질문들

여러 가지 적절한 질문이 떠오를 수 있지만, 특히 유용한 질문 몇 가지를 소개합니다:

"어떻게 하면 학업과 운동 사이에서 더 나은 균형을 찾을 수 있을까요?"
"술을 조금 덜 마시면 어떤 이점이 있을까요?" (위의 장단점 전략을 참조하세요.)
"운동을 그만 두는 것에 대해 어떤 고민이 있나요?"
"식단의 변화로 시합 안팎에서 어떤 이점이 있을까요?"

대화를 마음껏 나누어 보세요

학업과 운동 사이의 균형에 대한 위의 대화는 이렇게 이어질 수 있습니다. 대화를 통해 선수의 변화 동기가 커졌습니다. 이제 실행 계획을 세울 차례입니다.

코치: 어떻게 하면 학업과 운동 사이에서 더 나은 균형을 찾을 수 있을까? [열

린 질문, 실행 계획 수립에 초대합니다.]

선수: 글쎄요, 전에는 학교 일이 이렇게 중요했던 적이 없어서 이런 고민을 해 본 적이 없어요.

코치: 항상 운동을 우선시할 수 있었지만, 두 가지 일을 주도적으로 챙겨야 하는 것은 이번이 처음이겠네. [경청진술]

선수: 네, 맞아요, 두 가지를 모두 해내고 싶어요. [변화대화]

코치: 균형을 맞추기 위한 이상적인 계획은 어떤 모습일까?

선수: 글쎄요, 제가 할 수 있는 일이 몇 가지 있을 것 같아요. [변화대화]

코치: 더 말해줄 수 있겠니?

선수: 전 공부와 운동을 함께 할 수 없다고 생각했는데, 엄마는 제게 공부 때문에 잔소리를 하세요.

코치: 쉽지는 않겠지만, 그래도 열심히 노력하고 있구나. [인정하기]

선수: 매주 한 번씩 연습에 빠지면 따라잡을 수 있을 것 같아요. [변화대화]

코치: 그것도 좋은 계획이 될 수 있겠네. 연습 후에 더 얘기해서 어떤 방법이 있는지 알아보자.

열린 질문과 경청진술을 조합한 이 대화는 학업과 운동 사이의 도전을 전면에 내세우되, 선수가 해야 할 일과 그 방법을 스스로 풀어나갈 수 있도록 유도하는 방식으로 진행됩니다. 면담 후에도 선수와 코치 사이에 추가적인 대화가 필요할 수 있지만, 장기적으로는 엄청난 시간을 절약하고 선수를 완전히 잃게 될 위험을 줄일 수 있습니다.

스포츠에서 전환하는 과정

클럽 내부의 관심이 스포츠 자체에만 지나치게 집중되면, 선수들은 나이와 상관없이 커리어의 모든 단계에서 부상, 경기력 저하, 선발되지 못하거나 외부의 압력으로 인해 새로운 진로와 라이프스타일을 찾아야 하는 불안정한 상황에 처하게 됩니다. 많은 클럽과 선수 단체는 선수들에게 스포츠 이후의 삶에 대해 이야기할 수 있는 멘토를 제공함으로써 이러한 간극을 메우려고 노력합니다.

이 책을 조금만 읽어보더라도, 스포츠에서의 전환을 가장 잘 준비하는 방법은 전환이 일어나기 훨씬 전부터 일상적으로 그 주제를 논의하는 것임을 알 수 있습니다. 코치와 모든 관계자가 이를 깨닫고 '대화'에 전념하는 클럽이라면, 선수를 먼저 사람으로 대하고 그다음에 선수로 대해야 한다는 요구가 분명한 출발점이 됩니다. 그다음은 때때로 매우 개인적인 대화가 어떻게 이루어지는지에 대한 문제이며, 이 장에서는 이 부분에 초점을 맞추고 있습니다. 정상적인 대화는 대부분의 선수에게 정상적인 결과를 낳습니다. 동기면담 기술은 이러한 대화에 도움이 될 수 있습니다.

중독 및 정신 건강 문제

때로는 삶의 균형이 심각하게 무너져, 운동선수들이 하루하루를 버티는 고통 속에서 중독과 같은 문제에 빠지거나 그 결과로 공황 발작, 광장 공포증, 우울증과 같은 정신 건강 문제를 겪을 수 있습니다. 이들이 흔히 빠지는 함정 중 하나는 바로 다음과 같습니다. 그들은 자신이 원하는 것을 간절하게 꿈꾸며 종종 엄청난 역경을 딛고 성공했지만, 정작 자신에게 진정으로 필요한 것이 무엇인지 제대로 깨닫지 못한 것입니다. 이와 관련된 좋은 예가 있습니다.

최전방에서 온 생생한 이야기

최근 저희는 은퇴한 지 수십 년이 지났지만 여전히 그의 이름이 회자될 정도로 성공한 엘리트 운동선수를 만날 수 있는 특권을 누렸습니다. 그는 자신이 원하는 것이 무엇인지 알고, 축구 선수로서 성공을 꿈꿨으며, 최고의 클럽과 계약하여 꿈을 이룰 수 있었다고 말했습니다. 하지만 안타깝게도 그의 욕구는 채워지지 않았습니다. 절망에 빠진 그는 19살에 축구를 포기하고 자신이 뛰던 클럽에서 집으로 돌아가기로 최종 결정을 내렸습니다. 고립된 생활은 그를 '죽이는' 일이었고, 그는 깊은 우울증에 빠졌습니다. 그는 가족을 몹시 그리워했습니다. 그때 마침 코치가 그에게 다가와 어깨에 팔을 두르고 주말 동안 집으로 돌아갈 수 있도록 현금을 건네며 다음 주에 다시 만나자고 약속한 덕분에 조금씩 회복의 길로 들어섰습니다. 그가 돌아온 후 두 사람은 다시 만나 대화를 이어갔고, 서서히 선수의 건강이 회복되었습니다. 코치와 선수는 모두 유명인사가 되었고 평생의 친구로 남았습니다.

이 책 전반에서 강조하는 것은, 선수의 필요에 초점을 맞춘 배려 있는 대화의 가치입니다. 이러한 대화는 인간적인 연결을 강화하고, 결과적으로 더 나은 성과를 이끌어냅니다. 하지만 연결이 단절된 상태에서 선수는 혼자서 해결해야 하는 경우가 너무 많아서 작은 문제가 더 커지는 경우가 많습니다. 고립은 선수의 정신을 황폐화시킬 수 있으며, 스트레스와 고립감에 잘 대처하지 못하면 중독이나 기타 정신 건강 문제로 이어질 수 있습니다. 친근하고 다가가기 쉬우며, 선수를 존중하는 대화를 일상적으로 나누면 선수의 생활 방식과 가정 생활에 대해 어느 정도 알 수 있습니다. 이러한 관계가 형성되면 문제를 발견했을 때 더 자신 있게 문제를 제기할 수 있습니다. 간단히 말해서, 작은 배려의 행동은 작은 문제가 곪아서 선수를 압도하기 전에 그 싹을 잘라 내는 데 도움이 될 수 있습니다.

만약 발견한 문제가 해결하기에 너무 큰 문제라고 생각되면 선수가 정신건강 전문가의 도움을 받도록 도와주는 것도 좋은 방법입니다. 글상자 13.1은 이를 위한 모범 사례에 대한 최선의 가이드라인을 제공합니다.

당신의 균형

코치든 선수든 균형은 개인 생활과 스포츠 생활에서 중요한 부분입니다. 많은 사람들이 자발적이든 유급이든 스포츠 분야에서 엄청나게 열심히 일하고 있으며, 그 결과 균형이 깨지는 경우가 많습니다. 업무량과 기타 생활 방식에 대한 양가감정은 시간이 지날수록 불필요하게 지속될 수 있습니다. 이 장에서 위에서 설명한 몇 가지 전략을 통해 자신을 되돌아보고 스스로 균형을 맞출 수 있기를 바랍니다.

> 코치 역시 상충되는 요구를 조율해야 합니다.

많은 사람들이 그렇듯이 정신 건강이나 중독 문제로 어려움을 겪는 것에 대한 낙인이 우리를 위축시킬 필요는 없습니다. (잠재적으로) 상충되는 여러 욕구를 관리하기 위한 대화를 통해 선수가 회복 과정을 더 잘 관리할 수 있도록 도울 수 있습니다. 여기서 설명한 도구들을 사용하면 이 과정이 쉬워지고 생활 방식에서 오는 갈등 문제를 해결하는 데 자신감을 가질 수 있습니다.

글상자 13.1. 중독 및 정신 건강 문제로 힘들어 하고 있는 선수 돕기

- 문제가 있는 선수를 전문가에게 '떠넘기지' 마세요. 더 나은 균형을 향한 여정을 함께하면서 지속적으로 관계를 유지하세요. 정신 건강 전문가가 아니더라도 선수들이 경기장 밖에서 겪는 어려움을 어떻게 극복해나가는지 지속적으로 관심을 갖고 돌봐야 합니다.
- 선수들이 사생활에 대해 이야기한 내용을 동료들과 공유할 때는 신중을 기하세요.
- 도움을 요청하는 것은 선수들에게 큰 도전인 경우가 많습니다. 관계가 잘 형성되었을 때만 문제를 제기하고, '지금 당장 도움을 요청해야 한다'는 식의 언어보다는 선수에게 '생각할 거리를 제공'하세요. 인내심을 갖고 선택의 자유를 주는 것이 중요합니다.
- 정신 건강 문제를 다루기 위한 클럽의 지침을 명확히 알려주세요. 기밀 유지가 중요하며 선수들이 안심할 수 있도록 도와야 합니다. 만약 너무 걱정되어 비밀을 깨야 한다면, 먼저 그 사실을 선수에게 알려야 합니다.

생각해볼 만한 질문

- 젊은 선수들이 휴대폰에 몰입하는 모습이 눈에 띕니다. 이 문제를 선수들 그룹 또는 개별 선수에게 어떻게 이야기할 수 있을까요?
- 선수들의 개인 생활 습관에 대해 선수들과 이야기하는 것이 얼마나 편하게 느껴지나요? 얼마나 자주 이런 대화를 하나요?
- 힘들어하고 우울해 보이는 선수를 발견했을 때, 이를 알아차리고 그 선수가 자신의 기분에 대해 자유롭게 이야기할 수 있도록 하려면 어떻게 말해야 할까요?
- 선수들을 더 주의 깊게 관찰해야 할 필요가 있다고 느끼나요?

제 14 장

가난한 지역 사회에서 코칭하기

-롭 마이트라[1]와 공동집필

코치로서 관심을 기울일 때, 젊은이들이 자신도 몰랐던 높은 곳으로
올라가는 것을 빈민가에서 많이 보았습니다.
- 다니엘 콜론, 뉴욕 브롱스 하이드 리더십 차터 스쿨 졸업생

핵심내용

+ 가난한 지역사회의 선수들은 스포츠를 꿈을 이루기 위한 수단으로 여기지만, 이들에게는 무시할 수 없는 무거운 삶의 짐이 있습니다.
+ 동기면담 기술을 사용하여 시간이 지나도 계속해서 유대 관계를 유지하면 보다 효과적으로 문제를 해결할 수 있습니다.
+ 코치는 형제, 자매, 부모와 같지 않습니다. 따라서 지원과 안내를 제공할 때 경계를 명확히 하세요.

킥오프

스포츠는 빈곤 지역 사회에서 큰 역할을 합니다. 미국의 래퍼 비기 스몰스는 자신의 노래 'Things Done Changed'에서 "크랙 록을 하거나 점프숏을 하거나."라고 랩을 합니다. 브루클린의 비기가 살던 동네에서 온 농구 선수들이든, 브라질의 빈

1) 뉴욕 퀸즈 록어웨이 파크에 있는 뉴 비전 차터 고등학교의 학생 참여 담당 이사인 롭 마이트라는 파 록어웨이 RBI(도심 속 야구 살리기)의 리틀 리그 코치로 활동하고 있습니다. 이전에는 뉴욕 브롱스에 있는 하이드 차터 고등학교에서 학장을 역임했으며, 국가대표 야구 코치로도 활동했습니다. 그는 문화 연구 및 교육학 박사 학위를 위한 과정을 마쳤습니다. 메인주의 보건 교육 및 훈련 기관에서 동기면담을 공부한 후 2016년에 동기면담 훈련가 네트워크MINT에 합류했습니다.

민가에서 온 축구 선수들이든, 도미니카공화국의 바리오에서 온 야구 선수들이든, 젊은이들은 스포츠를 성공과 부와 명성을 얻고, 빈민가와 열악한 환경, 무명에서 탈출할 수 있는 기회로 상상할 수 있습니다. 그러나 이들은 더 높은 비율의 트라우마, 폭력, 계급주의, 구조적 인종 차별에 시달립니다. 스포츠는 이러한 희망, 꿈, 성공과 존경에 대한 환상과 빈곤의 도전과 장애물을 하나로 묶어주기 때문에 빈곤 지역에서의 코칭은 특히 힘든 도전이면서도 보람을 동시에 느낄 수 있습니다.

각계각층의 코치들이 이곳에 오는 이유는, 스포츠와 운동이 청소년들에게 다가올 도전에 얼마나 큰 도움이 되는지 잘 알기 때문만이 아니라, 그들이 모든 어려움을 함께 이겨내는 모습을 지켜보는 순수한 기쁨 때문이기도 합니다. 커다란 장애물에도 불구하고, 이를 가장 필요로 하는 지역사회에서 스포츠는 청소년들이 또래 및 성인들과 의미 있는 관계를 형성하고 자존감과 주체성을 키울 수 있는 기회가 될 수 있습니다. 소득이 높고 운동 시설이 잘 갖춰진 사회와는 달리, 이곳에서 팀을 꾸리거나 클럽을 시작하거나 장비를 손에 넣는 것만으로도 자랑스러운 성취감을 느낄 수 있습니다. 그런 다음 대화가 시작되고 경기가 펼쳐지며 젊은이들이 잠재력을 발휘하도록 도울 수 있는 방법에 대한 여러 가지 선택에 직면하게 됩니다. 이때 동기면담이 도움이 될 수 있습니다. 동기면담은 스포츠를 할 때 잠시나마 고민에서 벗어나는 것뿐만 아니라, 스포츠를 통해 어린 선수들이 삶과 자신에 대해 배우고 도전에 대처할 수 있도록 돕는 데 기여하기 때문입니다. 마치 배낭을 짊어지고 다니는 것처럼 선수들은 늘 무거운 짐을 지고 다닙니다.

최전방에서 온 생생한 이야기

그는 학교에서 훌륭한 학생이었으며 와이드 리시버로서 팀은 물론 고등학교 리그 전체의 스타였습니다. 사랑스럽고 관대한 할머니가 그를 키웠고, 그는 온갖 권위에 맞서 싸우는 것에 익숙했습니다. 그의 코치로서 저는 문제를 해결하는 방법뿐만 아니라 그 문제와 함께 일하는 방법을 알아냈습니다: 동기면담은 많은 대화를 통해 문제를 해결하게 했으며, 그는 고등학교를 진학하면서 어려움을 겪을 때마다 저에게 의지했습니다. 그런 다음 그는 대학에서 장학금을 받았지만, 우리는 그가 스포츠에서의 성공을 위해 전통적으로 엄격한 접근 방식을 취하는 권위주의적인 코치를 어떻게 다룰 것인지 예상하면서 그를 준비시키는 데 사실상 실패했습니다. 그는 잘 대처하지 못했고 팀의 스타가 아닌 세상에서 고립되어 결국 자퇴했고, 지금은 아르바이트를 하며 마약에 빠져 지내고 있습니다. 그 대학은 재능 있는 선수와 똑똑한 학생을 잃은 셈이죠.

-롭 마이트라

가난한 지역사회의 어린 선수들이 클럽, 선수단 또는 팀에 입단할 때 그들이 짊어지고 가는 배낭을 상상해 보세요. 어려운 어린 시절과 위협적인 거리의 영향뿐만 아니라 충족하기 힘든 높은 기대치도 포함될 수 있습니다. 지역 사회의 요구가 클수록 그들의 등에는 더 무거운 짐이 지워질 것입니다.

최전방에서 온 생생한 이야기

조던이야말로 대표적인 예입니다: 그는 소년원에 갈 위기에 처해 있으며, 욱하는 성격이 그의 인생과 스포츠에서 발목을 잡고 있지만, 야구를 정말 잘합니다. 그의 이야기를 좀 더 길게 하자면, 그의 배낭이 이미 꽉 차서 곤경에 처한 상황이라고 할 수 있습니다. 많은 생활체육 코치들이 선수들에 대한 애정과 애착이 커서, 인생의 벼랑 끝에 선 선수들에게 '조금만 참아라. 내가 하라는 대로만 해. 내 말만 들어. 내가 대학까지 다녀봐서 다 아는데... 이건 네 미래를 망칠 수 있어."라고 말하며 다독이고 싶어 합니다. 그러나 이러한 접근 방식과 교정반사의 사용은 종종 효과가 없습니다. 청소년들이 이미 위험성을 알고 있고 갇혀 있다고 느끼기 때문입니다. 청소년들이 더 잘 몰라서 더 많은 정보가 필요한 것이 아니라 그들은 선택과 미래에 대해 양가감정을 겪고 있기 때문입니다.

청소년들에게 이러한 상황이 보이는 것만큼 쉽지는 않습니다.

자원이 부족하고 도움이 절실한 지역사회의 선수들과 동기면담을 통해 함께 일하면, 선수들의 가치관, 커뮤니티, 문화에 대해 덜 비판적이고 더 관대해질 수 있습니다. 또한, 선수들에게 지나치게 공감하거나 그들을 구하려는 교정반사를 사용하는 데 빠지지 않도록 도와줍니다. 오히려 동기면담은 스포츠 안팎에서 선수들이 막다른 길에서 벗어나 성공의 길을 찾을 수 있도록 나침반 역할을 합니다. 이는 결국 선수들만큼이나 코치들에게도 보람 있는 일이 될 수 있습니다.

로드맵으로서의 동기면담

이 일은 젊은이들(그리고 당신)에게는 때때로 기복이 심한 저글링처럼 느껴질 수 있으며, 자신의 진짜 직업이 무엇인지 자문하게 만들기도 합니다. 선수들은 어려운 상황을 단순히 피할 수 없으며, 그 속에서 살아가고 있기 때문에 사회적, 가족적, 경제적 스트레스 요인의 영향을 피할 수 없습니다.

최전방에서 온 생생한 이야기

그녀를 처음 만났을 때, 그녀는 열 살이었고, 저는 두 가지를 발견했습니다: 스포츠에 대한 열정과 자신과 다른 사람들을 화나게 하는 폭발적인 성격. 그들은 정부 주택에 살고 있었고, 그녀의 어머니는 정신 건강 문제로 인해 한동안 자녀 양육권을 잃었습니다. 저는 그녀와 시간을 보내며, 그녀의 실력이 극적으로 향상되었고, 점점 더 커지고 강해지면서 리그 최고의 선수 중 한 명이 되었습니다. 그녀는 실패를 겪을 때마다 수치심을 느끼는 것 같았습니다. 저는 그녀의 가족과 함께 시간을 보내며 그녀를 지지하고 감정의 균형을 잡을 수 있도록 도와주었습니다. 좋은 시절도 있었고, 그녀는 자신의 의지와 기술을 이용해 어려움을 이겨냈지만, 힘든 시기도 있었습니다. 팀이 부진하거나 지기 시작하면 그녀는 경기에 부정적인 에너지를 가져오곤 했습니다. 자신이 투구할 때 다른 선수가 실수를 하면 화를 내며 다른 선수에게 "너는 도대체 왜 소프트볼을 하냐?"고 소리치거나, 코치에게 "쟤를 경기에서 빼주세요!"라고 외치기도 했습니다. 그녀는 경기장을 쿵쾅거리며 뛰쳐나갔고, 경기 후에는 항상 사과 문자를 보내곤 했습니다. 큰 경기가 있을 때면 저는 '오늘은 저 아이가 경기장에서 한 팀을 무너뜨릴 거야, 상대팀이든 우리팀이든'이라고 생각하곤 했습니다. 그녀는 경기의 정상까지 올라갔다가 플레이오프 경기에서 우리가 패하자 어느 날 오후에 선수생활을 그만두었습니다. 우리는 여전히 대화하고 문자를 주고받지만, 그녀는 스포츠에서 은퇴했고 이제는 그저 먹고 살 수 있는 방법을 찾고 싶다고 말합니다.

동기면담이 그녀에게 도움이 된 이유는 제가 연결할 수 있는 기술이 있었고, 필요에 따라 고쳐주기에서 따라가기, 안내하는 것으로 스타일을 전환하는 방법을 시간이 지남에 따라 배웠기 때문입니다. 저는 그녀를 판단하거나 기분을 나쁘게 만들지 않으려고 노력했습니다. 동기면담은 제가 연민을 느끼며 이 질문을 잊지 않도록 도와주었습니다: "어떻게 하면 그녀가 삶과 스포츠에서 더 나아지기 위해 자신의 기술을 사용할 수 있을까?" 그것이 바로 그녀 안에서 답을 찾으려는 저만의 지도였습니다. 저는 다른 팀원들도 감정을 조절하고 제가 제공한 안전망을 사용하는 방법을 배우는 것을 보았습니다.

-롭 마이트라

간단히 말해, 동기면담은 코치가 선수만이 아닌 그 사람 자체를 보도록 돕고, '문제 행동'과 같은 꼬리표를 뛰어넘어 선수의 강점을 파악하며, 스포츠를 성장의 관문으로 삼아 단순히 규칙 준수 여부만 확인하는 것이 아니라 학습을 장려하는 역할로 활용할 수 있도록 돕습니다.

동기면담을 사용한다는 것은 코칭에 대해 보다 개인 맞춤형 접근을 요구하지만, 이는 활동을 주도적으로 조직하는 다른 코칭 업무를 포기하는 것이 아니라 균형을 맞추는 문제이며, 코칭 스타일을 보다 유연하게 전환하라는 요구이기도 합니다(2장 참조).

그들이 짊어진 무게

빈곤 지역사회의 청소년들은 종종 심각한 문제에 휘말리거나 그 주변에 있는 경우가 많아 상황이 빠르게 악화될 수 있습니다. 그들은 대부분의 청소년들과 다르게 행동하지 않고도 법정에 서게 될 수 있습니다. 단순히 '문제를 찾아 나서는 것'도 아니고, 심지어 문제가 그들을 찾아오는 것도 아닙니다. 문제는 그들이 그 자체로 곤경에 빠진 세상에 살고 있다는 것입니다. 갱단원이나 마약상과 어울리는 것은 크리스마스 저녁 식사나 가족과의 세례식, 동네 바비큐 파티일 수도 있습니다. 다음은 스포츠 경기장 안팎에서 발생하는 몇 가지 문제입니다:

신뢰

많은 선수들이 코치를 포함한 성인, 특히 인종, 민족, 사회경제적 배경이 다른 사람들을 신뢰하는 데 어려움을 겪습니다.

코칭에 대한 시사점

겸손은 코치와 흔히 연관되지 않는 자질이지만, 인내와 일관성과 함께 시간이 지남에 따라 신뢰를 구축하는 데 필수적인 요소입니다. 코치로서 스포츠에 대한 지식뿐만 아니라 선수들의 경험과 삶에 대해서도 경청하고 배워야 합니다. 이는 양방향 학습 경험이자 파트너십으로 작용합니다. 동기면담을 통해 선수들의 지혜를 얻고, 선수들 스스로 변화를 찾을 수 있도록 도와야 합니다.

> 신뢰를 구축하려면 겸손과 인내, 호기심이 필요합니다.

불안정한 닻

젊은이들은 주거, 이민, 법원, 가정 폭력, 위탁 양육, 재정 문제, 이웃 폭력 등의 문제와 연결된 상처와 예측할 수 없는 경험을 겪으면서 스스로 불안정한 닻을 내리고 있다고 느끼는 경우가 많습니다. 이들의 행동은 더 변덕스럽고 폭발적이며, 말로 자신을 표현하는 것을 더 어렵게 합니다.

코칭에 대한 시사점

빈곤 지역 청소년의 경우 중산층 선수들보다 안전감을 조성하는 데 더 많은 시간을 투자해야 할 수 있습니다. 타인에 대한 관심, 지원, 사랑을 장려하는 팀 문화를 조성하기 위해 힘써야 합니다. 동기면담을 사용하면 팀원들이 당신과 팀원들에게 자신의 감정을 더 솔직하게 표현할 수 있으며, 이는 관계와 팀 문화 자체를 개선하는 데 도움이 됩니다. 안정적인 관계를 조성하기 위해 할 수 있는 모든 것이 도움이 될 것입니다. 코치로서 당신은 선수들의 말을 경청하고 선수들에 대해 호기심을 가져야 합니다. 선수들이 경기장 안팎에서 벌어지는 사건에 대해 생각하고 느끼는 바를 말할 수 있도록 도와주세요. 팀 저녁 식사, 가정 방문, 문자, 메모, 정기적인 팀 회의(서클), 개별 미팅 등을 통해 자주 그리고 지속적으로 소통함으로써 관계의 밑바탕을 다지는 것을 고려해보세요.

반항과 반격의 의미

동기면담을 통해 언어적으로 맞설 때 운동선수들이 어떻게 반응하는지 알 수 있습니다. 그들은 반항하거나 분노 상태에 빠지는 경향이 있으며, 이는 팀 내 긴장을 악화시키고 권력 투쟁으로 이어질 수 있습니다. 허용되거나 바람직한 것을 명확히 하는 것(권위적 태도)과 이를 공격적인 방식으로 하는 것(권위주의적 태도)은 완전히 다른 문제입니다. 스포츠(와 인생)에서의 성공과 즐거움은 단순히 공격성 외에도 다양한 감정을 건강하게 표현하는 데 달려 있습니다.

코칭에 대한 시사점

선수의 저항과 함께 굴러보면서, 선수가 자신의 진짜 감정을 말할 수 있도록 옆에서 도와주세요. 동기면담은 코치가 파트너십의 잠재력과 생산적인 관계를 강화하고 구축하는 방법을 이해하는 데 도움이 됩니다. 이는 모든 지혜와 전문성이 코치 자신에게만 있다고 가정하지 말고, 선수들의 지혜를 함께 키워야 한다는 의미입니다. 또한 대결적인 스타일은 선수의 방어적이거나 공격적인 반응을 유발할 수 있기 때문에 자제하는 것을 목표로 합니다. 맞서면 맞설수록 더 큰 저항에 부딪히게 됩니다.

프로 선수가 된다는 꿈의 환상

많은 젊은이들이 자신의 모든 것을 스포츠에 투자하고, 자신의 운동선수 이미지에 깊이 빠져들어 있으며, 스포츠를 진정한 성공, 명성 또는 존경을 얻을 수 있는 유일한 기회로 여깁니다. 마음속으로는 자신이 '프로선수가 되지 못할 것'이라는 것을 알고 있지만, 그 꿈이 유일한 꿈이기 때문에 좋은 일자리, 전문 기술 습듯, 대학 진학 등 '플랜 B'에 대한 자신감 또한 떨어집니다.

이들은 운동장에서 자신의 재능에 집중할 수 있으며, 노력을 부정적으로 보기도 합니다. 스스로를 타고난 재능이 있는 사람으로 보기를 원하며, 다른 사람들도 그렇게 봐주길 바랍니다. 그러다 패배하면 실수로부터 배우려는 의지가 낮아지고, 팀이나 스포츠를 떠나야 할 때가 오면 실패의 부정적인 그림자가 큰 타격을 줄 수 있습니다.

코칭에 대한 시사점

선수들과 스포츠 외적인 필요와 삶에 대해 이야기하세요. 선수의 자존감을 높이고 '플랜 B'를 개발하기 위해 취할 수 있는 구체적인 조치에 중점을 두세요. 인정(5장 참조)은 자존감을 키우는 강력하고 간단한 방법입니다. 비슷한 배경(계층/인종)과 지역 출신으로 다른 분야에서 성공한 사람들의 사례를 제시하세요. 스포츠 내에서는 성취나 재능보다 노력을 인정하고 칭찬하세요. 노력이 그들의 운동 능력뿐만 아니라 플랜 B에 도움이 될 것이기 때문입니다.

> 선수들의 삶에 대해 이야기하세요.

도움 요청하기

우리가 아는 성공한 어느 운동선수가 자신의 지난 경력을 돌아보며 "도움을 주셔서 감사합니다. 이제야 깨달았어요. 어렸을 때부터 도움을 요청하는 건 구걸하는 것과 같다고 배웠기 때문에 도움을 요청하지 않았어요."라고 말했습니다. 선수들은 도움이 가장 필요할 때 도움을 요청하지 않을 수 있으며, 도움을 주더라도 거절하는 경우가 많습니다.

코칭에 대한 시사점

동기면담을 사용하여 관계를 개선하면 적절한 순간을 선택하여 "어떤 도움이 필요할까요?"와 같은 질문을 할 수 있습니다. 자존심을 극복하려면 약간의 인내가 필요합니다.

집중하기

집중하는 데 어려움을 겪는 선수들은 집안에서 겪는 여러 가지 문제들로 인해 산만해 보이거나, 흥분하거나, 짜증을 내거나, 위축되는 등의 행동을 보일 가능성이 훨씬 높습니다.

코칭에 대한 시사점

선수들을 관찰하고 그들과 연결해야만 왜 그리고 어떻게 주의 집중에 어려움을 겪는지 파악할 수 있습니다. 어떤 선수는 이러한 문제에 대해 동기면담을 통해 대화를 나누며, 큰 삶의 문제로 인해 연습에 집중하지 못해도 세 번에서 네 번의 깊고 느린 호흡으로 안정감을 찾는 등의 간단하고 실용적인 아이디어를 얻을 수 있을 것입니다. 일관된 아이스브레이킹이나 준비 운동 루틴은 연습이나 시합에 몰입하는 데 도움이 되는 경우가 많습니다.

학부모

경제적 스트레스를 받는 부모는 종종 자녀의 스포츠 참여를 지원할 여력이 부족하여 이를 놓치는 경우가 많습니다.

코칭에 대한 시사점

부모와 함께 모든 동기면담 기술을 사용하여 초기에 관계를 형성하고, 부모가 더 많이 참여하는 데 도움이 될 수 있는 것이 무엇인지 호기심을 갖고 기대감을 가질 수 있는 기회를 가지세요. 시간이 없거나 교통편을 찾기 어려울 수 있는 학부모들을 위해 특별히 초대하는 학부모의 밤이나 조찬 모임을 주최하세요. 이러한 대화는 종종 부모와 자녀 사이의 연결을 강화합니다.

트라우마

많은 학생 운동선수들이 어린 시절의 부정적 경험이라고 불리는 심각한 트라우마를 겪었으며, 이로 인해 과잉 투쟁-도피(또는 동결) 반응이 나타나거나 외상 후 스트레스 장애를 앓고 있습니다. 이들은 스트레스 상황에 폭력적으로 대응하거나(경기나 연습 중 싸움을 벌이거나), 쉽게 포기하거나, 팀을 이탈하거나, 분노에 압도되어 경기력에 부정적인 영향을 미칠 수 있습니다. 실수를 할 때 수치심을 느끼기도 합니다.

코칭에 대한 시사점

팀원과 코치 간의 강한 유대감을 증진시켜, 선수들이 회복탄력성을 키울 수 있도록 돕고, 선수들이 스포츠와 학교 및 생활에서 성공과 성취를 경험할 수 있는 기회를 제공하세요. 마음챙김/호흡 연습을 통해 선수들이 스스로를 더 잘 통제할 수 있도록 돕고, 원하는 경우 상담 치료를 받을 수 있도록 도와주세요.

동기면담을 사용한다고 해서 선수들에게 항상 순탄한 길만 있는 것은 아닙니다. 그들은 아마도 권위주의적인 코치들과 많은 시간을 보냈을 것이고, 처음에는 동기면담의 영향을 받은 코치를 약하거나 존경할 필요가 없는 사람으로 여길 수 있습니다. 그들은 적응할 시간과 공간이 필요하며, 동시에 배려와 단호함을 겸비할 수 있다는 것을 깨닫게 됩니다. 이제 이러한 변화가 코치에게 미치는 영향에 대해 살펴보겠습니다.

당신의 웰빙

운동선수의 삶에 얼마나 관여할지, 왜 관여할지, 그리고 자신의 웰빙을 유지하기 위해 어떤 대처 전략을 사용할지에 대한 선택은 피할 수 없습니다. '변화를 만들고 싶다'는 선의에서 시작된 행동이 오히려 건강에 해롭거나 도움이 되지 않을 수 있습니다. 권위주의적인 스타일에 의존하는 대신 선수들의 말에 연민을 가지고 귀 기울이는 것을 선택한다면, 그 자체로 당신의 웰빙에 대한 부담을 줄 수 있습니다. 지나치게 관여하게 되면 전문가의 경계를 넘을 수도 있습니다. 동기면담을 사용한다는 것은 그들의 고통과 문제에 빠져드는 것이 아니라, 그들이 장애물에 직면하고 극복할 수 있도록 연결하고 도와주는 것입니다. 자신을 돌보고 자신이 이룰 수 있는 것에 대해 겸손히 받아들일 때만 사람들을 진정으로 도울 수 있습니다.

코치로서의 경계 지키기

코치는 형제, 자매, 부모와는 다릅니다. 가난한 지역사회의 선수들을 돕기 위해 나서게 되면 그 경계가 금방 흐려질 수 있으며, "이 아이는 내 동생과 같다." 또는 "나는 그의 아버지처럼 느껴진다."와 같은 생각을 하게 될 수 있습니다. 선수들 역시 가정에서 롤 모델이 없기 때문에 코치에게 "당신은 저에게 엄마 같아요." 라고 말하는 경우도 종종 있습니다. 문제는 이러한 과잉 동일시가 끝없는 지원의 필요성 때문에 소진으로 이어질 수 있다는 점입니다. 또한 부모 역할을 맡는 것은 장기적인 헌신이 필요한 일이므로 스포츠나 팀의 범위를 넘어선 복잡한 상황을 초래할 수 있습니다. 한 경험 많은 코치는 "아버지 역할을 하려면 끝까지 갈 준비가 되어 있어야 하며, 그렇지 않으면 오히려 젊은 선수에게 실망만 안겨줄 것"이라고 말한 적이 있습니다. 경계를 모호하게 만들면 예상치 못한 결과를 초래할 수 있습니다. 그렇다고 해서 청소년 선수에 대한 관심이나 부모의 사랑을 보여줄 수 없다는 뜻은 아니며, 선수의 삶에서 어떤 시간과 역할로 존재할 것인지에 대한 명확한 기대치를 갖는 것이 갖는 것이 중요합니다.

많은 코치에게 이러한 갈등은 3장에서 논의한 양가감정 내지는 불확실성 갈등과 유사합니다: "나는 진정한 도움을 주고 싶지만 항상 함께할 수 없다." 거나 "나는 그녀의 집에 가서 문제에 대해 솔직하게 이야기해야 하지만 나는 그녀의 엄마가 아니다."라는 생각입니다. 이러한 딜레마는 "나는 그 순간 그의 형처럼 느껴진다.", "나는 그때 그의 형과 같지 않다고 느낀다."와 같은 질문을 스스로에게 해봄으로써 명확히 하는 것을 고려해 보세요.

코치라는 것이 무엇을 의미하는지에 대해 깊이 생각하면 경계를 강화하고 회복력을 유지하는 데 도움이 될 수 있습니다. 선수들과 자신의 역할에 대해 이야기하는 것도 도움이 되며, 선수들도 코치가 기꺼이 제공할 수 있는 것과 제공할 수 없는 것을 이해하게 됩니다.

동기면담을 사용하면 선수와 파트너십을 형성하고 선수의 자율성을 강화하면서, 코치가 선수의 결정과 생활에 미치는 영향력을 높일 수 있습니다. 이는 코치로서의 역할을 공고히 하고 확장하는 데 도움이 됩니다.

코치라는 것이 당신에게 어떤 의미인지 명확히 하세요.

코치로서의 중심적인 역할을 잃지 않으면서도 '형제' 또는 '아버지'처럼 행동할 수 있는 순간이 있을 것입니다.

집으로 가져가는 것들

코치들은 선수들보다 더 편안한 삶을 사는 경우가 많습니다. 하지만 가난한 지역사회에서 직면한 어려움에 마음을 열고 집으로 돌아오면 어떤 일이 벌어질까요? 마치 전쟁에서 돌아와 절망과 트라우마, 스트레스를 안고 집으로 돌아오는 것과 비슷하게 느껴질 수 있습니다. 극단적으로 들릴 수 있지만, 이는 이런 종류의 일을 할 때 자신에게 허용되는 한계치나 용량을 넘지 않도록 주의해야 한다는 경고가 담겨 있습니다.

배려하는 코치로서 당신은 몇 가지를 내려놓아야 할 필요가 있습니다. 코치가 '구세주 콤플렉스'를 갖게 되면, 이는 비생산적이고 때로는 해로울 수 있습니다. 겸손은 사라지고, 코치들은 자신이 젊은이들을 구해야 한다고 믿게 되지만, 사실 우리의 기여는 그들이 생각하는 것보다 훨씬 더 미미한 영향을 미치는 경우가 많습니다. 어쨌든 동기면담의 정신은 문제만 보지 않고 선수의 강점을 살리는 것입니다.

보람을 누리다

소외된 지역사회에서 일하는 것은 많은 코치에게 놀랍도록 풍요롭고, 영감을 주며, 큰 깨달음을 주는 경험이 될 수 있습니다. 선수들과 함께 노력한 대가로 얻는 것이 얼마나 큰 변화를 가져올 수 있는지, 그래서 누가 이 관계에서 더 많은 것을 얻었을지 궁금해질 것입니다.

생각해볼 만한 질문

- 당신은 매우 쉽게 흥분하고 화를 내는 선수와 대화하고 싶습니다. 그 선수가 가정에서 어려움을 겪고 있다는 것을 알고 있습니다. 이 대화를 통해 최선의 결과를 얻기 위한 지침은 무엇일까요?
- 한 선수의 형이 집에서 쫓겨났다고 말하며 집을 구할 수 있게 편지를 써줄 수 있는지 궁금해합니다. 연습 후 카페에서 만나기로 했는데, 당신이 그들에게 할 수 있는 역할에 대해 어떤 메시지를 전하겠습니까?
- 자신감과 재능은 있지만 "그렇게 열심히 연습할 필요 없어요. 당일에 하면 돼요." 라며 연습을 주저하는 선수를 만났을 때, 어떻게 대화를 풀어나갈 수 있을까요?

제 15 장

하나로 연결되기와 팀 문화 개선하기

저는 팀의 일원이고 우리 팀을 의지합니다. 개인이 아닌 팀이 궁극적인 챔피언이기 때문에 팀을 위해 희생하고 헌신합니다.
- 미아 햄, 미국 프로 여자 축구 선수, 올림픽 금메달리스트, FIFA 여자 월드컵 챔피언

핵심내용

+ 관계의 연결성이 높아지면 웰빙, 팀워크, 스포츠 경기력, 팀이나 클럽의 문화에 긍정적인 영향을 미칩니다.
+ 동기면담은 관계 개선을 위한 구체적인 도구 세트를 제공합니다.

킥오프

전직 올림픽 선수이자 언론인인 매튜 사이드(Matthew Syed)는 선수들을 "말을 잘 듣고 순종해야 하는 막노동꾼처럼 대하지 말고, 한 인간으로서 잘 연결하는 것이 더 생산적"이라고 제안하며 2부를 시작했습니다(Syed, 2016). 우리는 동기면담을 코칭 도구 상자에 추가하여 관계를 통해 선수들 안에 있는 지혜와 개선하려는 동기를 끌어내도록 권했습니다. 물론 확실한 조언을 제공해야 하지만, 이는 존중에 기반한 관계를 바탕으로 이루어져야 합니다. 승리에 집중하되, 선수들이 스스로 해결책을 찾을 수 있도록 도와주세요. 한 동료의 말처럼, 동기면담을 사용할 때는 "내가 안내하면 선수가 결정합니다.[1]"

1) 릭 레이예스에게 감사드립니다.

이 마지막 장에서는 선수들과의 대화보다 더 중요한 것, 즉 이러한 연결이 어떻게 동기 부여와 팀이나 클럽의 더 넓은 분위기와 문화로 연결되는지에 대해 살펴봅니다. 무엇에 가치를 두는지가 모든 일에 영향을 미칩니다. 클럽에서 견고한 관계를 중요시하는 것이 얼마나 중요한가요?

최전방에서: 리더의 부름

이야기의 배경이 되는 스포츠는 야구지만, 어떤 종목이든, 어떤 수준이든 상관없습니다. 시카고 컵스 야구팀에서 일하던 초창기, 테오 엡스타인 구단주는 직원들과 다음과 같은 비전을 공유했습니다:

만약 우리가 기술적인 면에서 새로운 발전을 이루지 못한다 하더라도, 선수들을 대하는 방식과 선수들과의 관계를 맺는 방식은 누구보다 더 잘할 수 있을지도 모릅니다.... 어쩌면 우리 구단의 환경이 리그에서 최고가 될 수도 있고, 우리팀 분위기가 리그 최고가 될 수도 있으며, 우리 선수들이 가장 자유롭게 지낼 수 있고, 가장 재미있어하고 서로를 가장 아끼게 될 수도 있습니다. 이런 것은 정량화할 수 없습니다(Verducci, 2017, p.99).

시카고 컵스의 문화는 엡스타인의 지휘 아래 변화했고, 2016년 컵스는 마지막 월드시리즈 우승 이후 108년 만에 월드시리즈 우승을 차지했습니다. 하지만 지금 당장은 엡스타인이 말하는 '우리'가 정확히 누구일까요? 분명히 그는 전체 운영을 이끄는 자신과 같은 리더를 의미하며, 선수들 간의 관계도 중시하고 있습니다. 그는 또한 코치가 핵심이라는 것을 알고 있었기 때문에 자신의 가치관을 공유하고, 사람들이 서로를 아끼고 배려하는 문화를 발전시킬 수 있는 조 매든 감독을 고용했습니다.

서로 연결되고 배려하는 대화의 그물망이 어떻게 팀 문화에 그렇게 큰 변화를 가져올 수 있는지 궁금하실 것입니다. 배려하고 승리하는 팀을 만드는 데 있어 가장 중요한 것은 태도, 즉 코치의 가치관과 접근 방식이 매일 매일의 말투뿐만 아니라 행동까지 효과적으로 안내하는 방식입니다.

> 서로를 배려하고 승리하는 팀을 만드는 데 있어 가장 중요한 것은 태도입니다.

태도의 광범위한 영향력은 긍정적이거나 부정적일 수 있습니다. 스포츠에서 흔히 볼 수 있는 무례하고 존중받지 못하는 행동이 어떻게 독성 바이러스처럼 팀에 스며들어 심각한 결과를 초래할 수 있는지에 대한 연구를 참조해 보세요.

최전방에서: 질병처럼 퍼지는 무례함

사람들은 특히 자신보다 나이가 많은 사람들의 행동을 모방하는 경향이 있습니다. 예를 들어, 어른이 인형을 학대하는 것을 목격한 어린이는 자신도 그 행동을 그대로 따라할 가능성이 높습니다. 학대받는다고 느낀 상사는 자신이 관리하는 직원에게도 이러한 행동을 전수합니다(May, 2015). 다음 실험을 살펴보겠습니다: 교육 워크숍에 참석한 24개의 의료팀에게 신생아의 상태를 진단하고 치료 결정을 내리는 시뮬레이션 과제가 주어졌습니다(Riskin et al, 2015). 상황은 잠재적으로 치명적일 수 있었습니다. 실험 참가자들은 각 팀에 무작위로 배정되어 다른 국가의 외부 전문가로부터 두 가지 피드백 중 하나를 받도록 설계되었습니다. 절반은 "부서에서 일주일도 못 버틸 것"과 같이 솔직히 무례한 피드백을 받았고, 나머지 절반은 중립적인 톤의 피드백을 받았습니다. 의사 결정에 미치는 영향은 놀라웠습니다: 무례한 피드백에 노출된 팀은 효과적으로 협력하는 데 어려움을 겪었을 뿐만 아니라 지침을 잊거나 상태를 잘못 진단하거나 엉뚱한 약을 처방하거나 심지어 약을 잘못 섞는 경우도 더 많았습니다.

이러한 연구 결과를 스포츠에 적용하는 것은 어렵지 않습니다: 선수에게 소리를 지르거나 고함을 지르고 두려움을 느끼게 하면 코치와 선수 모두의 경기력이 저하될까요? 반대로, 서로를 존중하는 대화가 모두의 경기력을 향상시킬 수 있을까요? 우리는 1장에서 심리학자 캐롤 드웩(Carol Dweck)이 제안한 성장 '마음가짐(mindset)' 접근법을 강조했습니다(Dweck, 2017). 이는 성공적인 결과에만 초점을 맞추는 대신, 좋은 관계를 발전시켜 선수들이 위험을 감수하고 심지어 실패할 수 있도록 격려하는 접근법입니다. 정말 강력한 변화와 성장은 선수들이 당신의 지원을 바탕으로 무엇이 잘못되었는지 스스로 결론을 내리고 실수로부터 배울 때 일어납니다. 가장 효과적인 방법은 일반적으로 선수가 가장 잘 통제할 수 있는 성과 측면인 과제에 대한 노력을 인정하는 것입니다. 이 모델은 동기면담과 매우 잘 맞습니다. 결과뿐만 아니라 학습 과정에 초점을 맞추기 때문입니다.

코치를 위한 선택 사항

주변 사람들에게 어떻게 행동할지는 코치가 되고자 하는 이유에 달려 있습니다. 무엇이 당신을 아침에 일어나게 만드나요? 선수들의 행복과 상관없이 무조건 승리하는 것이 목표라면 이 책의 많은 부분이 당신과 상반된 방향으로 흘러갈 것입니다. 하지만 한때 '사랑스러운 패배자들'로 불리며 한 세기 이상 '빌리 염소의 저주'에 시달렸던 시카고 컵스가 문화 변화를 통해 관계를 개선하고, 결국 놀라운 반전을 이루어 2016년에 월드시리즈 우승을 차지한 여정을 살펴보세요.

> 무엇이 당신을 아침에 일어나게 하나요?

최전방에서: 시카고 컵스로 돌아오다

저희는 컵스의 멘탈 컨디셔닝 책임자인 조쉬 리프락과 이야기를 나누며 조 매든 감독의 팀 합류와 그가 미친 영향에 대한 이야기를 확인했습니다. 매든 감독의 황금률은 '연결, 신뢰, 주도, 이 순서대로'였습니다(Verducci, 2017). 리프락은 매든이 위에서 내려온 메시지를 가지고 오기 전, 팀의 일원이 된다는 것이 실제로 어떤 의미인지에 대해 젊은 선수와 부모들과 '아래로부터의' 인터뷰와 대화를 진행했다고 설명했습니다. 매든은 이러한 보고에 귀를 기울였고, 팀의 새로운 출발을 안내할 원칙에 대한 합의가 이루어졌습니다. 첫 번째 원칙은 "먼저 개인적인 관계를 맺고, 그다음에 다른 모든 것이 따라온다."였습니다. 그는 감독, 코치, 선수들을 만나 "우리는 서로를 알아가야 합니다. 서로를 신뢰하기 시작해야 합니다. 그리고 나서 우리는 서로에게 어떤 반발도 없이 아이디어를 나누기 시작해야 합니다(Verducci, 2017, p.214)." 이것은 단순한 구호가 아니었습니다. 매든은 경기장 안팎에서 이러한 방식을 실천했고, 선수들은 이러한 방식으로 서로를 성장시켰습니다. "아무런 반발 없이"라는 이 문구는 동기면담의 목표, 즉 논쟁과 비난, 항상 옳다는 것을 넘어 겸손과 호기심, 그리고 서로에 대한 존중으로 개선을 모색하는 숙련된 대화를 하는 것(6장 저항력과 함께 구르기 참조)을 잘 나타내고 있습니다. 이것이 바로 동기면담을 한마디로 설명하는 방식입니다. 존중과 신뢰의 태도는 코치에서 선수로, 선수에서 코치로, 그리고 선수들 사이에서도 양방향으로 이어집니다. 이러한 태도는 코칭 기술 자체에도 영향을 미치며 성장합니다. 예를 들어, 리프락은 코칭 스태프가 선수들에게 "당신이 '그건 틀렸어'라고 말하는 순간, 선수들은 방어적이 되고 협력이 어려워집니다."라고 말하지 않으려 노력했다고 회상했습니다(Josh Lifrak, 개인 커뮤니케이션, 2018). 관계 구축에 중점을 두었더니 조직의 성과가 전반적으로 향상되었습니다.

당신에게는 선수들과 어떻게 함께할 것인지 결정할 수 있는 많은 선택지가 있고, 폭넓은 재량권을 가지고 있습니다. 하지만 그 출발점은 단순합니다. 선수들과 연결하고 존중하며 소통하고자 하는 진정한 열망이 그 시작입니다. 이러한 열망에서 출발하면 어떻게 팀 문화를 개선하고 발전시킬지에 대한 다양한 선택지로 이어집니다. 팀에서 장려하고자 하는 문화에 대해 생각할 때 다음 질문들을 고려해 볼 수 있습니다:

- 왜 이 일을 시작하게 되었나요?
- 이 일의 어떤 점이 당신을 흥미롭게 만드나요?
- 코치로서 당신의 강점은 무엇인가요?
- 개선할 수 있는 부분은 무엇인가요?

- 당신의 행동이 위의 질문에 대한 답변과 어떻게 일치하나요?

선수를 위한 선택 사항

이 책에서 우리는 운동선수들이 스스로 성장하고, 자신의 발전을 위한 결정을 내리며, 팀원들과 함께 어울리고 도약하는 법을 배울 수 있도록 동기면담의 사용을 권장했습니다. 이는 높은 이상일 수도 있지만, 팀원 중 한 명이 캠프에 오는 길에 차에 치여 사망했을 때 빈민가에 있던 어린 테니스 선수들의 용기 있는 선택을 떠올리게 됩니다. 코치는 그들에게 무엇을 할지 선택권을 주었고, 그들은 방법을 찾아냈습니다. 복잡한 과정은 아니었습니다. 동기면담이 그들이 어떤 말을 해야 할지를 안내했고, 선택에 대한 존중이 대화를 이끌었으며, 선수들은 그 기회를 붙잡았습니다. 선수의 역량강화(임파워먼트)가 스포츠에 적용하기에는 너무 감성적인 이야기처럼 들릴 수도 있지만, 치열한 전투 속에서 함께 선택을 내리는 선수들의 다음 사례를 생각해 보세요.

최전방에서: 컵스의 반등

야구 역사상 가장 기대되었던 경기 중 하나로 꼽히는 2016 월드시리즈 마지막 경기에 대한 톰 버두치의 이야기는 임박한 재난 상황에서 선수들 간의 관계가 어떤 놀라운 역할을 했는지 강조합니다. 7차전 마지막 이닝이었고, 시카고 컵스는 여유 있게 리드를 지키고 있었습니다. 그런데 갑자기 비가 쏟아져 경기가 지연되었고, 선수들은 "고개를 떨구고 얼굴이 멍한 채로,.. 경기장을 빠져나갔습니다(Verducci, 2017, p.345)." 그들은 뭔가 나쁜 일이 일어날 것임을 직감한 표정이었습니다. 어떻게 하면 새로운 활력과 명확한 목적을 가지고 다시 시작할 수 있을까요?

회복의 원동력 중 하나는 컵스의 패배를 눈앞에 두고 있던 5차전 시작 직전에 1루수 앤서니 리조가 취한 모험이었습니다. 월드시리즈 우승을 위해서는 마지막 세 경기를 연달아 이겨야 했습니다. 리조는 '감동적이면서도 코믹한 프리젠테이션'으로 묘사되는 알몸 댄스를 선보였습니다(Verducci, 2017, p.320). 다른 선수가 리조에게 에어로졸을 뿌렸고, 리조가 샤워실로 사라져 순간 분위기가 어색해졌습니다. 그가 다시 나타났을 때 그의 절친한 친구 로스는 "몇 번 쓰러지느냐가 중요한 게 아니라 얼마나 많이 다시 일어나는지가 중요하다."는 말로 그를 위로하고 용기를 북돋아 주었습니다. 리조는 벌떡 일어나 알몸 댄스를 반복했습니다. 그들은 5차전에서 승리했습니다. 리조는 6차전에서도 이 의식을 반복했습니다. 그리고 마지막 7차전에서도 또다시 반복했습니다.

비가 내리는 중요한 휴식 시간에 선수들은 자체 미팅을 요청해 동기부여와 자신감을 북돋아 주는 격려의 말을 나눴습니다. 그 순간 그들은 새로운 기운을 가진 팀으로 변모해 경기에 나섰습니다. 더그아웃에서 리조가 타석에 들어설 준비를 하고 있을 때, 그의 친구 로스는 리조에게 "몇 번 쓰러지느냐가 중요한 게 아니라.."라고 외쳤고, 리조는 "네가 얼마나 많이 일어나는지가 중요하지."라고 대답하며 모두가 웃었습니다. 그들은 경기를 이겼고, 버두치가 언급했듯이 그들의 새로운 문화가 정립되었습니다(Verducci, 2017, P.363). 시카고에서 열린 승리 퍼레이드에는 약 500만 명이 참석했습니다.

컵스 선수들은 "나의 성공으로 나를 판단하지 말고, 내가 몇 번이나 넘어지고 다시 일어났는지로 나를 판단하라."는 세계에서 가장 혁신적인 지도자 중 한 명인 넬슨 만델라의 말을 되새기고 있었습니다. 저주를 풀기 위한 컵스의 여정에는 만델라의 말과 함께 동기면담의 핵심이 담겨 있습니다. 우리는 사람들이 어려움에 직면했을 때 다시 일어설 수 있도록 힘을 실어줌으로써 성공을 이룹니다. 우리는 사람들이 다시 일어설 수 있도록 팀 문화를 변화시키기 위해 노력함으로써 성공합니다.

선수들이 자신을 위해 스스로 선택하고, 코치들이 뒤에서 안내하는 팀 문화는 달라집니다. 이는 멋진 뮤지컬이나 연극을 제작하기 위한 노력과 같습니다. 공연 자체에서 일어나는 일은 수개월에 걸친 전문적인 계획과 공연자의 능력에 대한 믿음이 바탕이 될 때 이루어집니다. 컵스의 코치들은 중요한 순간에 선수들이 최고의 기량을 발휘할 수 있도록 안내하는 기술을 마스터했고, "내가 안내하고, 당신이 결정한다."라는 동기면담의 진언을 실현했습니다.

가장 성공적인 코치 중 한 명인 400미터 단거리 올림픽 챔피언이자 세계 신기록 보유자인 웨이드 반 니커크의 코치인 안나 보타의 말을 인용해 보겠습니다: "저는 선수들을 감정이 있는 인간으로 대하고 트랙에서뿐만 아니라 일상 생활에서도 그들을 안내하려고 노력합니다. 제 주된 목표는 선수들이 제 코칭을 떠날 때 존중받고 균형 잡힌 사랑스러운 사람으로 떠나게 하는 것입니다(Dennehy, 2017)."

생각해볼 만한 질문

- 팀의 문화를 어떻게 설명하시겠습니까? 분위기가 친근한가요, 냉정한가요, 협력적인가요, 우울한가요, 경쟁적인가요, 아니면 신뢰하는 분위기인가요?
- 동료와 커피를 마시던 중 동료가 당신에게 함께 일하는 선수들에게 가장 중요한 목표가 무엇인지 묻는다면 어떻게 대답하시겠습니까?
- 팀 분위기를 더 친근하게 만들기 위해 할 수 있는 가장 중요한 두세 가지 일은 무엇입니까?

제 4 부

동기면담 워크북

이 부분에서는 동기면담에 대해 배우고 이를 쉽게 적용할 수 있는 간편한 요약시트를 제공합니다. 이 시트는 선수들과의 일상적인 대화와 성과를 개선하여 팀 문화를 향상시킬 수 있는 중요한 주제를 다룹니다.

구체적으로 이 요약 시트에서 다루는 내용은 다음과 같습니다:

요약정보시트 1. 코칭의 달인되기: 학부모, 동료 코치, 운영지원 직원들을 위한 안내서
요약정보시트 2. 관계형성: 탁월한 코칭의 기초
요약정보시트 3. 공감하기: 더 나은 코치 되기
요약정보시트 4. 동기부여↑강화면담의 개요
요약정보시트 5. 동기면담 마음가짐
요약정보시트 6. 동기면담 배워가기
요약정보시트 7. 최고의 순간을 이끄는 질문법
요약정보시트 8. 경청하기: 기본기 제대로 배우기
요약정보시트 9. 요약하기
요약정보시트 10. 함께 성장하는, 신뢰와 존중의 팀워크 1: 사회 기술 개발하기
요약정보시트 11. 함께 결정하는, 공동목표와 책임감의 팀워크 2: 하나의 팀으로서 의사 결정하기

요약정보시트 1. 코칭의 달인되기: 학부모, 동료 코치, 운영지원 직원들을 위한 안내서

당신은 집으로 가는 차 안, 라커룸, 경기장 한쪽에 있을 수도 있습니다. 부모, 코치, 또는 팀의 다른 역할을 맡고 있을 수도 있습니다. 상황이 잘 풀렸을 수도, 그렇지 않았을 수도 있습니다. 이 순간에 당신은 도움을 줄 수 있습니다. 다음은 몇 가지 지침입니다:

철학

- 스포츠도 중요하지만 인생 전체가 훨씬 더 중요합니다.
- 사람이 먼저이고 선수를 그다음으로 생각하세요.
- 무엇보다도 재미가 있어야 합니다.
- 먼저 연결되세요.
- 연결이 되지 않는 조언은 오히려 역효과를 낼 수 있습니다.

실수와 이를 개선하기

- 선수가 화를 내거나 좌절감을 느낄 때는 회복할 수 있는 시간과 지원을 제공하세요.
- 배움은 선수들이 연결되고 안정감을 느낄 때 가장 잘 이루어집니다.
- 실수는 선수들이 배우는 과정입니다.
- 선수가 실수를 통해 배울 수 있다는 믿음을 가지세요.
- 선수가 실수로부터 배우는 것이 당신이 깨닫는 것보다 더 중요합니다.

동기부여↑강화면담

- 선수와 대화할 때 올바른 마음가짐을 유지하세요.
- 선수의 감정에 공감하고 연결을 형성하세요.
- 선수에게 말하기 전에 먼저 물어보세요.
- 선수의 강점을 파악하고 부각시키세요.
- 선수가 왜 그리고 어떻게 개선할 수 있는지 이야기할 때 경청하세요.
- 선수가 말한 긍정적인 내용을 요약하세요.
- 다음 단계가 무엇인지, 어떤 좋은 계획이 있는지 물어봐 주세요.

숙련된 코칭하기

- 코칭은 기술입니다.
- 좋은 코치가 되려면 충분한 시간, 용기, 그리고 겸손함이 필요합니다.
- '좋은 코치'라는 목적지에 결코 다다를 수 없습니다. 그 여정은 끝나지 않습니다.
- 즐거움과 연결은 전염성이 있으며 더 행복한 결과를 가져옵니다.

요약정보시트 2. 관계형성: 탁월한 코칭의 기초

스포츠에서 좋은 관계는 저절로 생기지 않으며, 노력해서 구축하고 키워야 합니다. 만약 관계가 손상되었다 하더라도 회복할 수 있습니다. 좋은 관계를 유지하는 데는 비용이 들지 않으며, 선수들은 이러한 관계를 통해 성장합니다. 또한, 웰빙, 높은 동기 부여, 팀워크 향상, 경기력 향상과도 밀접한 관련이 있습니다. 반대로, 원만하지 못한 관계는 선수들의 사기를 떨어뜨리고 바이러스처럼 팀 문화에 확산될 수 있습니다.

신뢰 구축하기

신뢰는 노력으로 쌓을 수 있습니다. 불신은 선수들에게 최악의 상황을 초래합니다. 동기 부여가 어려워지고, 자신감을 약화시키며, 성과에도 악영향을 미칩니다. 신뢰를 쌓는 것은 나약하거나, 부드러워지거나, 결정에 대한 통제력을 잃는 것이 아닙니다.

- 결정된 사항을 끝까지 이행하세요.
- 일관성 있고, 배려하며 솔직하게 행동하세요.
- 선수 뒷담화를 하지 말고, 투명하게 행동하세요.
- 선수들 간의 협력에 초점을 맞춘 훈련 루틴을 개발하세요.
- 소통하세요. 한 인간으로서, 스포츠 외의 삶에도 관심을 보여주세요.
- 선수들의 걱정거리에 귀 기울여 주세요.
- 명확하면서도 동정심을 가지고 문제를 해결하세요.

존중을 표현하기

존중은 스스로 존중하는 모습을 보여야만 얻을 수 있습니다. 존중이 부족하면 좋은 관계와 진전을 저해하고 따돌림, 학대, 괴롭힘으로 이어질 수 있습니다.

- 존중을 핵심 원칙으로 강조하세요.
- 존중이 무엇인지, 그리고 무엇이 존중이 아닌지에 대해 구체적인 예시를 보여주세요.
- 모든 행동과 말에서 타인에 대한 존중을 모범으로 보여주세요.
- 존중의 모범을 보이는 핵심 실천 사항은 경청입니다.

즐거움 조성하기

당신과 선수들이 스포츠를 즐길 때 더 쉽게 승리할 수 있습니다.

- 스스로의 웰빙을 돌보세요. 스스로 즐길 수 있는 기회를 찾아보세요.
- 선수들이 즐길 수 있는 기회를 찾아주세요.
- 훈련 루틴에 재미를 더할 수 있는 아이디어를 선수들에게 물어보세요.

공감 표현하기

공감은 관계를 구축하고 신뢰를 향상시키며 선수를 존중하는 가장 직접적인 방법입니다. 선수의 말에 귀를 기울이고 선수의 말과 경험에 대한 당신의 이해를 전달하는 기술입니다.

- 선수와 대화하기 전에 그들이 느끼는 감정과 그 이유를 미리 헤아려 보세요.
- 주제에 관계없이 문제에 대해 열린 질문을 하세요.
- 경청진술과 요약을 통해 이해하고 있음을 전달하세요.

동기부여↑강화면담

동기면담은 좋은 관계를 통해 선수가 스스로 동기를 부여하도록 도우며, 선수와 당신 모두에게 의미 있는 계획을 세울 수 있도록 지원합니다.

요약정보시트 3. 공감하기: 더 나은 코치 되기

공감 능력은 운동 능력과 마찬가지로 의도적인 연습을 통해 개발할 수 있는 재능입니다. 공감 능력이 향상되면 선수와의 대화에만 영향을 미치는 것이 아니라 당신 자신도 변화시킬 수 있습니다.

공감이 아닌 것

공감은 단순히 친근하거나 친절하게 대하거나, 선수의 문제를 해결해주는 것이 아닙니다. 또한 선수를 '안타까워하거나' 동정하는 것도 아닙니다.

공감이란 무엇인가요?

공감은 다른 사람의 입장에 서서 그들의 경험을 상상하는 것입니다. 상대방이 사물을 어떻게 보는지 이해하게 되면, 다음 단계를 찾도록 도와줄 수 있습니다. 상대방에게 당신이 그들과 연결되어 있음을 보여주는 말을 하는 것입니다(공감은 단순히 느끼는 것 이상의 의미를 가집니다).

공감적 경청진술이란 무엇인가요?

공감을 전달하는 기법 중 하나는 공감적 경청진술로, 상대방의 경험을 포착하는 말, 즉 질문이 아닌 진술을 하는 것입니다. 상대방은 당신이 '함께' 있고, 상대방의 기분에 관심을 가지고 이해하고 있음을 인식하게 됩니다. 이를 통해 시간이 지남에 따라 강력한 연결 관계를 구축할 수 있습니다.

동기면담과 공감적 경청

동기면담에서는 개선점에 대해 질문하고 경청진술을 사용하여 선수가 더 깊이 파고들어 불확실성을 해결하고 계획을 확고히 할 수 있도록 돕습니다.

왜 공감해야 하나요?

공감 능력이 뛰어난 교사는 학생들의 성적을 향상시킵니다. 공감 능력이 뛰어난 상담사는 더 나은 성과를 내는 고객을 두고 있습니다. 공감 능력을 키우면 더 나은 코치가 될 수 있고, 스포츠 외의 삶도 개선되며, 더 나은 스포츠 성과로 이어질 수 있습니다.

기술

상대방의 말의 의미를 파악하기 위해 경청하세요. 그런 다음, 그 의미를 다시 진술로 전달하세요. 처음에는 어색하고 무의미하게 느껴질 수도 있지만, 그만한 보상은 분명히 돌아옵니다. 이렇게 표현할 수 있습니다:

선수: 제 실력에 이제 지쳤어요. 빨리 진도가 나가지 않아요.

코치: 네가 지금 마음에 들지 않나 봐.

선수: 뭐라고 했죠?

코치: 네 기술에 뭔가 마음에 들지 않는 게 있는데. 그게 뭘까?

선수: 제 생각에는 ....가 필요할 것 같아요.

결론

공감 연습은 코칭에서 항상 사용하는 고쳐주기 기술에 대한 필수적인 균형 장치입니다. 공감을 사용한다고 해서 탁월함에 대한 열정을 포기할 필요는 없습니다. 또한 당신의 성격을 꼭 고쳐야 한다는 뜻도 아닙니다. 공감은 코치가 선수의 관점이 타당하다고 여긴다는 것을 나타내며, 따라서 선수가 느끼는 모든 것을 표현할 수 있도록 '승인'해 주는 것입니다. 또한 기꺼이 경청하고 강요하지 않고 반응할 수 있음을 보여줍니다. 결국 조언(고쳐주기)을 하기로 결정한 경우, 선수와 연결이 된 후에는 선수는 당신의 제안에 더 열린 자세로 반응할 것입니다.

요약정보시트 4. 동기부여↑강화면담의 개요

동기면담이란 무엇인가요?

동기면담은 개인이든 팀이든 간에 더 잘하고자 하는 선수의 내적 동기를 끌어내기 위한 의사소통 도구와 전략으로 구성된 코칭 스타일입니다.

주요 메시지

일방적으로 전달하고 명령하고 지시하는 방식은 선수들의 반발을 불러일으키거나 심지어 선수들의 열정을 약화시킬 수 있습니다. 동기면담은 선수들의 참여를 높이고 스스로 동기를 부여하여 도전과제를 해결하고 잠재력을 발휘할 수 있도록 돕는 도구를 제공합니다.

역사

스포츠 분야에서 최근에 도입된 동기면담은 행동 과학에서 동기를 부여하고 행동 변화를 촉진하기 위한 방법으로 개발되었습니다.

코치의 태도

코치는 고쳐주기에서 안내하기로 전환해야 합니다. 즉 "나는 너에게 해줄 수 있는 아이디어가 있지만, 네가 스스로 어떻게 개선할 수 있을지 궁금하다."라는 태도를 가져야 합니다. 신뢰와 상호 존중은 이러한 전환과 동기면담 사용의 기초가 됩니다.

사용 방법

이 방법은 호기심 어린 열린 질문, 경청진술, 인정, 요약과 같은 명확하게 정의된 의사소통 기술로 구성됩니다. 이러한 기술은 선수들이 경기장 안팎에서 어떻게 발전할 수 있을지에 대한 아이디어를 이끌어내는 데 사용됩니다. 코치가 이러한 기술을 더 많이 사용할수록 선수의 경기력, 자신감, 사회 기술, 코치와의 관계가 더 좋아집니다.

언어 사용에 집중하기

선수들은 변화에 대해 이야기할 때 동기를 부여하는 언어를 사용합니다. 당신의 역할은 이를 알아차리고 선수의 동기를 북돋아 주는 것입니다.

핵심 내용

- 대부분의 대화에서 능숙하고 빠르게 연결할 수 있습니다.
- 동기 부여를 높이기 위한 구조화된 전략을 배우고 연습할 수 있습니다.
- 경청을 중심으로 조언이나 피드백을 전달할 수 있습니다.
- 잠시 멈추고 경청하는 것은 논쟁, 실망 또는 어려운 행동에 대한 강력한 대응책입니다.
- 인정은 칭찬 대신 사용할 수 있는 강력한 도구입니다.

요약정보시트 5. 동기면담 마음가짐

동기면담 마음가짐이란 무엇인가요?

스포츠에서 우리는 문제를 해결하기 위해 교육을 받고 훈련합니다. 우리는 가르치고, 조언하고, 교정합니다. 고쳐주기는 코치, 매니저, 그리고 피트니스, 퍼포먼스, 식단, 웰빙에 관련된 모든 사람에게 필요한 중요한 스타일입니다. 코칭의 숙달을 위해 필요한 두 번째 스타일은 경청하고 공감이나 이해를 보여주는 따라가기입니다. 세 번째 스타일은 안내하는 것으로, 동기면담의 마음가짐을 기반으로 합니다: 선수가 자신의 성장 과정에서 중요한 것을 스스로 발견하도록 적극적이고 의도적으로 안내하는 것입니다. 이 세 가지 '속도'를 갖추려면 선수들과 개별적으로 또는 그룹으로 대화할 때 각 스타일로 전환하는 연습이 필요합니다.

주요 메시지

모든 인간은 잘못된 것을 발견하면 즉시 나서서 바로잡으려는 경향인 '교정반사'를 가지고 있습니다. 교정반사를 억제하고, '냉정함을 유지'하며, 경청과 안내하기 스타일을 사용하는 지혜가 필요합니다.

코치의 태도

스포츠에서 동기면담의 금언 중 하나는 "내가 안내하고, 당신이 결정한다."입니다. 안내하기 스타일을 사용하기로 결정하는 것이 첫 번째 단계이지만, 훌륭한 안내자가 되려면 연습이 필요합니다. 집중력이 뛰어나고 충분한 준비를 갖춘 선수가 더 나은 경기력을 발휘하는 것처럼, 대화할 때마다 중심을 잡고 긴장을 푸는 기술을 배우면 동기면담 기술을 더 잘 활용할 수 있습니다.

동기면담 마음가짐: 안내 능력 향상하기

숨을 쉬세요. 1분 동안 천천히 호흡(코로 4초 들이마시고, 입으로 4초 내쉬기)하여 심박수를 조절하면 스포츠 및 기타 환경에서 코치나 선수로서 침착함을 유지하는 데 도움이 될 수 있습니다. 중요한 대화를 하기 전에 심호흡을 두어 번 하여 속도를 늦추는 것도 좋습니다.

셀프 코칭. 긴장이 될 수 있는 대화를 시작하기 전에 자신과 선수에게 대화의 목적을 상기시켜 보세요. 예를 들어, "앞으로 몇 분 동안 이 선수의 이야기를 듣는 것으로 시작하려고 해." 또는 "지미, 잠깐만 시간을 내서 네 관점을 이해하고 싶은데. 어때?" 라는 식으로 말입니다. 자신과 선수에 대한 이러한 다짐은 집중력을

유지하고 교정반사를 억제하는 데 큰 도움이 될 수 있습니다.

자신의 문제를 고쳐주기. 언제든 대화를 바꿀 수 있습니다. 집중력이 약해지는 것을 느낀다면 언제든 선수에게(그리고 자신에게) 사과하고 선수에게 도움이 될 수 있는 방법을 찾고 싶다는 마음가짐을 상기시켜 보세요: 예를 들어, "'잠깐만, 마리아. 미안해, 내가 좀 흥분했어. 네가 최선을 다할 수 있도록 돕고 싶어서 그래. 네 의견을 듣고 싶어."

요약정보시트 6. 동기면담 배워가기

동기면담의 기본 사항을 이해했다면 이제 자신의 발전 방향에서 동기면담이 어디에 적합한지 스스로 정리해 보세요.

기초를 다지기

동기면담을 배우는 것은 종종 개입하기보다는 선수를 관찰하면서 시작합니다. 무엇이 선수에게 동기를 부여할 수 있을지 궁금해하는 시간을 가지는 것이 중요합니다. 만약 선수들이 당신의 노력에 반응하지 않는다면, 그들에게서 해결책과 영감을 얻을 수 있을까요? 다음의 진행 경로를 고려해 보세요:

- 세 가지 커뮤니케이션 스타일(고쳐주기, 안내하기, 따라가기)에 집중하고 그 사이에서 전환하는 연습을 하세요.
- 교정반사에 따라 행동하기 전에 자신을 돌아보고, 꼭 정답을 알 필요가 없는 열린 질문으로 탐색하는 연습을 하세요.
- 개선점에 대한 질문으로 안내하기 스타일을 연습하세요. 그런 다음 선수의 경험을 상상하여 경청진술을 작성하고 이를 다시 선수에게 전달하세요. 도구 상자의 다른 기술(요약하기, 인정하기 등)도 곧 대화를 진전시키는 친숙한 수단이 될 것입니다.

당신의 우선순위는 무엇인가요?

동기면담을 배우려면 한 걸음 물러서서 자기 자신과 대화 중인 선수를 유심히 관찰해야 합니다. 그런 관찰자의 입장에서 자신에게 적합한 동기면담 전략을 선택해서 연습해 볼 수 있습니다:

- 좋은 경청자가 되고 싶다면 목적에 맞는 안내 질문과 함께 경청진술을 효율적으로 사용하는 방법을 탐구해 보세요. 요약하기는 대화가 길어지지 않고 계속 진행되도록 도와줍니다.
- 고쳐주기가 생각보다 깨기 어려운 습관이라면 일단 한 발 물러서 보는 것만으로도 큰 보상을 얻을 수 있습니다. 그리고 동기면담의 모든 기술이 당신에게 열려 있습니다.
- 기술적인 측면을 좋아한다면 조언과 피드백을 제공하기 위해 '질문하고 제안하고 질문하기' 전략을 사용하면 즉각적인 개선을 느낄 수 있을 것입니다.
- 너무 진지한 경향이 있다면 모든 문제를 꼭 해결해야 할 필요는 없다는 점을 기억하세요. 좋은 안내자는 자신이 하는 일을 즐기며 선수들에게 대부분의 일

을 맡겨두기도 합니다!

연습하기

당신도 선수가 새로운 기술을 배우는 것과 같은 방식으로 동기면담을 배우게 됩니다. 당신의 다음 목표는 무엇인가요? 어떤 선수와 함께 시도해 볼 수 있나요? 기술 향상을 위해 누가 도움을 줄 수 있나요? 일상적인 코칭 과제에 동기면담을 활용하세요. 바로 참여하여 이러한 기술을 시도해 보세요. 결국은 선수들과 함께 실제로 연습을 즐기는 것이 중요합니다.

요약정보시트 7. 최고의 순간을 이끄는 질문법

특히 '닫힌' 질문이 아닌 '열린' 질문과 안내하기 스타일로 답을 찾도록 유도하는 경우 질문은 선수를 최상의 상태로 끌어낼 수 있는 좋은 방법입니다. 당신이 직접 답을 알 수도 있고 모를 수도 있지만, 중요한 것은 선수가 무엇을 발견하느냐입니다.

질문을 경청하기 및 요약하기와 같은 다른 기술과 함께 사용하세요. 선수들이 이야기할 때 강점의 증거를 알아차리고 이를 강조하기 위해 인정하는 표현을 사용하세요. 사려 깊은 열린 질문은 선수와의 연결을 더욱 깊게 하고 선수의 실력 향상에 더욱 집중할 수 있도록 도와줍니다.

연결하기 위한 방법

호기심을 갖는 것이 가장 좋은 출발점입니다.

- 어떻게 그 공을 그렇게 세게 칠 수 있었지?
- 저 밖에서 무슨 일이 있었나?
- 지금 경기는 어떻게 진행되고 있나?
- 오늘 기분은 어때?
- 오늘 연습은 어땠어?

이상적으로는 선수가 대답한 직후에 경청진술을 사용하고, 조금 막히면 요약하고 다른 질문으로 넘어가는 것이 좋습니다.

문제를 좀 더 개선하려면

동기면담을 사용할 때 질문은 미래 지향적이며 개선과 변화에 초점을 맞추도록 설계됩니다. 이에 대한 답변은 변화대화, 즉 선수들이 스스로 동기를 부여하는 데 도움이 되는 말들이 될 것입니다.

행동 문제가 있을 때

"앞으로 이 문제를 어떻게 더 잘 다룰 수 있을 것 같나요?"
"이 문제를 더 건설적으로 처리한다면 어떤 혜택이 있을까요?"
"오늘도 연습에 늦었네요. 다음번에는 어떻게 해야 개선이 될까요?"

동기 부여가 필요할 때

"오늘 활기를 되찾는 데 무엇이 도움이 될까요?"
"새로운 포지션으로 이동하면 어떤 이점이 있을 것 같나요?"
"강력한 서브를 구사하는 것이 얼마나 중요하다고 생각하시나요?"
"상대 왼쪽 날개를 커버하는 것에 대해 얼마나 자신감이 있나요?"

목표 설정

"무엇이 당신을 방해하고 있나요?"
"어떤 목표를 달성하고 싶으신가요?"
"이 목표가 당신에게 중요한 이유는 무엇인가요?"
"최고가 되는 데 무엇이 도움이 될까요?"
"이 목표를 달성하는 가장 좋은 방법은 무엇인가요?"
"이 계획에 얼마나 전념하고 있나요?"
"과거에 무엇이 도움이 되었나요?"
"가장 먼저 취할 수 있는 조치는 무엇인가요?"

요약정보시트 8. 경청하기: 기본기 제대로 배우기

동기면담은 개선에 대해 이야기할 때 의도적으로 경청하는 기술을 사용합니다. 이를 위해서는 기본을 제대로 이해하는 것이 중요합니다.

경청하기는 선수 자신의 지혜에 대한 존중과 선수를 한 인격체로서 배려하는 마음을 강화합니다. 경청에는 상대방의 말을 듣고 다음과 같은 방식으로 반응하는 것이 포함됩니다. (다른 생각이나 압력에 의해 산만해지지 않고)집중하고 있으며 관심을 갖고 있다는 것을 보여줍니다. 종종 그렇듯이 마음을 비우고 호기심 어린 시선을 따라가기만 해도 경청을 잘할 수 있습니다.

예를 들어 보겠습니다: 큰 시합 전날, 최고의 선수 중 한 명이 "정말 안 좋은 소식이 있어서 잠시 여기 좀 앉아도 되나요?"라고 말합니다. 당신은 즉시 마음이 차분해지고, 무슨 이야기를 할지 궁금해지며, 상대가 무슨 말을 해도 기꺼이 받아들일 준비를 합니다. 연결하기 위해서는 호기심을 가지고 선수의 경험이나 관심사에 집중해야 합니다.

선수의 말에 귀를 기울입니다: "어제 제 오빠가 병원에 실려 갔다는 소식을 들었어요. 오빠와 저는 정말 친해요. 오빠는 올해 19살밖에 안되었는데, 심장마비로 쓰러져 중환자실에 입원해 있고 200마일 떨어진 곳에 있어요. 오빠는 혼자 있고, 제가 가서 봐야 할 것 같은데 이제 어떻게 해야 할지 모르겠어요." 그녀의 오빠가 중환자실 침대에 누워 있는 모습을 상상해 보세요.

마음속으로 그 상황을 요약해 보세요: 예시에서 선수가 말한 내용을 읽은 다음, 잠시 이 페이지에서 고개를 돌려서 들은 내용을 짧고 간결하게 요약해 보세요: "당신은 큰 충격을 받았고, 어떻게 해야 할지 잘 모르겠네요."

선수에게 요약한 내용을 말해 보세요: "당신은 큰 충격을 받았고, 어떻게 해야 할지 잘 모르겠네요."라고요. 이것이 바로 경청진술입니다. 선수는 당신이 이해한다고 느끼고 자연스럽게 더 많은 말을 하고 싶어 할 것입니다.

성급하게 끼어들지 마세요: 잠시 침묵을 지키고, 숨을 고르세요. 당신의 진술은 그녀가 더 많은 말을 하도록 초대하는 것입니다. 상대방의 반응을 주목하세요.

정확하게 말하는 것이 목표가 아닙니다: 진정으로 궁금해서 제대로 이해하지 못했다면 선수가 바로잡아줄 것이고, 그렇지 않다면 그냥 물어보세요. 경청진술은 정답에 가까워야 하지만, 꼭 맞을 필요는 없습니다. 선수가 당신이 듣고 있다는 것을 알기만 하면 대화가 생산적으로 진행될 것입니다.

간단한 진술: 일부 경청진술은 선수가 말한 내용을 그대로 반복하는 것입니다("오빠가 혼자 있고 몸이 안 좋아서 보러 가고 싶네요.").

복잡한 진술: 일부 경청 진술은 새로운 의미를 추가하여 더 복잡해질 수 있습니다. 선수가 말하지 않은 근본적인 의미나 느낌을 말할 수 있습니다("내일 시합에 나갈 수 있을지 확신이 서지 않아요.").

양면 진술: 갈등이나 딜레마의 양면성을 모두 담아낼 수도 있습니다("시합에 나가고 싶지만 오빠를 보러 가야 하네요.").

감정에 초점을 맞춘 진술: 선수의 감정에 대해 언급할 수도 있습니다("정말 속상하겠네요.").

질문하기와 경청진술을 함께 사용하세요: 호기심을 자극하는 질문으로 시작하면 2-3개의 경청진술로 이어가도록 노력하세요. 선수의 경험을 진술로 확인하면서 두 사람 사이의 연결이 강화됩니다.

요약정보시트 9. 요약하기

요약은 선수의 강점과 변화에 대해 언급된 내용을 모두 돋보이게 할 수 있는 좋은 기회입니다. 문제나 결점에만 초점을 맞추면 요약이 제대로 전달되지 않을 수 있습니다. 다음은 자신의 폼에 대해 코치에게 도움을 요청한 한 허들 선수에게 제공하는 세 가지 간단한 요약입니다. 모두 정확한 피드백을 포함하고 있지만, 각 요약의 차이점에 주목하세요.

문제점에 대한 요약

"그냥 요약만 해도 될까요? [잠시 멈춤] 당신은 폼에 어려움을 겪고 있는데, 그 이유를 정확히 모르고 있습니다. 아마도 첫 점프에서 오른팔이 제대로 움직이지 않을 수 있습니다. 아니면 팔을 충분히 빨리 올리지 못했을 수도 있지요. 너무 많은 생각을 하다가 그 영역에서 벗어나는 경향이 있는데 어떻게 다시 집중해야 할지 모르겠군요."

정확성: 예.

강점을 가진 사람에게 집중하기: 아니요, 결점이 있는 선수에 관한 이야기입니다.

변화에 집중하기: 아니요.

강점 요약

"그냥 요약만 해도 될까요? [잠시 멈추고 선수가 요약을 들을 준비가 되었다는 표시를 할 때까지 기다림] 당신은 지금 운동 외적인 삶이 균형을 잘 이루고 있습니다. 기록을 향상시키기로 결심했지만, 자신이 잘 아는 영역으로 돌아가기 위해 고군분투하고 있습니다. 당신은 오른팔에 무슨 문제가 있는지 알아내기 위해 열심히 노력했어요."

정확성: 예.

강점을 가진 사람에게 집중하기: 예.

변화에 집중하기: 아니요.

동기면담을 사용한 강점 요약

"그냥 요약만 해도 될까요? [잠시 멈춤] 그 영역으로 돌아가는 방법은 쉽지는 않지만, 당신은 이를 해결하기로 결심했습니다. 어떻게 해결할지에 대한 문제입니다. 지금 당장 모든 것을 지나치게 생각하고 싶지는 않으실 겁니다. 첫 번째 허들을 넘을 때 오른팔을 바꿀 수 있는 방법이 있을 거라고 생각합니다. 오늘 오후에 한 번 시도해 보세요."

정확성: 예.

강점을 가진 사람에게 집중하기: 예.

변화에 집중하기: 예.

첫 번째 요약은 문제에 초점을 맞추었습니다. 두 번째 요약은 강점에 초점을 맞추었고, 여러 가지 인정이 포함되어 있어 사기를 높일 수 있는 잠재력이 있습니다. 하지만 세 번째 요약은 미래 지향적이고 변화대화를 효과적으로 요약했기 때문에 동기면담과 일치했습니다. 이 마지막 요약이 동기 부여를 높이고 행동 변화를 이끌 가능성이 가장 높습니다.

요약정보시트 10. 함께 성장하는, 신뢰와 존중의 팀워크 1: 사회 기술 개발하기

팀워크 구축의 첫 번째 단계는 선수들이 사회 기술을 향상하도록 돕는 것입니다. 이를 통해 서로에 대한 존중이 생기고, 팀워크가 향상됩니다. 즉, 선수들이 자신의 생각과 느낌을 표현하고, 다른 사람의 말을 경청하며, 다른 사람을 비난하지 않고, 끼어드는 것을 줄이며, 조용한 선수도 발언할 수 있도록 돕는 기술을 발전시켜야 합니다. 다음은 이를 위한 간단한 개요입니다.

목표: 선수들이 두려움 없이 자신의 생각과 느낌을 말할 수 있는 열린 토론을 진행합니다.

시나리오: 비공식적인 대화 및 그룹 회의

시작하기: 토론은 모두가 관심을 가지고 있는 주제에 초점을 맞출 수 있습니다. 개인적인 주제일 수도 있고 스포츠와 관련된 주제일 수도 있습니다. 처음에는 간단한 주제로 시작하여 선수들이 기술을 사용할 수 있도록 도와주세요. 자신감이 생기면 경기에서 패배한 상황처럼 감정이 격해지는 상황에서도 이러한 기술을 사용할 수 있도록 안내해 보세요.

제대로 실천하기: 처음에는 당신이 이러한 그룹 대화를 시작해야 할 수도 있습니다. 하지만 토론은 선수들끼리만 진행되도록 하세요. 열린 질문을 던진 후, 마치 풍선을 던진 것처럼 한 발짝 물러나서 선수들이 서로 주고받도록 하세요.

선수들과 공유해야 할 가이드라인

- 서로에 대한 존중은 필수입니다.
- 다른 사람에 대한 이야기하기보다는 자신과 자신의 감정에 대해 이야기하세요.
- 끼어들지 말고 경청하세요.
- 아무 말도 하지 않아도 괜찮습니다.
- 조용한 사람에게도 말할 수 있는 기회를 마련해 주세요.
- 팀으로서 함께 문제를 해결하는 데 전념하세요.

코치 행동 지침

- 부드럽지만 단호하게 지침을 강조하세요.
- 공통 관심사에 대해 긍정적이고 열린 질문을 던지세요.
- 끼어들거나, 판단을 내리거나, 문제를 대신 해결하려고 하지 마세요.

- 경청진술을 사용하세요. 상대방이 말한 내용을 파악한 다음 바로 바통을 넘겨서 더 이야기하도록 하세요.
- 모두 조용해지면 "다른 의견은요?" 또는 "다른 사람들은 어떻게 생각하나요?"와 같은 질문을 고려하세요.
- 계속 진행하기 전에 요약하세요.

주의사항

- 당신과 개별 선수 간의 대화가 주고받는 방식이 되지 않도록 하세요.
- 조언을 해주거나 문제를 해결해 주려고 하지 마세요(아직은!).

요약정보시트 11. 함께 결정하는, 공동목표와 책임감의 팀워크 2: 하나의 팀으로서 의사 결정하기

선수들이 기본적인 사회 기술을 연마하도록 안내했다면, 팀워크 향상을 위한 두 번째 단계에서는 이제 함께 의사 결정을 내리는 데 집중할 수 있도록 도와주세요.

목표: 그룹이 함께 의사 결정을 내릴 수 있도록 돕습니다.
시나리오: 소규모 또는 대규모 회의, 비공식 또는 공식 회의
기술: 요약정보시트 10의 기술을 가져와서 구체화하세요. 선수들이 다른 사람의 의견을 경청하고, 다른 사람의 아이디어를 비판하지 않으며, 그룹을 대신해서 그룹의 결정을 수락하도록 합니다.
토론 주제: 개인적이거나 스포츠와 관련된 모든 주제에 대해 먼저 쉬운 결정을 내립니다.
제대로 실천하기: 당신이 아닌 선수들이 결정을 내릴 수 있도록 주도권을 계속 선수들에게 돌려주세요.

선수들과 공유해야 할 가이드라인

- 서로에 대한 존중은 필수입니다.
- 다른 사람에 대해 이야기하기보다는 자신과 자신의 감정에 대해 이야기하세요.
- 끼어들지 않고 경청하세요.
- 아무 말도 하지 않아도 괜찮습니다.
- 조용한 사람에게도 말할 수 있는 기회를 마련해 주세요.
- 다수가 동의하는 결정에 따르세요.

코치 행동 지침

- 선수들에게 가이드라인을 상기시킵니다.
- 긍정적이고 열린 질문을 통해 선수들이 결정에 집중할 수 있도록 유도하세요.
- 끼어들거나, 판단을 내리거나, 문제를 대신 해결해 주지 마세요.
- 경청진술을 사용하여 결정에 대해 이야기한 내용을 파악한 후 발언권을 바로 돌려주어 더 이야기할 수 있도록 합니다.
- 모두 조용해지면 "또 누가 말하고 싶은 사람이 있나요?", "이 결정은 어디까지 진행되었나요?", "더 논의해야 할 사항이 있나요?", "또 누가 그렇게 생각하나

요?" 등의 질문을 고려하세요.

- 결정에 대한 진행 상황(그리고 이상적으로는 합의된 결과)을 요약합니다. 필요하다면 결정 사항 중 조정이 필요하다고 생각되는 부분을 다시 조정하세요.

주의 사항

- 당신과 개별 선수 간의 대화가 주고받는 방식이 되지 않도록 하세요.
- 선수 대신 결정을 내리지 말고, 선수들이 결정을 내릴 수 있도록 제안하세요.

유용한 기술

한 번에 한 사람 기법: 이 기법을 사용하면 모든 사람이 말할 기회를 얻고, 선수들도 다른 사람의 말을 경청할 수 있는 좋은 시간을 가질 수 있습니다. 각 라운드에는 한 가지 질문에 답하는 것이 포함됩니다. 한 번에 한 명씩 차례로 질문에 답하도록 하고, 방해받지 않고 자유롭게 말할 수 있도록 짧게 말하도록 합니다. 기타 가이드라인: 다른 사람이 아닌 자신을 위해 말하고, 자신이 생각하고 느끼는 것을 말하세요. 이 기법은 갈등 해결에 탁월하며 경기 하프타임에도 아주 짧게 사용할 수 있습니다. 시간이 여유가 있다면 더 많은 라운드와 질문을 사용할 수 있습니다.

질문하고 제안하고 질문하기 전략: 정보나 제안을 하고 싶을 때는 (1) 선수들에게 무엇을 알고 있는지 물어보고 잘 들어주며, (2) 아이디어를 제안하는 방식으로 제공하고, (3) 팀원들이 함께 결정한 사항에 대해 어떻게 생각하는지 물어보세요.

개인 과제: 선수에게 개인적으로 질문을 하고 자신의 생각을 적도록 합니다.

짝 과제: 차례로 그 질문에 대한 서로의 대답을 듣게 합니다. 이 방법은 매우 집중력 있는 토론에 좋습니다.

부록
참고 자료

스포츠 업계에서 일하면서 동기면담 지식과 기술을 심화하고자 하는 독자를 위해 추천하는 추가적인 참고 자료는 다음과 같습니다:

도서

동기면담에 대한 더 깊은 이해를 위해

Miller, W. R., & Rollnick, S. (2013). Motivational interviewing: Helping people change (3rd ed.). New York, NY: Guilford Press.
→ 동기면담-변화와 성장을 돕는 사람들, 4판, 조성희(옮긴이), 시그마프레스, 2024

동기면담 기술 매뉴얼

Rosengren, D. B. (2018). Building motivational interviewing skills: A practitioner workbook (2nd ed.). New York, NY: Guilford Press.
→ 동기강화상담 기술훈련 실무자 워크북-2판, 신성만, 김성재, 이동귀, 전영민, 김주은(옮긴이), 박학사, 2020

자기계발을 위해 동기면담 활용하기

Zuckoff, A. & Gorscak, B. (2015). Finding your way to change: How the power of motivational interviewing can reveal what you want and help you get there. New

York, NY: Guilford Press.
→ Zuckoff, A. & Gorscak, B. (2015). 변화의 길 찾기: 원하는 것을 발견하고, 그 곳에 도달하도록 돕는 동기면담의 힘. 뉴욕: 길포드 출판사

논문

Mack, R., Breckon, J., Butt, J., & Maynard, I. (2017). Exploring the understanding and application of motivational interviewing in applied sport psychology. The Sport Psychologist, 31(4), 396–409.

Markland, D., Ryan, R., Tobin, V., & Rollnick, S. (2005). Motivational interviewing and self-determination theory. Journal of Social and Clinical Psychology, 24(6), 811–831.

Vansteenkiste, M., & Sheldon, K. (2006). There's nothing more practical than a good theory: Integrating motivational interviewing and self-determination theory. British Journal of Clincial Psychology, 45(1), 63–82.

참고문헌

Beale, M. (2018). In the zone. Retrieved December 15, 2018, from www.coachesvoice.com/rangers-coach-michael-beale-steven-gerrard-liverpool-chelsea.

Clement, P. (2017). What would Carlo do? Retrieved November 11, 2018, from www.coachesvoice.com/if-i-was-a-player-id-love-to-play-for-a-coach-like- him.

Cohen, G. L., & Sherman, D. K. (2014). The psychology of change: Self-affirmation and social psychological intervention. Annual Review of Psychology, 65, 331–371.

Dennehy, C. (2017). Botha's recipe for coaching success: Patience, endurance and perseverance. Retrieved November 27, 2018, from www.iaaf.org/news/ feature/anna-botha-iaaf-coaching-achievement-award.

Dweck, C. (2017). Mindset-updated edition: Changing the way you think to fulfill your potential. London: Hachette.

Egan, G. (2013). The skilled helper: A problem-management and opportunity-development approach to helping. New York, NY: Cengage.

Elberse, A. (2013). Ferguson's formula. Retrieved December 15, 2018, from https:// hbr.org/2013/10/fergusons-formula.

Fordyce, T. (2017). Ashes: Inside story of England's 5–0 defeat in Australia in 2013–14. Retrieved October 12, 2018, from www.bbc.co.uk/sport/ cricket/41859201.

Gillespie, J. (2015). Jonny Bairstow is good enough for the Ashes but be brave and back him. Retrieved December 17, 2018, from www.theguardian.com/sport/blog/2015/jul/20/jason-gillespie-column-england-jonny-bairstow-talent- ashes-recall.

Gobat, N., Copeland, L., Cannings-John, R., Robling, M., Carpenter, J., Cowley, L., ... Moyers, T. (2018). "Focusing" in motivational interviewing: Development of a training tool for practitioners. European Journal for Person Cen- tred Healthcare, 6(1), 37–49.

Hattie, J., & Timperley, H. (2007). The power of feedback. Review of Educational Research, 77(1), 81–112.

Kohn, A. (2001, September). Five reasons to stop saying "Good job"! Retrieved December 15, 2018, from www.alfiekohn.org/article/five-reasons-stop- saying-good-job.

May, C. (2015). Rude behavior spreads like a disease: Scientists study the contagion of obnoxiousness. Retrieved December 11, 2018, from www.scientific-american.com/article/rude-behavior-spreads-like-a-disease.

Miller, W. R., & Rollnick, S. (1992). Motivational interviewing: Helping people change behavior. New York, NY: Guilford Press.

Miller, W. R., & Rollnick, S. (2002). Motivational interviewing: Preparing people for change (2nd ed.). New York, NY: Guilford Press.

Miller, W. R., & Rollnick, S. (2012). Motivational interviewing: Helping people change (3rd ed.). New York, NY: Guilford Press.

Pascal, B. (1958). Pascal's pensées. New York, NY: Dutton. (Original work published 1670)

Riskin, A., Erez, A., Foulk, T. A., Kugelman, A., Gover, A., Shoris, I., ... Bamberger, P. A. (2015). The impact of rudeness on medical team performance: A randomized trial. Pediatrics, 136(3), 487–495.

Rosengren, D. B. (2018). Building motivational interviewing skills: A practitioner workbook. New York, NY: Guilford Press.

Rowen, B. (2018). Chasing the "Holy Grail" of baseball performance: Inside the wide-ranging search—led by economists and psychologists—for the elixir that turns good squads into great ones. Retrieved December 11, 2018, from www.theatlantic.com/magazine/archive/2018/07/finding-the-formula-for- team-chemistry/561722.

Ryan, R. M., & Deci, E. L. (2000). Self-determination theory and the facilitation of intrinsic motivation, social development, and well-being. American Psychologist, 55, 68–78.

Sinek, S. (2011). Start with the why: How great leaders inspire everyone to take action. London: Portfolio.

Syed, M. (2016). Ranieri has achieved greatness with a measured approach. Retrieved December 11, 2018, from www.thetimes.co.uk/article/matthew- syed-ranieri-has-achieved-greatness-with-a-measured-approach-pfz2nzmpl.

Vaughan, J. (2017). Misguided praise junkies. Retrieved December 15, 2018, from https://playerdevelopmentproject.com/misguided-praise-junkies.

Verducci, T. (2017). The Cubs way: The Zen of building the best team in baseball and breaking the curse. New York, NY: Crown Archetype.

Wylleman, P., & Lavallee, D. (2004). A developmental perspective on transitions faced by athletes. In M. R. Weiss (Ed.), Developmental sport and exercise psychology: A lifespan perspective (pp. 503–523). Morgantown, WV: Fitness Information Technology.